皇权的另一面

北朝隋唐恩赦制度研究

中国法制史丛书

高明士 主编

陈俊强 著

北京大学出版社

PEKING UNIVERSITY PRESS

北京市版权局著作权合同登记号　图字:01-2006-5170号

图书在版编目(CIP)数据

皇权的另一面:北朝隋唐恩赦制度研究/陈俊强著.—北京:北京大学出版社,2007.8

(中国法制史丛书)

ISBN 978-7-301-12663-9

Ⅰ.皇…　Ⅱ.陈…　Ⅲ.特赦-研究-中国-古代　Ⅳ.D929.2

中国版本图书馆CIP数据核字(2007)第131046号

台湾五南图书出版股份有限公司出版《皇恩浩荡:皇帝统治的另一面》一书的繁体版,并授权北京大学出版社在中国内地出版发行此书简体字版本,书名变更为《皇权的另一面——北朝隋唐恩赦制度研究》。

书　　名:皇权的另一面——北朝隋唐恩赦制度研究

著作责任者:陈俊强　著

责任编辑:李　霞

标准书号:ISBN 978-7-301-12663-9/D·1848

出版发行:北京大学出版社

地　　址:北京市海淀区成府路205号　100871

网　　址:http://www.pup.cn

电　　话:邮购部62752015　发行部62750672　编辑部62752027

出版部62754962

电子邮箱:law@pup..pku.edu.cn

印 刷 者:北京大学印刷厂

经 销 者:新华书店

730毫米×980毫米　16开本　18.25印张　270千字

2007年8月第1版　2007年8月第1次印刷

定　　价:32.00元

《中国法制史丛书》总序

法制史的定义为何？历来学界有许多不同说法，此处无意讨论该项问题，但以历代法律及其制度、思想为基本范围，大致无异议。本丛书所选取的研究成果，主要也是属于这一类。法律是基于社会的需要而产生，所以法制史也是历史学研究的范畴之一，这一点在学界也无异议。但因法律与政治关系密切，尤其中国二千余年的专制统治，更是史无前例。在这个意义下的法律如何理解，实是很严肃的史学研究课题。

历史是过去所发生的事，历史学研究就是在释明过去的真相，进而为人类累积智识，减少错误。不幸在历史上可发现许多事物常被野心家或政客利用，而成为政治的工具，法律是格外明显。于是历史的演变常陷入一种吊诡的发展，此即历史不断在教训不知历史教训的人。这种悲剧，本来是可以避免的，终于无法避免，是因为人们不重视历史及其研究而导致的后果。

《大戴礼记・礼察篇》说："礼者，禁于将然之前；而法者，禁于已然之后。"（参看《汉书・贾谊传》）这是汉以来常被引用说明礼刑合一的名言。到后汉更有所谓"礼之所去，刑之所取，失礼则入刑，相为表里者也"（《后汉书・陈宠传》）。这意思是说一个人的行为，在礼刑约束下，是无所逃于天地之间。礼刑交互为用的规范，的确影响此后二千年间的国家社会秩序。其间的变化，只是在于礼刑二者的轻重而已。在法制史上，唐律被认为是引礼入律最具体且最有代表性的法典，也是自古以来保存最完整的文献。因此，将唐律视为中国法制史研究的基础典籍，并不为过。

我个人于 1976 年从日本回台湾任教后，即于大学部、研究所课程穿插若干法制史教材；1994 年以后，更以校际整合方式组成"唐律研读会"，解读《唐律疏议》，迄今该团队已经在五南图书出版公司出版两册研究专著，同时有多位成员以法制史作为学位论文，而获得甚高评价。因此，本丛书拟选取若干册刊行，以飨读者。同时邀请著名法学者台湾政治大学法律学系陈惠馨教授，讨论有关法制史教学与身份法研究；而拙著则为关于隋唐礼律的研究，借以贡献学界。

五南图书出版公司杨荣川先生弘扬法律与教育研究之热心，不遗余力，使本丛书得以顺利出版，由衷感谢。是为序。

高明士

2005年2月谨识

自 序

记得小学毕业那一年的暑假，我因为膝盖受伤发炎，行动不便，整日靠在沙发上看书，偶然翻阅哥哥中学的中国历史教科书，发现个中兴味盎然，竟是着魔似的爱不释手，几天之内就把五年中学的教科书全都看完了。甫上中学，就立志有天一定要念历史系，并且发下宏愿，一定要发前人之未发。无识小子，口吐狂言，今日思之，不禁莞尔。二十岁时投考大学，入学考试成绩不错，在各方看好下最终还是与香港的大学擦身而过，心情极度沮丧。孰料，在偶然的机会和毫无准备的情况下，竟然幸运考上了台湾大学。这真是"有意栽花，无心插柳"的最佳注解了！为了一圆大学梦，这个连单独坐火车的经验都没有的青年，就这样只身来到举目无亲的台湾。更没想到自此从大学到博士，从学生到老师，落地生根，一直住在这块土地上。人生的机缘遇合，殊难逆料。

我从硕士班开始就致力于中国法制史的探索，记得硕一时为了寻找秦汉史学期报告的题目，便翻阅徐天麟的《西汉会要》和《东汉会要》。无意中发现西汉大赦了八十多次，而东汉却只有五十多次而已。为了探讨两汉大赦的差异，开始阅读沈家本等相关论著。过了不久，就发现两汉大赦次数相差悬殊的奥秘，竟然是因为《东汉会要》的书页黏在一起所造成！把书页割开后才赫然发现，两汉大赦次数原来没有什么相差。这是个多么美丽的错误！我就这样被引领进入法制史研究的园地了。

多年以来，中国皇帝的统治是我深感兴趣的课题之一，所以，自硕士阶段开始，我一直围绕皇帝的恩赦措施展开研究。对于传统的君民关系，有些论著常常简单化约为统治/被统治、剥削/被剥削、镇压/抗暴这样的对立状态，皇帝永远是冷酷、无情、贪婪、残暴的。对于这样的论点，我是有所保留的。我始终认为，中国皇帝在统治时，手中握着两件武器：一是严刑，一是恩德。皇帝一方面透过严刑峻罚,君临天下;另一方面,又凭借施恩布德,子育万民。皇帝有着威严和仁慈两种面相。探讨皇帝的统治,绝对不可忽略其恩德的一面。在皇帝诸多恩德中,恩赦可说是最重要的一环。试想,中国两千年的帝制中,皇帝竟然大赦了一千多次,这是多么频繁的恩惠!恩赦是人君专属恩德,既为恩德自不必在乎其频繁,其形式自不必限制于大赦,其内容自不必仅止于免罪而已。因此,大抵三年必有一次恩赦,形式可以是大赦、降罪或是录囚,而内容大多包含了免罪和恩赏。简单而言,恩赦就是君主治国临民的重要手段。我甚至将这套以恩赦为核心的统治方式,称作"恩赦政治"。直到现在,我还是认为恩赦是研究皇帝统治的一条重要线索。

因为要付梓出版的缘故,所以,最近把博士论文这本三年前的旧作仔细通读一遍。重新检视旧作,目的当然是为了要作出修订,但最后我只对字句体例作了些微的改订而已,对于章节架构、撰写理路等,都没有更动。没有作出更动,并不是我对自己的论文有多满意,而是作为一个作者,面对自己的作品,有如父母看待自己的孩子一般:自己孩子的表现,永远不如别人的孩子;但别人的孩子,却永远不如自己孩子可爱。

博士论文得以完成和出版,要感谢的人太多了。首先,要感谢两位指导教授高师明士和邱师添生。自大学时代便经常向高师请益,高师对我这个懵懂学生,多年来谆谆教诲,煞费苦心。邱师为人谦厚冲淡,在研究上尽量让我有发挥创作的空间,而在为人处事上也一直是我学习的典范。黄师源盛、任师育才、葛师绍欧是我的论文口试委员。黄师源盛为今日台湾地区中国法制史研究的砥柱,多年来除了在学问上为我解惑外,对我的生活与工作,亦多所关照提携。任师育才与葛师绍欧在论文口试时,除了教正其中的毛病外,亦提示了许多有意义的思考方向。葛师不幸于年前过世,思之不禁黯然。人生不免崎岖,这些年来非常感谢王德毅教授、刘淑芬教授、柳立言教授、宋德熹教授、甘怀真兄、陈登武兄、吴有能兄等师长朋友,在我困顿时给予关怀与鼓励。当然,也要感谢家人和拙荆丽冰长久以来的支持。可惜,挚爱的父亲已经离开多年了,谨以此书献给思念的父亲。博士论文完成后,幸蒙"高承哲先生纪念奖学金"奖励,又蒙"洪瑞焜先生学术著作暨博士论文奖助"奖助出版,特此致谢。

最后，要感谢五南出版社在这个势利的年头，仍有使命感和魄力出版我这本学术论著。

昔日在撰写硕士论文的时候，历史学界从事法制史研究的，可谓寥若晨星。十多年来，在高师明士和黄师源盛的栽培灌溉下，这片园地虽离繁花似锦仍有相当距离，但已非荒芜旷野。中国法制史研究的团队逐渐壮大，这个领域似乎已度过黑夜，迎向黎明。甚至，有可能成为21世纪历史研究中最富开展性的园地。史学大师陈寅恪曾经说过"一个时代有一个时代的新学问"，学者最要紧的是要"预流"，但"预流"以外，还要期许能发前人未发之覆。谨以寅老的话以自勉。

陈俊强

2004年夏于台北大学历史系

摘　要

拙稿试图透过对北朝隋唐恩赦制度的研究，分析中国中古皇权的性质，并且尝试指出皇权是如何得以贯彻，帝王统治如何得以落实。

唐代律令对于皇帝大赦的规范颇为严密，举凡大赦生效的时间、赦免的范围、法定要求、不当得赦者、赦前断罪不当的补救等，都有明文规范。大赦除了宽免罪犯以外，对于官人或赐爵，或加阶，不过，最值得注意的是准予左降官"量移"。此外，唐代大赦经常放免民间债务，有时甚至连民间私人债务也一并免除。此一现象正是反映出民间的契约没有获得足够的法律地位，个人权益受到皇帝率意的侵害。皇帝的恩惠竟干涉到民间的私债，乃中国恩赦的一大特色。

君主降赦，无疑破坏法制，属不合理措施，如今，将君主的恩赦纳入律令规范，使君权有所约束，不致漫无节制，应视为不合理措施的合理化过程，可说是一大进步。可惜，皇权始终是最高、最后的，况且恩赦又是皇帝个人专属的恩德，因此，终究无法将恩赦完全法制化。反而，皇帝后来不复依准律令，经常违法而赦。此外，唐代皇帝经常"录囚"，录囚之事固然代表人君重视刑狱，但其实亦反映君主干涉司法审判。而且，录囚较诸大赦，更缺乏法定规范，皇帝可以更加随心所欲地曲法施恩，显示皇权进一步扩张。

自武后以降，恩赦已非单纯皇帝的恩德，而是皇帝统治广土众民，贯彻皇权的必要手段。大赦的礼仪在公众面前展示，一方面，可以让人民"看到"；另一方面，恩赦包含了免罪和恩赏，可以让人民实质上"得到"人君雨露，"感到"浩荡皇恩，从而才会"知道"皇帝要诉求的目的。职是之故，不仅吉礼和嘉礼等典礼，甚至国家重大政策，诸如武后行新政、中宗复唐政、德宗行两税法、武宗整顿佛教等关涉国计民生的重大政策，必借恩赦以广被四方，下达万民。故此，唐代君主不可不赦。但是，晚唐的恩赦似乎越来越难以落实，浩荡皇恩渐成一纸空文。连赦令都无法贯彻，依附在赦令之上的政策，自然无从落实。唐代凭借赦令以贯彻的皇权，不断萎缩，对全国的统治越来越力不从心，大唐帝国遂土崩瓦解。

综观恩赦制度的发展，凡经三变。恩赦在远古原为宽恕族内的犯罪，及至春秋战国时，转变为君主的恩德，乃君主治国临民的手段，此一变也。爰至汉代，赦既为人君施恩布德的重要方式，故除了是对罪囚免刑以外，遂加上对官民的恩赐，此恩赦的再变。迨至唐代，恩赦除了是人君的恩德以外，君主更借恩赦作为贯彻政策的重要手段，赦之作用已溢出单纯恩德的范畴，此恩赦之三变。

目　录

绪　论 …………………………………………………………………… (1)
　第一节　课题的提出 ……………………………………………………… (1)
　第二节　研究回顾 ………………………………………………………… (3)
　第三节　研究的方法和取向 ……………………………………………… (6)
第一章　恩赦的颁布与北朝隋唐的政治 …………………………………… (9)
　第一节　恩赦的源流 ……………………………………………………… (11)
　第二节　北朝恩赦频率的起伏变化(386—581) ………………………… (20)
　第三节　隋唐恩赦频率的起伏变化(581—907) ………………………… (41)
第二章　恩赦与礼制 ………………………………………………………… (64)
　第一节　国家祭典与北朝隋唐的恩赦 …………………………………… (64)
　第二节　皇室喜庆和北朝隋唐的恩赦 …………………………………… (77)
　第三节　大赦的仪式 ……………………………………………………… (109)
第三章　大赦的内容和效力 ………………………………………………… (117)
　第一节　唐律对于大赦的规范 …………………………………………… (118)
　第二节　大赦与量移 ……………………………………………………… (142)
　第三节　大赦与民间的债务 ……………………………………………… (150)
　第四节　大赦的贯彻与落实 ……………………………………………… (159)
第四章　曲赦、降罪、录囚的检讨 ………………………………………… (167)
　第一节　北朝隋唐的曲赦 ………………………………………………… (167)
　第二节　降罪的探讨——兼论流刑、决杖 ……………………………… (178)
　第三节　录(虑)囚制 ……………………………………………………… (184)

第五章 从恩敕看重罪 …………………………………………………… (193)
第一节 “常赦所不免”和“十恶” ………………………………… (203)
第二节 官吏犯罪 ……………………………………………………… (211)
第三节 社会犯罪 ……………………………………………………… (219)
总 结 ……………………………………………………………………… (232)
附表一 北朝恩赦总表 ………………………………………………… (235)
附表二 隋唐恩赦总表 ………………………………………………… (246)
参考书目 …………………………………………………………………… (269)

表目次

表1-1　北朝恩赦类别和频率统计表 …………………………（21）
表1-2　北魏恩赦时机分类表 ………………………………（22）
表1-3　东魏北齐恩赦时机分类表 …………………………（32）
表1-4　西魏北周恩赦时机分类表 …………………………（37）
表1-5　隋唐恩赦类别和频率统计表 ………………………（42）
表1-6　隋唐恩赦时机分类表 ………………………………（43）
表1-7　南北朝隋唐恩赦频率对照表 ………………………（60）
表2-1　北朝隋唐践祚、代始改元与恩赦关系表 …………（78）
表2-2　北朝隋唐立储与恩赦关系表 ………………………（89）
表2-3　北魏诸帝登基及驾崩年龄表 ………………………（92）
表2-4　唐代加尊号和大赦关系表 …………………………（95）
表2-5　唐代皇帝谥号表 ……………………………………（97）
表3-1　“除名罪”狱成会赦处罚表 ………………………（124）
表3-2　唐代左降官量移表 …………………………………（148）
表4-1　北魏曲赦地域分布表 ………………………………（168）
表4-2　唐代曲赦地域分布表 ………………………………（172）
表5-1　北朝隋唐恩赦内容和效力表 ………………………（194）
表5-2　“常赦所不免”罪名一览表 ………………………（204）
表5-3　“十恶”罪名一览表 ………………………………（205）
表5-4　强盗、窃盗及“监守自盗”处罚一览表 …………（212）
表5-5　“伪罪”处罚一览表 ………………………………（218）
附表一　北朝恩赦总表 ………………………………………（235）
附表二　隋唐恩赦总表 ………………………………………（246）

绪　论

第一节　课题的提出

拙稿试图透过对北朝隋唐恩赦制度的研究，分析中国中古皇权的性质，并且尝试指出皇权是如何得以贯彻，帝王统治如何得以落实。

公元前 221 年，秦王政扫平六合，混一宇内，自认“功过三皇，德兼五帝”，遂定号为“皇帝”，并自号“始皇帝”，冀望“后世以计数，二世三世至于万世，传之无穷”（《史记》卷 6《秦始皇本纪》，第 236 页）。秦始皇要把霸业千世万世传承下去的雄图终究是落空了，但皇帝制度却没有因秦朝的速亡而废绝，反而延续超过两千年。直到 1912 年，皇帝制度始在辛亥革命燎原的火光中，随着满清宣统皇帝的逊位，灰飞烟灭。中国的皇帝制度，可能是世界历史上除了古埃及法老王以外，存续最久的一种君主制度。①

帝制的消亡，距今不逾百年，惟世人对其认知颇多讹误之处，尤其对古代皇权的性质，往往以“专制独裁”或“极权残暴”之语加以形容。其实，若以专制独裁形容明清皇权，或无不妥；若以之指涉秦汉君主，似不能完全赞同；若把六朝隋唐之皇权皆视作专制独裁，更万万不可。中古时期的皇权相对于秦汉四百年和宋元明清八百年，其实并不高张，宛如是处于两座高峰之间的低谷。在两千

---

① 专门探讨皇帝制度的研究，其实并不算多，早期有雷海宗的《皇帝制度的成立》，《清华学报》9:4（北京，1936）。其后，较著名的有西嶋定生氏的《中国古代統一国家の特质——皇帝支配の出现》，《仁井田升博士追悼论文集》第 1 卷《前近代アジアの法と社会》，东京：劲草书房 1967 年版。后收入西嶋定生氏著《中国古代国家と东アジア世界》，东京：东京大学 1983 年版。邢义田《中国皇帝的建立与发展》，收入邢义田著《秦汉史论稿》，台北：东大图书公司 1987 年版。高明士：《政治与法制》，收入《中国文明发展史》，台北：空中大学 1988 年版；《治国平天下》，收入《中国文明的精神 1——政治理想与政治制度》，台北：广播电视事业发展基金会 1990 年版。近年，最有分量的专著，应数徐连达、朱子彦合著的《中国皇帝制度》，广州：广东教育出版社 1996 年版。

多年帝制史中,中古的皇权无疑是一大变奏,是一个相当值得深入探讨的课题。

多年以来,史学界探讨中古皇权的论著,既可说相当匮乏,亦可说是颇为丰硕,何解?专门以中古皇权为课题的研究,的确并不多见,然而,另一方面,学界从不同取向考察中古皇权者,却为数甚多。譬如,中古时期门阀贵族掌握军政大权,乃典型世族政治时期,探讨门阀贵族如何隆盛衰颓,不也就是论述皇权的起伏高低?学界对门阀贵族的研究,可说是汗牛充栋。此外,有透过考察律令体制,探讨皇帝如何贯彻其统治和支配[②];有以三省相权的凌替勾勒唐代君权日益高张的事实[③];有以皇帝所行礼制探讨皇权的根源和思想特征[④];有以制敕等"王言"为研究对象,透过皇帝个人意志成为王朝国家意志的过程,理解皇权的基本性格[⑤];有以庙制系统来分析儒家如何以道统抗衡治统[⑥]。前辈学者的研究不单使中古皇权的性质日见清晰,同时亦开展更宽广的研究领域。然而,除了前辈开创的领域,吾人是否有可能另辟蹊径,对中古的皇权提出一些新的看法呢?

笔者以为,恩赦制度是理解古代皇权的一条重要途径。

所谓"恩赦",泛指人君所颁布的大赦、曲赦、降罪、录囚等,乃皇帝专属的仁德措施。古代帝王肆赦频繁,举凡践祚、立储、郊祀等,往往有赦。恩赦在刑罚上的效力非常强,常常是杀人不死,伤人不刑,甚至十恶重罪,亦蒙原宥。其实,恩赦的效力与范围远不止此。不少人误以为中国古代恩赦只是免除或减轻罪囚的刑罚而已,即使专门的法制史著作亦所难免,或以为"系皇帝以其恩

---

② 池田温氏在这方面有相当杰出的成就,著作甚多,其中较为简明扼要的有《律令官制の形成》,收入《岩波讲座世界历史5》,东京:岩波书店1979年版。高明士:《论唐律中的皇权》,收入《庆祝韩国磐先生八十华诞纪念论文集:中国古代社会研究》,厦门:厦门大学1998年版。

③ 王吉林讨论三省相权起伏的文章甚多,最近王吉林将相关论著集结成《唐代宰相与政治》,台北:文津出版社1999年版。

④ 近年来,对中古皇帝谒庙、南郊等礼仪,进行系统考察的是日本学者金子修一氏,相关论文甚多,较简要概说其论点的有《中国古代における皇帝祭祀の一考察》,《史学杂志》87:2(东京,1978);《魏晋に隋唐への郊祀、宗庙制度について》,《史学杂志》88:10(东京,1979)。

⑤ 关于唐代制敕的研究,成果最丰富的当推日本学者中村裕一氏《唐代制敕研究》(东京:汲古书院,1991)一书,作者对唐代"王言"中最重要的"制书"、"敕书"、"玺书"等,一一分析其用途及颁布程序。另外,作者亦撰成《唐代官文书研究》,京都:中文出版社1991年版,对唐代的露布、告身、度牒等官文书,作出绵密的考察。

⑥ 高明士:《皇帝制度下的庙制系统——以秦汉至隋唐作为考察中心》,《台大文史哲学报》40期(台北,1993)。

赦权，原免或降刑之制"[7]，或解释为"指因天子登基或其他大典而赦免罪犯"[8]，内容大同小异，但都只是以20世纪西方法律来认识中国固有法制，不免流于雾里看花，终隔一层。中国古代恩赦，不仅影响天下刑狱而已，更重要的是人君经常连带赏赐官人爵位、加阶，减免百姓赋税，甚至免除民间公私债务等恩惠。中国古代的恩赦，包含了宥罪和恩赐两部分，其效力非今日大赦可比拟。

更有甚者，若仔细检察皇帝恩赦诏书，会发现其内容相当复杂，试以武后改元光宅大赦为例。《改元光宅赦》全篇共约两千字[9]，有关赦罪与恩赐的部分，不足三百字，其他大部分的篇幅，扣除歌功颂德的长篇套词外，约有一千字是在申明百官服饰、名称的调整，以及国家鼓励各方荐举人才。这些内容，依今天的角度而言，根本不应与大赦的措施合并在一起。事实上，皇帝的赦诏经常附带着不少政策的宣示。如此，对恩赦当如何理解呢？其与皇权的贯彻，是否有着密切的关系呢？这是值得深入探讨的课题。职是之故，笔者尝试重新认识恩赦制度，进而理解中古皇权性质独特的地方。

第二节　研究回顾

最早对历代恩赦概况作出初步整理的，首推明代的丘濬。丘濬《大学衍义补》书中第109卷"慎眚灾之赦"[10]，收集历代恩赦事例和议论，为后世恩赦研究奠下初步的基础。晚清法学大师沈家本《历代赦考》十二卷[11]，不单缕述自先秦以迄明代的赦宥概况，并对赦仪、录（虑）囚，以及赦论等相关问题，分门叙述。《历代赦考》资料详尽丰富，沈氏夹叙夹议，所论独到精辟，为赦制的研究作出很大的贡献。20世纪30年代有徐式圭的《中国大赦考》[12]，但徐书只是将历代的赦宥按时

---

⑦ 戴炎辉：《中国法制史》，台北：三民书局1969年版，第132页。

⑧ 高潮、马建石主编：《中国历代法学辞典》"恩赦"条，天津：南开大学出版社1989年版，第75页。

⑨ （宋）宋敏求撰，洪丕谟等点校：《唐大诏令集》卷3"帝王·即位赦下"，上海：学林出版社1992年版。

⑩ （明）丘濬：《大学衍义补》，京都：中文出版社1979年版。丘濬书中卷100至卷113，述论历代刑狱，题为"治国平天下之要·慎刑宪"，最近鲁嵩岳对此一部分作出校勘和评点。见鲁嵩岳：《慎刑宪点评》，北京：法律出版社1998年版。

⑪ （清）沈家本：《历代赦考》十二卷，后收入邓经元、骈宇骞点校：《历代刑法考》，北京：中华书局1985年版。

⑫ 徐式圭：《中国大赦考》，上海：商务印书馆1934年版。

间先后胪列而已,不仅内容单薄,而且缺漏颇多。稍后杨鸿烈的《中国法律思想史》[13],有"赦罪当否问题"一节,辑录先秦迄明朝恩赦的议论。值得一提的是,日本德川幕府晚期学者芦野德林氏著《无刑录》十八卷[14],历述中国各朝刑制,卷帙浩繁,其中第九卷"赦宥",收录历代赦宥的思想和议论,作者并不时提出按语,前述杨鸿烈《中国法律思想史》一书相关部分,似乎颇受芦野氏影响。

然而,遗憾的是,近五十年来,恩赦制度都被视为冷门的课题,可堪称述的论著并不多见。法学界虽有若干研究[15],但篇幅较大且探讨较深入的,惟刘令舆《中国大赦制度》一文[16]。刘氏分从大赦的形成与发展、大赦的效力、大赦之作用、大赦理论之赞成与否、大赦之程序等方面,加以检讨。作者除利用沈家本的既有成果外,本身用功颇勤,使用资料丰富,考察层面也算广泛,惟在论述上稍嫌凌乱芜杂,条理不大明晰,史料的使用亦不够严谨,常有讹误之处。

目前所见,最早对中国古代赦宥制度作一完整探讨的,应是美国学者 Brain E. McKnight(汉名马伯良)的 *The Quality of Mercy*: *Amnesties And Traditional Justice*(《慈悲的质量——恩赦与传统中国法制》)[17]。《慈悲的质量》一书,共一百七十二页,分为六章,分别是:古代中国、早期帝国、中国中古的赦宥(220—907AD)、宋代中国的赦宥、帝国晚期——转变的重要性、恩赦的作用。作者除了分别论述各时代的恩赦状况外,更从宏观的角度把恩赦制度的发展划分为两个阶段:前期是自两汉以迄宋亡,帝王肆赦频率相当高,差不多是二年一赦;后期是指辽金元明清时期,人君相对非常少赦,即如明代二百多年间,仅大赦了二十五次而已。

全书最核心的课题是为何中国古代如此频繁地大赦?又为何后期会有如此剧烈的转变?马氏以为最关键的原因,是中国古代"警察系统"发达,相对的

---

⑬ 杨鸿烈:《中国法律思想史》,上海:商务印书馆 1936 年版。

⑭ 《无刑录》一书原于 1877 年由日本元老院刊行,1927 年由东京刑务协会再度发行,并加上佐伯复堂的译注。

⑮ 城璧连:《历代赦典概述》,《刑事法杂志》13:3(台北,1969)。曾习贤:《全唐恩赦研究》,《台北商专学报》2(台北,1973)。杨家树:《论大赦及赦典》,《法律评论》28:9(台北,1962)。

⑯ 收入中国法制史学会编:《中国法制史论文集》,台北:中国法制史学会 1981 年版。

⑰ *The Quality of Mercy*: *Amnesties And Traditional Justice*, Honolulu: The University Press of Hawaii, 1981.

司法人员却严重不足,以致待决的案件积压过多,政府不得不常赦以纾解压力。后期为何人君变得少赦呢？其原因相当复杂,但作者以为主要是冲突纠纷多由民间自行解决,很少诉诸司法,而官府效率低下,人民亦不愿意进衙门,使得囚牢泛滥的现象有所纾缓,因而朝廷再也不必常赦了。马氏的解释容或有值得商榷的必要,但其指出恩赦制度在这方面的显著转变,确是值得进一步思考。《慈悲的质量》中有关六朝隋唐部分的论述,虽不尽让人满意,但马氏以一西方学者,却能率先对中国恩赦制度作一整体研究,开创之功,不容抹杀。

日本学界研究中国古代恩赦的成果,似不太多,较早探讨唐代恩赦的,有根本诚氏《唐代の大赦に就いて》[18]。根本氏此文所论唐代部分虽不算深入,但讨论赦宥思想的来源以及恩赦与专制皇权的关系,颇有启发之功。截至目前为止,对汉唐恩赦制度用力最深的,应是佐竹昭氏。佐竹氏原意在研究日本的恩赦制度,但鉴于日本恩赦制度乃是源自唐代中国,遂追本究源,先从汉唐赦制着手,前后发表论文多篇,最近结集成《古代王权と恩赦》一书。[19] 关于汉唐赦制的特征和转变,佐竹氏主要从国家对刑徒劳动力依赖的程度,加以分析。作者以为秦汉的刑罚除了维持秩序外,尚具有剥削劳动力的作用,但过度役使刑徒导致骚乱时生,国家只好经常肆赦解放刑徒,纾缓压力。隋唐时期,国家以纳"庸"和雇佣劳动的方式,克服了秦汉以来仰赖刑徒的弱点。因此,唐代恩赦频繁非关现实的因素,纯是由于政治性的动机,尤其是中唐以后,更是不断透过恩赦向百姓昭告人君的正统性。[20]

最后,以恩赦制度为课题的学位论文,更是稀少。拙作《魏晋南朝恩赦制度的探讨》[21],应是第一篇以古代恩赦为题的学位论文。[22]

---

⑱ 《早稻田大学大学院文学研究科纪要》6(东京,1960)。

⑲ 佐竹昭氏:《古代王权と恩赦》,东京:雄山阁 1998 年版。

⑳ 除了中、日、美学者外,韩国庆北大学副教授任大熙氏对中国恩赦制度亦有若干研究,惟笔者不谙韩文,因此,对其评析,尚待来日。任大熙:《恩赦实施를通하여본唐代政治》,载《大丘史学》第 40 辑(1990)。

㉑ 《魏晋南朝恩赦制度的探讨》(台北清华大学历史研究所硕士论文,1991),稍作修订后,1998 年由台北文史哲出版社出版。

㉒ 硕士论文完成后不久,有二篇恩赦研究的学位论文诞生,这应非巧合而已。这二篇分别是陈宗乞:《两汉赦宥制度考察》,台北:台湾大学历史研究所硕士论文,1992 年;杜钦:《汉代大赦制度试释》,台中:东海大学历史研究所硕士论文,1992 年。

以上是对中国恩赦制度研究的简单回顾，综合而言，若就对于中国中古时期的研究来看，不管中外学者都是详于隋唐而略于六朝，这多少是与六朝研究一向不够兴旺有关。若就各人所使用的史料而言，似乎都过于狭窄，主要是集中在正史的本纪和《唐律疏议》等政书。然而，《册府元龟》、《唐大诏令集》、《文苑英华》等典籍，收录了相当数量的唐代赦书，这些资料都还没有被充分利用，因而造成研究不够深入。此外，上述诸多学者都有一项共同弱点，就是论述的角度方面，无法有效把握中国赦宥之特色。正如前述，恩赦的性质相当复杂，其作用非仅免罪而已，可惜几乎所有研究者都从现代法律角度加以理解，因而集中在恩赦对刑罚的作用，对于皇帝的恩赐已经着墨不多，更遑论是政令的宣达、皇权的贯彻了。这是自沈家本以下的学者所未曾克服的，亦是拙作力图突破的地方。

第三节　研究的方法和取向

长久以来，史学界对于古代法制的状况，兴趣缺缺，而法律学者在研究古代法制时，往往较偏重在法典的研究、法律条文的分析、审判制度的探讨，以及律学家的介绍等，属于较为静态的研究。然而，古代的法律究竟有否落实，或如何落实执行，法律与芸芸众生的关系到底如何？法制史研究似乎较忽视了法律在运作时的实际概况，常常是只见“法制”，不见“历史”。笔者希望拙稿能够兼顾法制和历史，不仅只是静态的考订，更是动态的描述、分析和综合。

所谓“史无定法”，拙稿无意设定特定理论或是套用某一模式，况且，不论如何高明的方法和理论，在实际从事史学研究时，都必须建基在坚实的史料基础之上就事论事。史学研究旨在探究古代的人类活动，因而必须重视整体性和宏观性。拙稿或可归类为法制史的研究，但笔者始终认为任何史学研究可以偏重但不应偏废于单一角度。因此，不宜划地自限，应当随时保持与该时代的政治、社会、宗教等状况作多元的关联，俾能更周延地把握其整体性。

拙稿拟从六朝隋唐恩赦的角度，重新理解中古皇权的性质。魏晋南朝赦宥概况之基础研究，已经在硕士时期完成，现在将处理北朝隋唐此一法制系统；不过，基于北朝史料较为残缺，拙稿主要仍以隋唐恩赦的探讨为重点。至于时间断限，约从北魏道武帝拓跋珪登国元年(386)开始，终于唐哀帝天祐四年(907)，朱温灭唐。拙稿所指恩赦制度，非单指大赦一项而已，而是泛指大赦、曲赦、降罪、录囚等具有赦宥性质的皇帝恩德。所谓“大赦”，范围涵盖天下，效力最强，往往是“罪无轻重，已发觉，未发觉，已结正，未结正，皆赦除之”。所谓“曲赦”，乃指皇帝对局部地区的赦免。所谓“降罪”，是指皇帝对死流徒杖笞等罪犯，给予降罪一等或二等的恩惠。所谓“录囚”，乃指皇帝(有时候委由臣下代理)不定期地检录囚徒，录囚后，通常会给予不同程度的宽宥，或放免，或降罪。

在史料的应用上，六朝隋唐的正史固然提供了最重要的资料，不过，除了本纪的部分外，列传中也保留了不少赦宥案例，可以从中观察到赦宥的具体状况。另外，7世纪编纂而成的《唐律》，结构严密，内容成熟且完备，可谓集古代以来法律与法理之大成，堪称中华法系之瑰宝。宋代以降的刑律，大抵皆以《唐律》为蓝本增补而成。因此，检讨《唐律》中对于赦罪的相关规范，可以进一步掌握传统中国法典对于类似问题的一贯态度。再者，皇帝的赦书除可清楚显示人君赦宥的内容和范围外，更可见肆赦的缘由，以及政策的宣示等，实为恩赦制度研究的重要史料。两汉六朝的赦书，百不存一，但唐代的赦书，却有不少仍旧保存在《册府元龟》、《唐大诏令集》、《文苑英华》等典籍当中，可惜历来研究恩赦的学者对此似乎不大重视。敦煌、吐鲁番的史料出土已久，马伯良等前辈学者或是鲜少应用，或是应用有限，拙作有关恩赦对民间债务的影响部分，多有赖于这批出土史料。

拙稿除绪论与总结外，共分五章，各章内容，分述如下：

第一章　恩赦的颁布与北朝隋唐的政治。本章将对先秦以来恩赦的理论以及事例，分期简要说明，以厘清恩赦制度的源流脉络。对于北朝隋唐数百年的恩赦概况，将分阶段作动态的描述。对于赦宥频率的变化作出分析，对于赦宥的时机归类说明，并尝试指出诸般现象与皇帝统治的关系。

第二章　恩赦与礼制。本章旨在探讨礼仪、恩赦与皇权间的关系。国家祭典和皇室喜庆是皇帝最常颁赦的背景，皇帝举行这些祭典的目的是什么？这些礼仪与恩赦的关系究竟如何？这些都是本章要讨论的问题。

第三章　大赦的内容和效力。皇帝恩赦包含广泛，举凡大赦、曲赦、降罪、录囚皆是，其中以大赦效力最强。本章将从免罪和恩赏两个方向，考察大赦的内容和效力，借以探讨皇权的强度。另外，也将检讨这些恩典究竟是如何贯彻的。

第四章　曲赦、降罪和录囚的检讨。前章考察了恩赦中效力最强的大赦，本章将检讨效力较次的曲赦、降罪和录囚等。

第五章　从恩赦看重罪。每一时代都有某些行为被认定是罪大恶极的，本章将归纳赦书中特别声明的犯罪，并将其分类和分期检讨，探讨这些严重犯罪与皇帝统治的关系。

第一章　恩赦的颁布与北朝隋唐的政治

恩赦制度作为国家实现施恩布德理念的常用手段，此事源起于先秦，确立于两汉，而为魏晋所沿袭。汉魏六朝君主肆赦，时或浮滥，时或谨慎。然而，不管频率之高低，恩赦已趋常态化和制度化，成为国家频繁实行的措施。因此，在讨论北朝的恩赦概况以前，先对恩赦制度的源流脉络略作说明，以理解恩赦制度的形成及其变化，俾能对北朝隋唐恩赦制度有一背景了解。

东晋南朝等汉人王朝，肆赦频繁，那么，胡人建立的北朝政权又如何呢？胡族饮马中原后，治理广大汉人的地区，为了长治久安，吸取汉人文化已是不能避免的趋势。在汉化过程中，胡族君长是否亦继承了汉人政权施恩布德的传统而经常赦过宥罪呢？另一方面，相对于兵连祸结的南北朝，隋唐乃大一统的帝国，和平安定的时间较长，其赦宥的颁布是否有别于南北朝呢？北朝隋唐恩赦的概况究竟如何？关于北朝隋唐的恩赦概况，将分从三个方向加以检讨：第一，分析这段时间恩赦的频率变化；第二，分析颁布恩赦的主要时机；第三，分析各类恩赦的比例高低。

北朝隋唐历史约始于公元 386 年北魏道武帝拓跋珪建国，终于公元 907 年朱温篡唐，历时约五百二十二年，为了讨论方便以及清楚掌握赦宥频率的波动变化，笔者将这段历史分作九个阶段来检讨——北魏初期、北魏中期、北魏晚期、东魏北齐西魏北周时期、隋代时期、初唐时期、盛唐时期、中唐时期、晚唐时期。北魏初期是自道武帝至太武帝（386—452），北魏中期是自文成帝至孝文帝（452—499），北魏晚期是自宣武帝至孝武帝西走（499—534），东魏北齐西魏北周时期（534—581）始自孝武西走，魏分为东西，终于杨坚篡周建隋。隋代时期从杨坚篡周至代王侑禅位（581—618），初唐时期自高祖至高宗（618—683），盛唐时期自中宗至玄宗（683—756），中唐时期自肃宗至宪宗（756—820），晚唐时期自穆宗至唐亡(820—907)。笔者从这九个阶段恩赦频率的高低波动,探究皇权的起伏变化。

此外,为了更有效地把握各时代肆赦频率的变化,除了计算每一阶段恩赦的次数以外,亦将一并统计其恩赦的“度数”。拙稿所论“恩赦”,如绪论所述,包含大赦、曲赦、降罪、录囚等具有赦宥意义的措施。不过,虽同是恩赦,大赦全国和曲降一地,其施恩之程度,究有深浅广狭之别,在计算恩赦频率时,若等量齐观,似乎并不合理。因此,在讨论恩赦频率时,就恩赦效力的大小区分为1度至3度,恩赦效力越大,范围越广,度数越高,反之亦然。此即:3度,指“大赦”;2度,指降罪;1度,指曲赦、曲降和录囚。

所谓“大赦”,涵盖范围是“天下”,而施恩程度往往是“罪无轻重,已发觉,未发觉,已结正,未结正,皆赦除之”,效力最为强大,所以,笔者姑将其恩赦度数设定为3度。全国性的降罪方面,考虑到其施恩范围同于大赦亦是广及天下,惟效力只是降等而非免罪,稍逊于大赦,姑将其度数设定为2度。至于局部性的赦降,如“曲赦”、“曲降”,由于施恩的范围只是一州乃至数州之地,其恩典的程度远低于全国性的大赦和降罪,是故其度数当较全国性的降罪再低一等,设定为1度。至于“录囚”方面,是指皇帝(或委由臣下)不定期地审录京师或地方囚徒,事后往往给予程度不一的宽宥,其恩典的效力通常不如全国性的大赦或降罪,姑且将其度数也设定为1度。当然,恩赦的次数容易量化,恩典的程度却难以量化,所以,用不同的“度数”来量度不同程度的恩典,自难尽如人意。不过,笔者旨在借此突显各类恩赦的效力强弱,俾能简单掌握各时代肆赦程度的差异性,无意将恩典的程度作一刻板的数据化,特此申明。

为了有效掌握赦宥的概况,除了频率的分析以外,肆赦的背景亦是探讨的重点。自古以来,恩赦、恩降都被视为非常之惠,人君屈法申恩,自必有其原故,或因国家之祭典,如郊祀、籍田;或因皇室之喜庆,如践祚、立储;或因严重的灾荒,如水旱、民乱,赦宥的背景不一而足,但为国之“大事”,必属无疑。北朝隋唐主要为了什么“大事”而经常曲法施恩呢?分析皇帝恩赦的时机,是否可以借此认识皇权的强弱变化呢?赦宥的时机林林总总,为使叙述清晰,将分作吉礼、嘉礼、凶礼、军礼等门类,整理归纳。“吉礼”主要是指郊祀、谒太庙、籍田等国家祭典,"嘉礼"主要是指践祚、立后、皇子生、立太子等皇室喜庆,"凶礼"主要是指水旱等灾荒和天文异象,"军礼"主要是指对外的征战、内部的民乱、朝廷的政争等。因为古代未见因宾礼而赦宥的记载,所以"宾礼"从缺。

恩赦既包含了大赦、曲赦、降罪和录囚等项目,北朝隋唐究竟以哪一项赦恩最为频繁呢?各种赦恩比例的变化,是否代表皇帝对恩典态度的改变?又是否反映政局的变迁呢?本章将分析恩赦各项目比例的变化。不过,由于本章旨在提纲挈领地揭示北朝隋唐恩赦的诸般现象,因此,关于恩赦时机和恩赦内容比例的变化等问题,只作简单述论,详细分析考察,将见另章。

有关北朝隋唐的恩赦概况,笔者制成《北朝恩赦总表》、《隋唐恩赦总表》,附于本书之末,方便查阅。

第一节　恩赦的源流

一、赦宥的产生及其对象

"赦",《说文》云:"赦,置也,从攴,赤声。"据段玉裁释云:"网部曰:'置,赦也。'二字互训。赦与舍,音义同。非专谓赦罪也。"[①]《尔雅·释诂下》则曰:"赦者,放置也。"放置,舍置不究论之意,攴本作"小击"解,后凡举手作事之义皆从之,放舍为举手释之,故赦从攴。又以赤有空尽义,放舍使去则空尽,故赦从赤声。后舍行而赦废,赦专解为赦罪。先秦古籍中所见的"赦",都指赦罪赦过而言。譬如,《易经·解卦》的"赦过宥罪";《尚书·汤誓》的"尔不从誓言,予则孥戮汝,罔有攸赦";《尚书·康诰》的"刑兹无赦"等所提及的"赦",皆与刑杀对应,专指赦罪而言。

另一个与"赦"字意义相近的是"宥",古籍中常赦宥并称,可以互训。《说文》释"宥"为"宽"解,乃指居屋之宽而言,故从宀。又以丰富为有,屋宽则容物多,乃丰富之意,故宥从有声。后来,"宥"引申作"宽免"之意,如前引《易经》的"赦过宥罪",或是《周礼·秋官·司刺》中的"三宥",或是《尚书·大禹

---

① (汉)许慎著,(清)段玉裁注:《说文解字注》卷3篇下,台北:艺文印书馆1964年版,第125页。

谟》的"宥过无大"等,皆作"宽免"解,其屋宽之意反而不行。惟"赦""宥"之间是有差别的,"赦过宥罪"或"三赦三宥",均可清楚看到"赦""宥"之间有程度上的差别。"赦"指完全的释放宽免,而"宥"则指减轻刑罚之意,类似后世的"减罪"。不过,二者的分别在后世渐变得模糊,都泛指宽免的意思了。

"赦"始于何时,史无明文。惟赦宥之事必定在刑罚制度产生以后,其理甚明。那么,"刑"又始于何时?

刑罚的起源有所谓的"二元说",意指"族外制裁"和"族内制裁"两个来源。刑罚有镇压异族的作用,是故"大刑用甲兵,其次用斧钺",兵刑合一。甚至较为惨烈的生命刑身体刑之"五刑",亦是对族外适用。另一方面,对族内的制裁,主要是以流放和赎金所构成的刑罚体系。② 对于族内触犯五刑者,改以流放予以宽宥,或是以罚金赎罪,故《尚书·舜典》有"金作赎刑"之语。若结合《尚书·吕刑》,其含义将更为清晰,云:

> 五刑之疑有赦。五罚之疑有赦。……墨辟疑赦。其罚百锾。阅实其罪。劓辟疑赦。其罚惟倍。阅实其罪。剕辟疑赦。其罚倍差。阅实其罪。宫辟疑赦。其罚六百锾。阅实其罪。大辟疑赦。其罚千锾。阅实其罪。

意谓犯罪者,其情节有可疑便"赦",罚取六百两到六千两黄铜,但仍需查明其犯罪事实。这里的"赦",非如后世般完全免除刑罚,而是免其肉刑,但以罚金替代。不管是死刑、流刑抑或墨劓等肉刑,原来都具有相同的目的,就是将恶人驱逐出社会,以维护社会的存在。③

20世纪70年代在陕西省岐山县董家村出土的周代𠑇匜,记录了当时一篇完整的诉讼判决文。"牧牛"和其上级贵族师𠑇打官司,由周王的卿士伯扬父作判决,牧牛被判诬告,曰:

> 我义(宜)便(鞭)女(汝)千,幭𪒠女(汝)。今我赦(赦)女(汝),义

② 小岛祐马氏:《古代中国研究》,东京:平凡社1968年版,第89—121页。

③ 滋贺秀三氏:《中国上代の刑罚についての一考察》,收入滋贺秀三氏著:《中国法制史论集》,东京:创文社2003年版。

(宜)便(鞭)女(汝)千,黜䵦女(汝)。今大赦(赦)女(汝),便(鞭)女(汝)五百,罚女(汝)三百爰(锾)。

按"䵦"即墨刑;"幭"为黑头巾;"黜"即罢免之意。判词说:"最初的责罚,我本应是鞭打你一千下,再施䵦刑,并以黑巾蒙于你头上;现在我赦了你,还应该鞭你一千下,施以䵦刑,免除你的职务,只是不蒙黑巾;现在更大赦你,鞭五百下,罚铜三百锾。"[④]判文中不止一次提到"赦",其解释与《吕刑》中的"赦"意思相仿。总而言之,上古赦宥并非无条件地撤销刑罚,而是以流刑或罚金刑替代,当然,赦宥的对象仅限于同族成员而已。

随着社会逐渐进步,法制亦趋于周密,对于赦宥的对象有更严格的规范。大体而言,主要都认为赦宥的对象应是一般没有犯意而误触法网的"过失犯",这种观点在先秦古籍中随处可见。《易经·解卦》谓"赦过宥罪",《尚书·舜典》亦云"眚灾肆赦",都指非本心固欲为之,因过失而致祸害,宜赦免之。赦免之对象,皆是针对过失犯。[⑤] 此外,《周礼·秋官·司刺》有"三宥""三赦"之说,所谓"三宥""三赦",乃指:

一宥曰不识,再宥曰过失,三宥曰遗忘。一赦曰幼弱,再赦曰老耄,三赦曰蠢愚。

"不识"、"过失"、"遗忘"之所以可得一定程度的宽贷,完全是因为没有犯罪的意图。[⑥] 关于赦宥的对象,除了是过失犯以外,随着法制理念的日益进步,亦逐渐萌生"责任能力"的概念,对于不具责任能力的罪犯,应当给予一定的宽免。

---

④ 参看唐兰:《陕西省岐山县董家村新出西周重要铜器铭辞的译文和注释》,《文物》1976:5(北京,1976);韩国磐:《中国古代法制史研究》,北京:人民出版社1993年版,第10—11页。

⑤ 另外,《尚书·大禹谟》中"宥过无大";《论语·子路》中"先有司,赦小过,举贤才"等等,都是指过失犯而言。

⑥ 所谓"不识",郑玄释作:"不审,若今仇雠当报甲,见乙,诚以为甲而杀之者。"沈家本以为其意即《唐律》中的"误",即"元有害心"。所谓"过失",郑玄释云:"若举刃欲斫伐,而轶中人者。"沈家本以为其意即《唐律》中的"过失",即"初无恶意","目所不及,思虑所不到"。所谓"遗忘",郑玄释云:"若闲帷薄,忘有在焉,而以兵矢投射之。""过失"与"遗忘"的差异,西田太一郎以为"过失"为有所注意但没有非常注意,而发生犯罪的结果;"遗忘"则是对应予注意的也没有给予注意,即是忘记了应有的警惕。"不识"、"过失"、"遗忘"由于皆非本意,故宽宥其罪。参看沈家本:《寄簃文存》卷3《误与过失分别说》,收入沈家本著:《历代刑法考》,北京:中华书局1985年版,第2121—2122页;西田太一郎氏著:《中国刑法史研究》,东京:岩波书店1974年版,第124—129页。

所谓“三赦”,是就行为人的责任能力方面来考虑:年纪太小、年纪太老或者生而精神不健全者,都不需要负任何刑事责任,故不应施予任何的处罚。

除了被赦宥的对象应是过失犯或无责任能力的犯人外,在何种客观环境下,应行赦宥呢?据《尚书·吕刑》所云:

五刑之疑有赦,五罚之疑有赦,其审克之。

这与《尚书·大禹谟》所云“罪疑惟轻,功疑惟重”,以及《礼记·王制》“疑狱,讯与众共之,众疑,赦之”之论点,颇相一致,同样认为讯狱有疑,便应从宽处理。

二、赦宥与君主的统治

先秦经典固然经常提到讯狱有疑或是过失犯、无责任能力犯,当予赦宥,而在儹匜中更清楚看到宽宥罪犯的实例,但是,这与两汉以降皇帝的恩赦,仍有相当距离。后世的大赦,乃浩荡皇恩,普天之下罪囚,不问过故,不论斩绞流徒,只要犯在赦前,一蒙原宥,雨露均沾。后世这种广泛性的、全面性的、彻底性的赦宥罪囚,至少要等到两个客观条件出现——“专制皇权”和“赦宥思想”,方才水到渠成。众所周知,殷周的王者固然是全国最高的统治者,但权力终究是有限的。以周朝为例,天子和各地诸侯其实只是个别氏族的首领,其下统治着卿和大夫,卿和大夫亦可以理解为各个氏族的代表。因此,名义上虽是“普天之下,莫非王土”,王者的统治其实并没直接达到全国每一个人身上,王者真正直接统治到的,只有王畿的氏族和全国的诸侯罢了。周王不过只是实行间接的统治而已。

随着周王东迁,王纲解纽,列国攻伐不休,互争雄长,国君逐渐采用郡县制度,而不再进行分封,建立采邑。另一方面,国君在身边集合了有能力的人作为私臣,强化本身武力,官僚制于焉形成,取代了封建时代的世卿世禄制。春秋中叶以降,国君陆续克服了氏族的制约,不断扩张君权,已逐渐从殷周间接式统治,迈向秦汉型的“个别人身支配”⑦。从前对于个别的或是特殊性的宽

⑦ 关于封建体制过渡到统一帝国的统治结构的转变,可参看西嶋定生氏著:《中国古代帝国形成史论》,高明士译,收入刘俊文主编:《日本学者研究中国史论著选译二·专论》,北京:中华书局 1992 年版。

宥，在专制王权的确立后，方始有可能扩大为广及全国普遍性的恩赦。

随着君权的日益扩张，春秋中叶以降，诸子纷纷发表讨论人君如何巩固权威，如何长治久安的言论。儒家主张人君当以德化仁政治国，所谓"德"，非单指人君当有高尚道德完美人格而已，而是指人君应经常施恩布德，子育万民。儒家并不反对刑政，但以为德礼当在刑政之先，德礼为主，刑政为辅。故孔子曰："为政以德，譬如北辰，居其所而众星拱之。"又曰："道之以政，齐之以刑，民免而无耻；道之以德，齐之以礼，有耻且格。"（《论语·为政篇》）可见德礼比刑政更为重要，这套"德主刑辅"观念，可谓儒家的法律思想中，相当核心的部分。在这种观念推展下，明君自然应当施恩布德于万民，缓狱肆赦正是施惠于百姓的重要方法。孔子论政，就认为应当"先有司，赦小过，举贤才"（《论语·子路篇》）。这种君主应施德缓刑的理念，在先秦儒家典籍中经常看到，如前引《易经·解卦》就以为雷雨作时，人君应体察天地化育而施恩仁，故宜行赦宥之事。[8]《易经·中孚卦下》复有"君子以议狱缓死"之说。另外，《周礼·地官·司市》亦云"国君过市，则刑人赦"[9]。

先秦除了有主张人君应肆赦以施恩德的意见外，相对的，也有一些激烈反对人君肆赦的议论，《管子》可说是其中之一。《管子·法法篇》云：

> 赦出则民不敬，惠行则过日益，惠赦加于民，而囹圄虽实，杀戮虽繁，奸不胜矣。故曰：邪莫如蚤禁之，赦过遗善，则民不励，有过不赦，有善不遗，励民之道，于此乎用之矣。……凡赦者，小利而大害也，故久而不胜其祸。毋赦者，小害而大利者也，故久而不胜其福。故赦者，奔马之委辔；毋赦者，痤睢之矿石也。

《管子》一书论赦之处颇多，皆反对人君肆赦，书中论赦最为透彻，且常被后世引用的就是《法法篇》这番话。综合而言，管子认为致治之道，毕竟在于用法而不在施惠。人君滥施私惠，罔顾公法，赦免罪有应得的人，只会使人不敬法，进而轻于犯法，赦只有小利却有大害，久而不胜其祸。因此，肆赦是明主所不应

---

⑧　《易程传》卷4，台北：世界书局1979年版，第178页。

⑨　郑玄以为"市"乃交利及行刑之处，国君无故不游观，若游观则宜施惠，故国君乃行赦。

为的。

稍后的商鞅及韩非更是激烈地反对人君肆赦。《商君书》中的圣人是“不宥过,不赦刑”(《商君书·赏刑篇》),而韩非更是不只一次提到明君需要“不赦死,不宥刑”(《韩非子·爱臣第四》)、“无偷赏,无赦罚”(《韩非子·主道第五》)。在处罚上,商鞅认为一定是要“罚随罪”(《商君书·禁使篇》),即是凡被认定犯罪的行为,必然的结果就是相应的刑罚。韩非也认为:“无赦,犹入涧之必死,则人莫之敢犯也。”(《韩非子·内储说上》)人民知道违法则必死无疑,又怎么敢犯法,国家如何会不治呢?在法家眼中,求治与肆赦根本是背道而驰的。法家反赦与前述儒家主赦,恰成强烈对比。

儒家主张人君当适时而赦,法家则认为人君应“不赦死,不宥刑”,见解纵然南辕北辙,不过,把赦宥作为统治的手段而加以讨论,仍是一件相当值得注意的现象。这时的赦宥已逐渐超越了古典的赦宥了。赦原先是将应被逐出社会的恶人,给予自新机会,重新纳回社会,本是一种消极的非常手段。然而,随着专制王权的兴起,王者施恩布德的理念逐渐产生,恩赦成为人君重要的德行,是统治者用以经国治民的一大手段,开始具有积极意义。

三、春秋战国赦宥概况

随着君权日趋扩大,春秋战国之世渐而产生类似帝国时代之大赦。鲁庄公二十二年(前672)鲁国的“肆大眚”(《左传·庄公二十二年》),被认为是后世大赦天下之源。[10] 但“大眚”之意,仍颇有争议[11],而且,春秋初叶的鲁君是否已具备赦免全国罪犯的威权,实在不无疑问。赦宥之事,非只见于鲁,晋亦有之。晋悼公登基(约前572)即下诏“宥闲罪”[12],可谓后世即位大赦之滥觞[13]。楚国先后在公元前589年、前529年、前528年,因军事行动分别“赦罪”、“宥

---

[10] (明)丘濬撰,鲁嵩岳点评:《慎刑宪点评》,北京:法律出版社1998年版,第十二章:《慎眚灾之赦》,第287页。

[11] 孔颖达以为“大眚”即“大过”。然而,沈家本则以为“眚”固然是“过”之意,但“大眚”应指尽赦一国之过失犯。参看沈家本:《历代刑法考》,第526页。

[12] 《国语·晋语七》作“毕故刑,赦囚系,宥闲罪”。

[13] 参看 Brain E. McKnight, *The Quality of Mercy*: *Amnesties And Traditional Justice*, p. 4。

罪”及“赦闲罪”等[14],国家赦罪人以从军之例子,在两汉可说相当普遍。另外,春秋末年楚国大赦的效力甚强,是连死罪亦蒙恩宥。[15] 春秋之世所见赦事,大致如此。

战国之世,赵国惠文王曾在灭中山国后,“还归,行赏,大赦,置酒酺五日”(《史记·赵世家》,第1813页)。开后世祝捷大赦的先河。秦被视为厉行法家政策的国家,而法家予人最深刻的印象就是“刻薄寡恩”,但秦在战国时也常有赦罪人的记录,昭襄王便曾四度赦免罪人,不过每次赦罪人,都是在对外攻伐,新得城池后,赦罪人以实之[16],其用意当是利用这批劳动力来捍卫或开发该地区,其性质应是一种“代替刑”[17],颇有《尚书》“流宥五刑”的遗迹,也应是汉代“徙迁刑”的前身。除了昭襄王外,稍后的孝文王及庄襄王,均有即位赦罪人的记载。

综合而言,先秦的赦宥只有零星数次而已,这固然由于先秦史料亡佚严重有关,但更重要的,应是春秋战国之世,儒家思想尚未成为人君治国的指导原则,君主经常施恩布德、雨露万民的时代还没有来临。此外,先秦这些赦宥,大都与战争有关,或是赦罪人以从军,或是赦罪人以实边,这亦可看出春秋战国之世,正是一个列国攻伐不休、交相吞并的时代。

四、秦汉三国的赦宥概况

秦国不时赦放罪囚的做法,到嬴政在位时却有了极大的转变。嬴政纯任法术,不施恩泽,竟然三十多年,从不一赦!更有甚者,其本人不脱旧日封建贵族习气[18],为了建设新生的帝国,也为了满足个人的欲望,不恤民力,奴役黔首,多年来无限制以及无限期地驱策刑徒以筑长城、辟驰道、营阿房、修陵寝,一反过往以大赦纾解刑徒的做法,终使年轻的秦帝国迅速走向崩溃。

史称秦二世元年(前209)十月,“大赦天下”,这不仅是中国历史上第一回

[14] 分别见《左传》成公二年、昭公十三年及十四年。肆赦之因,或救齐、或伐陈、蔡。

[15] 《史记》卷41《越王勾践世家》,第1755页。关于此事的分析,可参看拙著:《魏晋南朝恩赦制度的探讨》,台北:文史哲出版社1988年版,第16—17页。

[16] 秦昭襄王二十一、二十六、二十七、二十八年都曾赦罪囚以实边。分别见《史记·秦本纪》。

[17] 大庭修氏:《秦汉法制史研究》,东京:创文社1982年版,第167页。

[18] 钱穆:《秦汉史》,台北:东大图书出版公司1992年版,第32页。

的“大赦天下”，更重要的是，这正标示着历史已从封建时代迈进了帝国时代。先秦时代的统治者，不论是殷周王者或是列国封君，都不具备“大赦天下”的条件，春秋战国的君主最多亦只能赦其国而已，大赦天下的出现，必须要等秦汉帝国的皇帝来颁行。秦汉的皇帝不只是统一宇内，富有四海；并且统治者的威权透过各地的官僚，直达到每一人民头上，相较于先秦的君主，秦汉皇帝统治的广度与密度都远迈前人。

汉朝的统治者既承袭了秦朝大赦天下的条件，也没有忘记秦人“急法不赦”引致速亡的历史教训。两汉多赦的政策，在武帝朝确立下来。武帝独尊儒术，罢黜百家，儒家思想逐渐成为统治的指导原则。皇帝的性格从秦代纯粹法家型的君主，增添了儒家色彩的一面，除了具有绝对性权威以外，亦因儒家元素的渗入，强调封建伦理，成为人民的父母。[19] 王者从以前冷峻严酷、不恤民命的统治，转变为以仁德治国，适时而赦，施恩子民。君主常赦的传统，于焉确立。两汉包括大赦、曲赦、赎罪、减等的恩赦共二百八十多次，平均不到两年便有一场分量不等的恩赦。

两汉频频肆赦，在东汉中叶以来，不断受到知识界的严厉批判，王符《潜夫论》便有《述赦》一篇，劈头一段话就是“今贼民之甚者，莫大于数赦”！稍后的崔寔和荀悦，都痛恶朝廷的多赦政策，力陈数赦只会使人民心存侥幸，轻于犯法。王符等的言论应非个别现象，而是反映了社会对两汉四百年的多赦政策的厌恶。因此，从汉末到三国初期，不管是曹操、刘备、孔明和孙权，在其统治的地区，都一反两汉多赦施恩的做法，而有一段颇长的时期用法严急苛猛，赦不妄下。可惜，各个政权这种慎赦的政策，只能及身而终。[20]

五、两晋南朝恩赦的概况

两晋一百五十多年国祚，共计肆赦一百四十次，数量和频率都非常惊人，南朝历史约一百七十年，共有恩赦二百五十五次，数量和频率较诸两晋尤有过

⑲ 参看高明士：《中国传统政治与教育》，台北：文津出版社 2003 年版，第二章：《政治与法制》，第 43—44 页。

⑳ 参看拙著：《魏晋南朝恩赦制度的探讨》，第 45—47 页。

之。大抵东晋肆赦频率略低于西晋，南朝以刘宋、萧齐肆赦频率较高，梁陈时期稍为下降。若与两汉作比较，可知两晋南朝恩赦频率是日益上升，赦宥之事显得越趋浮滥。

从赦宥的时机来看，南朝因郊祀及籍田礼而赦的情况甚多，此外，皇帝因太子的喜庆而赦的次数也不少。究其原因，南朝皇帝的权威虽高于东晋君主，惟政变屡兴，地位并不太巩固。而且，南朝皇帝出自武人，与朝中高门大族相较，难免自惭形秽，因此需要不断透过郊祀等礼仪，宣示天命，加强合法性，以收巩固皇权之效。另一方面，南朝帝位不稳，连带储君的地位亦不稳，因而需要把太子"拟皇帝化"，借太子的喜庆颁布赦宥，以加强太子的地位。

两汉常因灾异祥瑞而赦，及至三国，因灾异祥瑞而赦的次数锐减，但在东晋时，却有再度攀升的趋势，南朝却又逆转，一百七十年中只有九次而已，其中更有七次是水旱之灾，因星象乖异而赦的只有两次。这种起伏代表什么？个人以为这应当与皇权的高低关联来看。东晋是典型门阀政治的时代，王谢等高门大族把持朝纲，皇帝不过是一件装饰品而已，由于皇帝权力本来就不高，因而天象乖异、四时失序的责任，自然就落在皇帝的身上。反观南朝，皇帝手握兵权，实际统治国家，因灾异而赦无疑是承认人主有失德之处，南朝皇帝正努力以祭祀等礼仪强调天命，自然不会以灾异肆赦来自我贬抑了。[21]

纵观上古至两晋南朝恩赦制度的发展，大略可归纳为以下重点：

赦宥之事，起源甚早，不过当初赦宥的对象可能只是针对族内的罪犯而已，而纵然赦罪，并非如后世般完全免其刑罚，只是以流刑或赎刑取代死刑或肉刑罢了。随着社会的进步，法制规范日趋严密，赦宥的对象主要是针对过失犯或无责任能力的犯人，或者是在讯狱有疑时，应当从轻从宽处理。

春秋战国之世，乃赦宥从上古形态转变为秦汉形态的关键时期。后世广泛性、全面性、彻底性的赦宥罪囚，必须要等到"专制皇权"和"赦宥思想"这两个客观条件出现才有可能产生。列国封君透过郡县制和官僚制，不断扩张君权，战国时代的国君已大体具备了秦汉皇帝的权威，大赦一国罪人才变得有可

㉑　参看拙著：《魏晋南朝恩赦制度的探讨》，第39—130页。

能。随着专制皇权的形成,儒家之徒鼓吹人君当以仁德治国,而君主所行之仁政,其中一种就是适时而赦,宽宥罪囚。这两项条件成熟,才能产生后世广泛性的赦宥罪囚。赦从单纯的给予罪犯自新机会的一种手段,转变为人君重要的德行,是统治者用以经国治民的一大手段,开始具有积极意义。

若就赦宥的频率而言,两晋高于两汉,南朝又高于两晋。赦宥时机方面,两汉常因日食、月食等而赦,三国西晋因此而赦则甚少,东晋又有所升高,南朝又再度下降,这多少反映出君权的高低变化。魏晋南朝因政争而赦的次数甚多,可以看出政局的不稳定。此外,南朝皇帝常因籍田或郊祀等吉礼以及太子喜庆而大赦,笔者以为这正代表从东晋过渡到南朝,虽已脱离门阀政治,但政局仍是非常不稳定,皇帝借郊祀等场合而赦,旨在强调人君和太子的合法性,以巩固天子和储君的权威。

第二节　北朝恩赦频率的起伏变化(386—581)

恩赦制度常被用来作为国家实现施恩布德理念的手段,此事源起于先秦,确立于两汉,而为魏晋南朝所沿袭。与南朝隔江对峙的北朝政权,其赦宥概况又是如何呢?兹分期述论如下。关于北朝诸帝恩赦的次数和类别,可参看表1-1。

一、北魏初期(386—452)

北魏初期包括了北魏道武、明元、太武三帝,共在位六十八年,先后恩赦二十三次。拓跋鲜卑在拓跋珪建国时,只是边鄙的蕞尔小邦,经拓跋珪祖孙的南征北讨,先后吞后燕,扫统万,平秦陇,剪辽海,渐而底定华北,跃马中原。道武帝至太武帝之六十八年可谓北魏开疆拓土的时期,这时的恩赦多与征服战争有关。关于北魏诸帝恩赦时机,可参看表1-2。

道武帝皇始三年(398)十二月己丑大赦并改元天兴,就是因为攻灭后燕,自云中盛乐迁都平城,拓跋珪受玺绶即皇帝位而颁布的。次年春正月,道武帝祠上帝于南郊,曲赦京师,可视为登基大典的延续。山东一带逐渐稳定后,太

表 1-1　北朝恩赦类别和频率统计表

帝号＼项目	北魏道武帝	明元帝	太武帝	文成帝	献文帝	孝文帝	宣武帝	孝明帝	孝庄帝	前废帝	后废帝	孝武帝	东魏孝静帝	北齐文宣帝	废帝	孝昭帝	武成帝	后主	西魏文帝	北周闵帝	明帝	武帝	宣帝
享祚	24	15	25	14	6	29	16	14	3	1	1	4	16	10	1	2	4	13	16	1	3	19	2
大赦	3	4	11	6	5	16	9	16	8	1	1	5	11	4	1	1	3	12	7	1	4	11	4
曲赦	1	1	2	5	3	14	3	5	1	0	0	0	3	2	0	0	1	0	2	0	1	1	0
录囚	0	0	0	0	0	3	5	2	0	0	0	0	0	0	0	0	0	0	0	0	0	3	0
降罪	0	0	1	1	0	0	1	1	0	0	0	0	2	2	1	1	3	7	3	2	1	6	1
总和	4	5	14	12	8	33	18	23	9	1	1	5	16	8	2	2	7	19	12	3	6	21	5
次数Ⅰ	0.17	0.33	0.56	0.86	1.33	1.14	1.13	1.64	3	1	1	1.25	1	0.8	2	1	1.75	1.46	0.75	3	2	1.11	2.5
次数Ⅱ	0.13	0.27	0.44	0.43	0.83	0.55	0.56	1.07	2.67	1	1	1.25	0.69	0.4	1	0.5	0.75	0.92	0.44	1	1.33	0.58	2
平均度	0.42	0.87	1.48	1.79	3	2.24	2.31	4.07	8.33	3	3	3.75	2.5	1.8	5	2.5	4.75	3.85	1.81	7	5	2.58	7

“次数 I”是平均每年恩赦(含大赦、曲赦、录囚、降罪)颁布的次数。
“次数 II”是平均每年大赦颁布的次数。

表 1-2　北魏恩赦时机分类表

时机 次数 帝号	吉礼						凶礼			军礼				嘉礼								其他	不详
	郊祀	籍田	谒庙	巡幸	祥瑞	其他	异象	灾害	其他	政争	寇乱	征战	其他	践祚	改元	加元服	立后	皇子(孙)生	皇子名	立太子	其他		
道武帝	1													1				1				1	
明元帝				1	1							1		1									1
太武帝			1	5							1	4		1			1	2		1			1
文成帝			1	1	1	1								1	1			1	1	1		1	2
献文帝						1						1		1	1			1	1				2
孝文帝	1			5				5	1		2	3		1	1			1	1			5	4
宣武帝								5			2	2		1	2			2					3
孝明帝					1			1	1	1	10			2	2	1		1				2	2
孝庄帝						1				1	3			1				1					
前废帝														1									
后废帝														1									
孝武帝										1			1	1									1
小计	2	0	2	12	3	3	0	11	2	3	18	11	1	13	7	1	1	10	3	2	0	9	16
总计	22						13			33				37								9	16

武帝遂兵锋西指,亲征雄据秦陇的赫连夏。及至始光四年(427),北魏已攻下统万、弘农、长安等关陇重地,神䴥元年(428)和三年(430)两度巡幸新得的"河西"地(附表一编号11、12)[22],并且大赦天下,显然是充满着宣威震慑的作用。神䴥三年赦秦雍之民,更是明白看到是为了安抚初附之民。

北魏吞并黄河流域以后,南方的刘宋与塞外的柔然就成为南北最重要的外敌了,二者不时有夹攻的威胁,有四次恩赦就是与这两大强敌的战争有关。道武帝、明元帝之时,刘宋尚据有洛阳一带的河南地,直接威胁北魏的南疆,泰常七年(422),明元帝亲征虎牢、洛阳等形胜要地,为防柔然趁机寇边,遂派遣太子焘亲率六军出镇塞上,同时下诏曲赦司州殊死以下。太平真君九年(448)十月的大赦,可能亦是与讨伐柔然有关。太平真君十一年(450),北魏大挫刘宋北伐军,接着拓跋焘乘胜亲征江南,虽重创刘宋,但"魏之士马死伤亦过半,国人皆忧之",可谓两败俱伤[23]。附表一编号22、23的恩赦,都是在这种背景下颁布的。[24]

北魏初期六十八年间,只恩赦二十三次,频率为一年0.34次,0.9度。若与其后北魏诸帝相比,或同时的东晋刘宋相较,其频率的确很低,况且,二十三赦中,大都是与征服战争有关,这到底是什么原因?这又代表什么意义?在源流部分曾经提及,恩赦制度产生须有两个重要条件:一是赦宥思想,一是专制皇权,个人以为北魏此时尚未充分吸取汉人的"赦宥思想",加上"专制皇权"仍未完全确立,因而缺乏多赦的条件。

"君子赦过宥罪"、"眚灾肆赦"、"赦小过"等儒家经常强调的施恩布德的理念,落实在统治时,人君需要具备仁恕宽宥的性格,施政上则是适时曲法宽假的恩赦制度。不过,此时北魏君主不论是道武抑或太武,展现出来的是一派

---

[22] 这里的"河西"是指陕北、河套一带,而不是以河西四郡为中心的甘肃地区,因为北魏要到太武帝太延五年(439)才正式吞并北凉,据有所谓的河西地。参看康乐:《从西郊到南郊——国家祭典与北魏政治》,台北:稻禾1995年版,附录《北魏的"河西"》。

[23] 《资治通鉴》卷126"宋元嘉二十八年(451)二月丙辰条"云:"魏人凡破南兖、徐、兖、豫、青、冀六州,杀伤不可胜计……所过郡县,赤地无余,春燕归,巢于林木。魏之士马死伤亦过半,国人皆忧之……自是邑里萧条,元嘉之政衰矣。"第3966页。

[24] 同时间宋文帝亦为此二度恩赦:宋文帝元嘉二十七年(450)冬十一月,北伐大败,文帝乃大赦天下;次年十一月,在北魏退军后,曲赦二兖、徐、豫、青、冀数州。见《宋书》卷5《文帝纪》。

戎马半生的游牧军事领袖的性格，心思所系主要是开疆拓土，并非文治。史称太武帝：

> 甚严断，明于刑赏。功者赏不遗贼，罪者刑不避亲，虽宠爱之，终不亏法。常曰："法者，朕与天下共之，何敢轻也。"故大臣犯法，无所宽假。（《魏书·世祖纪下》，第107页）

像太武帝这种果于杀戮、明于刑赏的君主，似乎完全不是汉魏儒家思想笼罩下的皇帝理想形象。因此，在位二十九年只恩赦十四次，次数不多，而且，十四次恩赦多与征服战争有关。其实，太武帝一朝中央并非没有政治大案，如太平真君十一年（450）六月的崔浩之狱；也不是没有大规模的地方叛乱，如太平真君六年（445）的盖吴之乱；太武帝亦不是没有推动过一些影响社会极大的政策，譬如太平真君七年（446）三月的禁毁佛教。但是，太武帝终不亏法，无所宽假，没有曲法而赦。可见，赦宥思想对太武帝的影响仍然未深。

另一方面，如拓跋鲜卑之类的北亚游牧民族，透过战争和掠夺，逐渐从小部落进而为部落联盟，甚至游牧帝国。惟其君主相当程度受到部落大人和部落民的制衡，相对于汉族的皇帝，游牧君主的权力比较不稳定。拓跋珪、拓跋焘堪称一代雄主，东征西讨，开疆拓土，透过不断的军事胜利，其权力较诸祖先已大为扩张了。为了进一步巩固君权，道武帝断然"离散诸部"[25]和厘革官爵[26]，既夺鲜卑贵族的权力，使他们一同编户；另一方面，又透过一波波的官爵改革，提高皇室和功臣的地位，加强中央集权。[27] 然而，从游牧君长蜕变为中原专制王权，并非一朝一夕可以达到，道武、太武的领导威权，与其说是来自皇帝体制

㉕ 关于北魏"离散诸部"的专论，可参看古贺昭岑氏：《北魏の部族解散について》，《东方学》59辑（东京，1980）；李凭：《北魏离散诸部问题考实》，《历史研究》1990：2（北京，1990）。古贺氏以为道武帝离散诸部的时间，不应早于皇始元年（396），皇始元年也正是北魏整顿官制的时间。不过，李凭则以为北魏离散诸部自登国元年（386）至天兴元年（398）十三年间共有三次。

㉖ 据《魏书》卷110《食货志》，可知拓跋珪即帝位之初，便置"八部大夫"以"劝课农耕，量校收入，以为殿最"。又据《魏书》卷113《官氏志》，可知次年三月，"分尚书三十六曹及诸外署，凡置三百六十曹，令大夫主之。大夫各有属官，其有文簿，当曹敷奏，欲以省弹驳之烦"。

㉗ 天兴七年（404）九月更将五等爵制改为四等爵制，具体的做法是以皇子及异姓元功上勋者为王，宗室及始蕃王皆降为公，诸公降为侯，侯降为子。见《魏书》卷113《官氏志》，第2973页。这番减降公爵的目的，自然是贬抑宗室和始蕃王，提高皇室和功臣的地位，加强中央集权。道武朝的官制改革，至此算是告一段落，也许是为了缓和统治集团的不满，因此，在十月大赦并改元天赐。

的确立,毋宁说是主要来自赫赫武功所形成的个人领导魅力。因此,北魏初期王权并不稳固,二人先后被弑,多少可以证明这种现象。恩赦本身是专制王权的展现,北魏君主仍未达到随意曲法施恩的程度,所以,北魏不是没有赦宥,但大部分的赦宥多与征服战争有关。

北魏初期的统治者仍未深受汉人赦宥思想的熏陶,因而不愿多赦;同时,北魏仍未摆脱游牧政权的弱点,汉族式的专制皇权仍未确立,因而不能多赦。故此,表现在政治上就是恩赦并不普遍。专制王权与赦宥思想,必有待北魏君主积极汉化,模拟汉魏制度,努力作一个汉人皇帝以后,才能逐渐确立。

二、北魏中期(452—499)

北魏中期包括北魏文成、献文、孝文三帝,共 48 年,恩赦 53 次,平均一年恩赦 1.08 次,2.25 度,频率比北魏初期大为升高。值得注意的是,此时曲赦的次数激增,共 22 次,占北魏 35 次曲赦的 63%。关于北魏曲赦的讨论,将见第四章。道武帝、太武帝经略四方,底定华北,但连年征战,亦造成"内颇虚耗"(《魏书·高宗纪》"史臣曰",第 123 页)。文成、献文之世,偃武修文,怀绥中外,因而有别于北魏初期,此时因对外征战而赦的次数甚少。北魏中期反而因嘉礼而赦的次数趋于频繁:三帝各有一次是因为改元(附表一编号 27、38、51)、皇子生(附表一编号 27、40、62)、为皇子命名(附表一编号 29、40、64)而颁布的大赦。

北魏中期赦宥的另一特色,就是与孝文一朝的汉化运动关系密切。北魏自从底定华北,入主中原,统治着广大的汉人地区,为了长治久安,汉化已是不可逆转的趋势。公元 477 年,孝文帝改元太和,大赦[28]。北魏史上最重要的汉化改革,就在太和元年以降的二十多年间陆续推动,太和十四年(490)以前主

---

[28] 孝文帝改元太和,《魏书》没有大赦的记载。但唐人所编《文馆词林》卷 668,收录《后魏孝文帝改元大赦诏》一首,清楚记载改元大赦一事。按《文馆词林》一千卷,唐朝许敬宗所编纂,收录初唐以前的巨作名篇。是书久佚,惟日本尚存数十卷,今有阿部隆一、尾崎康所辑:《(影弘仁本)文馆词林》,东京:古典研究会 1969 年版,最称完备。《文馆词林》卷 665 至卷 670,收录了初唐以前皇帝赦宥诏书百余篇,其中若干六朝赦诏,目前仅《文馆词林》尚有保存,弥足珍贵。

其事者是文明太后，十四年以后则是孝文帝。[29]

文明太后主政期间的赦宥，最值得注意的应是太和八年(484)因“置官班禄”而大赦天下。自道武帝以来，北魏立足华北已逾八十年，大小官员竟然是没有俸禄![30] 官人无俸禄，贪污腐化势所难免，百姓固然饱受官吏欺凌鱼肉；另一方面，亦必然影响国家的租调收入，严重损害北魏的统治。至太和八年(484)六月，在文明太后主导下，断然行班禄之制，据《魏书》卷7上《高祖纪》云：

> 置官班禄，行之尚矣……自中原丧乱，兹制中绝，先朝因循，未遑厘改……故宪章旧典，始班俸禄。……禄行之后，赃满一匹者死。变法改度，宜为更始，其大赦天下，与之惟新。(第153—154页)

国家班禄的同时，就是严惩贪污，因此规定“赃满一匹者死”，此后的确是“法禁严峻，司察所闻，无不穷纠”[31]。官人没有俸禄的时代，不贪污或不强征民财者几稀[32]，朝廷班禄后，欲穷纠贪残，自然必须先给予大赦，让百官更始惟新。在班禄制度推行后，官员其他非分的收入遭国家严令禁止，财富来源是固定的薪俸，官员越仰赖君主的俸禄，越受制于人君的喜怒，君主越能驾驭文武百官，君权更是越趋巩固。此外，吏治澄清，君主透过官僚对各地的控制进一步巩固，接下来的三长制、均田制等，才能陆续推动。

太和十四年(490)文明太后崩，孝文帝正式掌控大政，北朝历史上最激烈和彻底的汉化运动于焉上演。如果说，孝文帝以前北魏统治者的汉化措施是为了解决当前客观难题，多少具有实用功利性质的话，那么，孝文帝的改革相当程度触及到礼制风俗等更高层面的文化问题了。孝文帝是试图将拓跋政权

---

[29] 献文帝死时，孝文帝仍然幼弱，太后再度临朝，史称“自太后临朝专政，高祖雅性孝谨，不欲参决，事无巨细，一禀于太后。”(《魏书·文成文明皇后传》，第328—329页)可知北魏朝廷实际的统治者，无疑是太皇太后冯氏。这种情形一直到太和十四年(490)，太后崩，孝文帝始真正掌控大权。

[30] 没有俸禄，官员的生活如何维持呢？其方式大致有三种，首先，拓跋族人拥有广大的牧场或庄园。其次，所谓“官无禄力，唯取给于民”(《魏书·崔宽传》，第625页)。此即直接向治下百姓剥削和掠夺，反正从拓跋贵族看，治下百姓和财帛原来就是战利品的性质。再次，透过商人营利。周一良认为，北魏可能是把政府钱财予商人从事贩卖借贷，获利以供官员俸禄，类似唐代的捉钱令史。参看周一良：《魏晋南北朝史札记·魏书札记》“班禄与商人”条，北京：中华书局1985年版，第397—399页。

[31] 《魏书》卷89《酷吏李洪之传》，第1919页。据《魏书》卷111《刑罚志》云：“是秋遣使者巡行天下，纠守宰之不法，坐赃死者四十余人。食禄者局蹐，赇谒之路殆绝”(第2877页)。

[32] 当然，清廉者并非没有，史称高允“家贫布衣，妻子不立……时百官无禄，允常使诸子樵采自给。”见《魏书》卷48《高允传》，第1076页。

彻底改造为地地道道的汉族政权。自太和十四年始，孝文帝的十一次恩赦，几乎都与汉化运动有关。

孝文帝主掌大政后第一次恩赦，应当是太和十六年(492)班新律令而大赦，这是北朝首次因制定新律而大赦。孝文太和修律共有两次：一次在太和元年(477)九月，修律者主要是高允、高闾等，皆中原儒士，保留汉代遗风；第二次修律在太和十五年(491)五月，主持者主要是李冲，此次修律"河西因子"跃居显著的地位。[33] 太和十六年四月因颁定新律而大赦天下。太和十七年(493)十月，孝文帝以南征萧齐为借口，率领千军万马驻留洛阳，最后决定把国都自平城迁至洛阳，同时大赦天下。迁都洛阳，孝文帝汉化运动臻于高潮。太和十九年(495)十一月大赦天下，是因为圜丘南郊祭天，标志着祭典改革的完成。

迁都和礼律的改革，明显看出孝文帝欲与南朝政权争夺文化正统的企图，孝文帝自迁都后连年亲征江南，无疑亦是受正统观念的驱使。少数民族入主中原后，必须完成正统政权的职责——扫平六合，并吞八荒。苻坚在北方大致底定后，发动"淝水之战"，就是因为他"急要做正统，恐后世以其非正统，故急欲亡晋"[34]。故此，孝文帝在迁都引起的波澜稍为平静后，汲汲发动南征。太和十八年(494)，南齐雍州刺史曹虎以襄阳向北魏请降，孝文帝派四路大军接应，南北遂爆发近四十年来仅见的大战。附表一编号69、70、71、75、76、77等多起曲赦，都因这次伐齐战争而起。

随着汉化的日益加深，拓跋鲜卑渐渐克服了游牧民族的弱点，君主的权威不断地扩大和巩固，同时随着汉化的日益加深，君主越来越具有汉人皇帝的赦宥思想，尤其孝文一朝，屡下恤刑恩宥之诏。[35] 其行事作风，亦迥异于先祖。譬如太和五年(481)，沙门法秀谋为大逆，事发，多所牵引。史称：

> 王叡曰："与其杀不辜，宁赦有罪。宜枭斩首恶，余从疑赦，不亦善乎?"高祖从之，得免者千余人。(《魏书·恩幸王叡传》，第1988页)

---

[33] 陈寅恪：《隋唐制度渊源略论稿》，上海：上海古籍出版社1980年版，第107—109页。

[34] (宋)黎靖德编，王星贤点校：《朱子语类》卷136《历代三》，北京：中华书局1986年版，第3243页。

[35] 如太和四年(480)九月有《恤狱囚诏》、太和五年(481)五月《决遣狱囚诏》、太和十一年(486)十一月《停拷问诏》、太和十二年(487)正月《还免流徒年老及死刑亲老诏》、八月《月食慎刑诏》等。

可见完全是一种儒家“罪疑惟赦”思想的影响，这样的处事态度，与太武帝的“无所宽假”，截然不同。

三、北魏晚期(499—534)

北魏晚期包括了宣武、孝明、孝庄、前废、后废、孝武六帝，共35年，先后恩赦57次。检视北魏晚期的恩赦，有两点值得注意，第一是恩赦的频率急剧攀升，平均每年恩赦1.63次，4度。第二是“凶礼”和“军礼”的赦宥占大部分，皇帝施恩的背景，几乎都是因天灾、寇乱、政争等事。

宣武朝被视为继承孝文帝迁都洛阳以积极准备统一南方的时期[36]，统治前期对南朝的战事，的确颇有斩获。然而，后期帝舅高肇用事，朝纲逐渐败坏，北魏宗室或遭构陷，或遭监防[37]，终至京兆王元愉于正始五年(508)八月据冀州反，附表一编号86、87的赦宥，都与其有关。不只中央政局混乱，宣武朝亦出现多起大规模民乱，其中秦泾一带，史称“陇右扇逆，合境不民”(《魏书·世宗纪》，第203页)，乱情颇为严重。正始三年(506)七月，秦泾乱平，宣武帝并下诏曲赦泾秦岐凉河等五州。

孝明帝诩是宣武之子孝文之孙，孝明既继承了宣武朝政坛的紊乱，亦继承了孝文帝汉化政策以来北族武人所累积的怨气。附表一编号97、104、108、118、119等赦宥，都与胡太后和权臣元叉、刘腾相继弄权有关。不管胡太后或元叉专政，同样都造成朝纲紊乱，吏治腐败。史称太后时“朝政疏缓，威恩不立，天下牧守，所在贪惏”(《魏书·宣武灵皇后传》，第339页)。元叉“政事怠惰，纲纪不举，州镇守宰，多非其人。于是天下遂乱矣”(《魏书·京兆王元叉传》，第405页)。当洛阳朝廷还在沉溺于争权夺利之时，河北关陇等地一连串的动乱正以燎原之势吞噬着北魏王朝。

孝明一朝，大规模的民乱似乎从未暂歇。附表一编号99的大赦，正是由于冀州“大乘贼”被平定而颁布。“大乘贼”虽勉强平定，然而，肩负北魏边防重任

---

[36] 参看周一良：《魏晋南北朝史札记·魏书札记》“魏宣武帝元恪”条，第317页。

[37] 高肇专政其实是皇权扩张的一种表现，高肇因皇帝宠信和出任尚书台长官的职务而掌握大权，宣武帝是借高肇以制裁宗室诸王，强化皇权。参看张金龙：《高肇专权与北魏宣武帝时期统治集团内部矛盾》，《兰州大学学报(社科版)》1992：12(兰州，1992)。

的沿边六镇将士，因为太和汉化以来，朝廷重文鄙武，边镇将士地位日益低落，甚至“役同厮养，官婚班齿，致失清流”（《北齐书·魏兰根传》，第330页），在饱受欺凌压抑下，走上反叛之途。北族武人对洛阳崇文鄙武政治的怨恨，早在神龟二年（519），首都羽林虎贲近千人聚集大闹尚书省事件中，已露端倪。[38] 然而，胡太后朝廷并没有正视事态的严重性，只是“收羽林凶强者八人斩之，不能穷诛群竖，即为大赦以安众心，有识者知国纪之将坠矣”（《魏书·张彝传》，第1433页）。这就是表一编号102大赦的背景。

正光五年（524）三月，沃野镇人破六韩拔陵聚众反，杀镇将，号真王元年。[39] 四月，乱众连败魏军，先后攻下武川、怀朔二镇。此时元叉朝廷除了武力弹压，未见以恩赦加以缓解，大体朝廷只是单纯将破六韩的起事视为一次兵变而已[40]，并未意识到其背后所代表的是北镇武人对洛阳汉化朝廷的反扑。除了河北的动乱外，长期不靖的关陇地区亦一一起事。正光五年（524）四月，高平酋长胡琛反，自称高平王，攻镇以应拔陵；六月，南北二秦城民莫折念生、张长命等相继据城反[41]，朝廷面对六镇和关陇的乱事，终于下诏大赦天下。从这次大赦的颁布，看出朝廷已意识到事态的严重性了。高平和南北秦州反后，同年十二月，汾州正平、平阳山胡亦反叛。附表一编号102、107、110、112、113、114、115、116、117等恩赦，都直接或间接与“六镇之乱”有关。透过这一连串的恩赦，可以大致认识到乱事的扩散及其对北魏王朝的威胁程度。

---

[38] 据《魏书》卷64《张彝传》所载，事件的发生是由于征西将军张彝次子仲瑀上封事，“求铨别选格，排抑武人，不使预在清品”，结果，造成首都羽林虎贲近千人聚集大闹尚书省，并焚烧张彝住宅，烧死彝长子尚书郎始均。陈寅恪以为这次羽林虎贲的发难，无疑就是六镇起兵的前奏。参看万绳楠整理：《陈寅恪魏晋南北朝史讲演录》，合肥：黄山书社1987年版，第278—279页。

[39] 关于破六韩拔陵起事的时间，历来有《魏书·肃宗纪》正光五年说和《资治通鉴》的正光四年说两种说法，据朱大渭氏的考订，认为应以五年说较合理。参看朱大渭：《北魏末年各族人民大起义若干史实的辨析》一文，收入朱大渭著《六朝史论》，北京：中华书局1998年版。

[40] 按《元颢墓志铭》云：“岁在执徐，榆关大扰，王师每丧，玁狁横行。仍以徒役苦虐吏之浸，流戍积怀归之思，缘边万里，影响群飞。”《元彧墓志》亦云：“正光之末，艰虞互起，戍卒跋扈，摇荡疆塞。”参看赵超：《汉魏南北朝墓志汇编》，天津：天津古籍出版社1992年版，第292、504页。

[41] 北朝史书常见“城民（人）”的称呼，“城民（人）”并非泛指城市居民而言，而是专指军户、镇户，其身份较民户为低。城人主要负责征防，或其他有关军事的杂役。有关“城民（人）”身份的研究，论者颇多，可参看唐长孺：《魏周府兵制度辨疑》，收入唐长孺著《魏晋南北朝史论丛》，北京：三联书店1955年版；谷霁光：《府兵制度考释》（上海：上海人民出版社1962年版，附论《城民与世兵》；何兹全：《府兵制前的北朝兵制》，收入何兹全著《读史集》，上海：上海人民出版社1982年版；朱大渭：《北魏末军户制的衰落》，收入朱大渭著《六朝史论》，北京：中华书局1998年版。另外，日本谷川道雄氏：《北魏末の内乱と城民》，收入谷川道雄氏著：《隋唐帝国形成史论》，东京：筑摩书房1971年版。

自正光五年(524)以来,乱事逐渐蔓延,朝廷除武力弹压外,亦屡降赦恩。朝廷频频大赦,对于平乱有没有积极意义呢?从史传保存下来的零星记载,似乎不能说没有作用。据《魏书·肃宗纪》云:

> (正平六年二月),齐州魏郡民房伯和聚反。会赦,乃散。(第239页)

可知恩赦对于消弭动乱,具有一定的作用。[42]

当河北关陇的乱事一发不可收拾之际,山西秀容川大豪尔朱荣,凭借个人才略和累世资财,利用魏廷的斗争和各地的民乱,迅速崛起主宰了魏末的政局。尔朱荣奉魏廷之命平定了并州一带诸胡的动乱,成为西北一带的军事强人。不久,明帝为胡太后所害,尔朱荣借机率兵南下,武泰元年(528)四月九日,尔朱荣在河阴立宗室子攸为帝,即孝庄帝。孝庄帝以降,北魏大政已落入权臣武将之手,孝庄一朝的恩赦,几乎都与尔朱氏一族有关。尔朱荣奉庄帝入洛阳后,先是沉胡太后和幼主,继而以"天下丧乱,明帝卒崩之由,云皆缘此等贪虐,不相匡弼所致"(《魏书·尒朱荣传》,第1648页)。遂纵兵大杀朝臣二千余人,称"河阴之变"。"河阴之变"可谓是孝文以来北镇武人对洛阳文弱政治所进行的一次总清算,北镇武人多年所受的歧视和压制,虽未能透过叛乱的形式成功反扑,但最终却由弹压六镇之乱的另一股武人集团所完成。十四日,奉庄帝入洛阳城,下诏大赦,改元建义。

此时河北的民乱已由葛荣兼并,关陇则以万俟丑奴为首。建义元年(528)九月,尔朱荣擒葛荣,并以奇计收编葛荣数十万大军,河北乱平。永安三年(530)四月,尔朱荣从子天光擒万俟丑奴,关中乱平。河阴之变后,宗室元颢投降梁朝,此时趁尔朱荣大军分击河北关中时,在梁朝的协助下夺取洛阳,一时声势壮大,"自河以南,莫不风靡"(《魏书·崔光韶传》,第1482页),元颢入洛后,大赦天下。其实,颁布大赦,就是一种统治的宣示,乃皇权的重要展现,接受大赦,无疑是接受统治。北魏地方长吏有拒绝受赦的,如平原相辛子馥(《魏书·辛子馥传》,第1028页);有打算接受的,如广陵王欣(《魏书·崔光韶传》,第1482页)。最后,尔朱荣自河北回师,横渡黄河,大破元颢。附表一编号

---

[42] 关于恩赦与叛乱的关系,可参看拙著:《魏晋南朝恩赦制度的探讨》,第137—142页。

121、123、124 的大赦，即是在这些背景下颁布。

尔朱荣为北魏荡平各地寇乱，诚中兴再造之臣[43]，然尔朱荣留守晋阳遥制中央，孝庄自是怏怏不悦，且以河阴之事，恐终不保。遂在永安三年(530)九月，趁荣入朝，亲加手刃，既而大赦。尔朱荣被杀后，坐镇汾州的尔朱兆迅速起兵占据晋阳，奉元晔为帝，改元建明，大赦。十二月，兆攻陷洛阳，庄帝于晋阳被害。附表一编号 125、127、128 的恩赦，即在此背景下颁布。庄帝永安三年(530)的一年内，前后五次大赦，可见政局的混乱。原先依附尔朱氏的高欢，自尔朱兆手中骗得六镇降众后，实力陡增，最后敉平乱局。高欢改立元修为帝，史称孝武帝，大赦并改元太昌。高欢肃清河北的反抗力量后，亦仿尔朱荣在晋阳建立霸府，遥制洛阳政治。然而，孝武帝不甘受制权臣，欲图高欢，但为高欢所觉，武帝只得出奔长安，依附另一军事强人宇文泰。这就是附表一编号 129、130、131、134 大赦颁布的背景。至此，北魏遂分裂为东魏、西魏。

四、东魏北齐西魏北周时期(534—581)

(一) 东魏北齐时期(534—577)

永熙二年(533)八月，孝武帝图高欢不成，仓卒西迁。十月，高欢另立魏宗室善见为帝，是为孝静帝，魏分裂为东西，加上南方的梁，中国又出现了另一次的三国对峙。高欢鉴于"孝武既西，恐逼崤陕，洛阳复在河外，接近梁境，如向晋阳，形势不能相接，依议迁邺"(《北史·齐神武纪》，第 224 页)。天平元年(534)十月，高欢挟孝静帝和洛阳户四十万狼狈就道。附表一编号 136、139、144、145、146 五次恩赦，都因迁都而赦。自孝武入关后，高欢数度提兵西向，试图消灭宇文氏的势力，但大多铩羽而归。直到武定元年(543)(即西魏大统九年)的"邙山之役"，终于重创西魏。这年五月，东魏遂以克复虎牢，降天下死罪以下囚。同年七月，西魏亦以虎牢得而复失，大赦天下。关于东魏北齐诸帝恩赦时机，可参看表 1-3。

---

[43] 魏收论尔朱荣之功，亦以为"及夫擒葛荣，诛元颢，戮邢杲，剪韩娄，丑奴、宝夤咸枭马市。此诸魁者，或据象魏，或僭号令，人谓秉皇符，身各谋帝业，非徒鼠窃狗盗，一城一聚而已。苟非荣之致力，克夷大难，则不知几人称帝，几人称王也。然则荣之功烈，亦已茂乎"。见《魏书》卷 74《尒朱荣传》"史臣曰"，第 1657 页。

表 1-3　东魏北齐恩赦时机分类表

时机/次数/帝号	吉礼						凶礼			军礼				嘉礼								其他	不详
	郊祀	籍田	谒庙	巡幸	祥瑞	其他	异象	灾害	其他	政争	寇乱	征战	其他	践祚	改元	加元服	立后	皇子(孙)生	皇子名	立太子	其他		
东魏孝静帝			1		2			2				1	1	1	1		1			1		5	3
北齐文宣帝												2		1						1		2	2
废帝														1								1	
孝昭帝	1													1									
武成帝	1		1		1							2		1			1			1			2
后主	1		1					3	1			2		1		1	1	2				1	5
幼主														1									
小计	3	0	3	0	3	0	0	5	1	0	0	7	1	7	1	1	3	2	0	3	0	9	12
总计	9						6			8				17								9	12

武定五年(547)正月,高欢死。高欢之死并没影响儿子高澄宰制东魏之局面,但却牵动着三国之间的势力消长。这一年三国都为了同一事件而降赦,那就是侯景之叛。侯景为东魏骁将,手握十万精兵,专制河南长达十四年,飞扬跋扈,素轻高澄。[44] 高欢甫卒,侯景举兵反。[45] 侯景一面向西魏求援,一面又向梁请降,三国便因争夺侯景所统河南七州十二镇的要地而大动干戈。[46] 附表一编号151、201、202的赦宥,都与此有关。[47] 东魏遭逢高欢新死,侯景叛逃,梁师北伐,西魏东侵,局势的确相当危急。五月,孝静帝大赦天下,其原因如何,《魏书》所载不详,但推测当是行非常之恩,以宽慰人心。最后,东魏在"寒山之役",尽歼梁军。另外,侯景亦为东魏将慕容绍宗所败,逃入梁境。至于西魏颍川守将王思政则与东魏军缠斗经年,至武定七年(549)六月,为高澄所俘。

东魏武定七年立太子大赦,应与高氏的篡夺有关。这年八月辛卯,魏主立皇子长仁为太子。长仁生年不详,惟静帝时年二十七岁,应当早已诞子,却在此时才立储君,显然是高澄准备先行废立,然后禅代。[48] 只是就在这一天,高澄为南朝俘虏兰京刺杀。这时担任京畿大都督的高欢次子高洋,提兵平乱,并讽东魏主以立太子大赦,其用意当是"托建储大赦,以安兰京之党心怀反侧者"[49]。魏帝得悉高澄死讯,"窃谓左右曰:'大将军今死,似是天意,威权当复归帝室矣'"(《资治通鉴》卷162"梁武帝太清三年(549)八月癸巳"条,第5027页)。然而,高澄之死毕竟只是让东魏政权稍微苟延岁月罢了。

武定八年(550)五月,高洋篡魏。其实,若相较高澄历十余载培育,高洋掌权不足一年,即汲汲于篡位,的确过于仓促。何况在时人眼中,高洋才略远不

---

[44] 《北史》卷6《齐纪上·神武纪》云:"侯景素轻世子(高澄),尝谓司马子如曰:'王在,吾不敢有异;王无,吾不能与鲜卑小儿共事!'"第230页。

[45] 学者以为侯景叛东魏的原因,固然是与高澄不睦所致,但是,侯景属于尔朱氏残余势力的重要代表,高欢在灭尔朱氏后虽然必需用心拉拢和重用,其实,对侯景一直并不信任。因此,在临终前要夺侯景之权。参看李万生:《论侯景叛东魏的历史原因》,《贵州师范大学学报(社科版)》1999:2(贵州,1992)。

[46] 侯景一人能挑起三国之间大动干戈,主要是所统河南七州十二镇的地位重要。若东魏失河南则邺都藩篱尽失,西魏得河南则可阻隔梁与东魏的交往,梁得河南则底定河北,廓清中原有望。因而,三国无不投下强大兵力,争夺河南。关于河南对三国的重要性,可参看李万生:《河南之地与三国之争》,《中国史研究》1998:3(北京,1998)。

[47] 除了东魏和西魏,梁武帝在这年八月,派侄子萧渊明率十万大军,配合侯景北伐中原,同时赦缘边新附诸州。见《梁书》卷3《武帝纪下》,第92页。

[48] 吕思勉:《两晋南北朝史》,上海:上海古籍出版社1983年版,第701页。

[49] 《资治通鉴》卷162"梁武帝太清三年(549)八月癸巳"条胡注。

如父兄。[50] 以当时情势来看,人心未一[51],何以高洋急于篡夺呢?据《北史·齐显祖文宣帝纪》云:

> 于是徐之才盛陈宜受禅。帝曰:"先父亡兄,功德如此,尚终北面,吾又何敢当。"之才曰:"正为不及父兄,须早升九五,如其不作,人将生心。"(第258页)

可知高洋急忙篡位的原因,正是由于资望浅薄,不得不尽早篡位,确立君臣名分,以助提振威权,并防杜其他人的觊觎。

高洋篡位自代,国号齐,即是文宣帝。天保元年(550),一年三赦,第一次是五月时的即位大赦;第二次是六月以立太子,曲赦畿内及并州死罪以下,余州死降徒,流以下一皆原免[52];第三次是十月朝太后于晋阳,曲赦并州、太原郡、晋阳县及相国府四狱囚。二次曲赦,并州都特蒙恩宥,原因当是晋阳自高欢以来,即是遥制京畿的霸府所在,聚集许多从龙宿将元勋,地位特殊。高洋既缺乏显赫军功,又素为"晋阳旧臣宿将"所轻,自有必要对其多所恩宥以为拉拢。

武成帝河清三年(564),以颁新律令,大赦天下。南北朝百多年来,因颁行新律而大赦的,只有北魏太和十六年和北齐河清三年两次而已。《太和律》和《河清律》恰恰都被认为是南北朝法典成熟之作——《太和律》被认为融合汉律和魏晋律的大成;《河清律》则再包含了南朝前期律学的因子,最为史家称道。[53] 这两次大赦都深具象征意义。河清四年(565)四月,以太史奏天文有变,其占当有易王,武成帝遂禅位于太子高纬,自居太上皇帝。后主纬即位时,年仅十岁,军国大政仍由太上皇帝掌控,直到天统四年(568)十二月太上皇帝驾

[50] 原来高洋为免乃兄疑忌,向来深自谦抑,"内虽明敏,貌若不足"(《北齐书》卷4《文宣纪》,第43页),因而"晋阳旧臣、宿将素轻(高)洋"(《资治通鉴》卷162"梁武帝太清三年(549)八月癸巳"条,第5027页)。当高洋准备篡夺时,其母娄太后就加以反对,以为"汝父如龙,汝兄如虎,尚以人臣终,汝何容欲行舜、禹事?"(《北齐书》卷30《高德政传》,第408页)

[51] 据《北齐书》卷42《阳休之传》云:"是时,显祖(高洋)将受魏禅,发晋阳,至平都城,为人心未一,且还并州,恐漏泄,仍断行人。休之性疏放,使还,遂说其事,邺中悉知"(第562页)。高洋已自晋阳出发,但以人心未一,复退还晋阳,可知高洋的篡夺的确是过于仓促和勉强。

[52] 《北齐书》卷4《文宣纪》,第52页。按点校本原作"余州死降,徒流已下一皆原免",然"余州死降"一句不可解,按文意当是赦免畿内及并州的死罪以下,余州死罪降为徒罪,流罪以下则一皆原免。疑点校本误。

[53] 陈寅恪:《隋唐制度渊源略论稿》,第112—115页。

崩，后主才正式亲政。

后主恩赦中，有三次是因天灾而颁布（附表一编号 175、187、188），天统二年（566）和武平五年（574）是因大旱，武平七年（576）则是因为大水。后主之世，赦宥频繁，其原因或谓恩幸陆令萱所怂恿，据《太平御览》卷 652“刑法部十八”所引《北齐书》云：

> 后主将大赦。时临漳令李世业为台所劾，赃多至死，世业即穆提婆对门。陆令萱言于齐主，所以大赦。后由是频赦，遂以为常。（第 5b 页）

李诵为台所劾，陆令萱言于后主一事，不见于今本《北齐书》，《太平御览》所引当为李百药原书。[54] 后主骄纵奢靡，宠信幸臣韩长鸾、穆提婆等，政局紊乱，而自武平五年至七年间的水旱天灾，为周师伐齐提供了良好的背景。

高氏和宇文氏东西阵营，相互间攻战不休，北齐史上多起赦宥与此背景有关。文宣帝天保七年（556）七月和天保九年（558）四月大赦的原因，都是因齐主“宣示远近，将事西行”（《资治通鉴》卷 166“梁敬帝太平元年（556）六月”条，第 5149 页）。武成帝河清三年（564）十二月，因周师来犯而二度赦宥罪囚（附表一编号 171、172）。后主末年，北齐内部主昏政乱，外则连年水旱之灾，周武帝有感时机成熟，遂于武成七年（576）十月，亲征北齐。十二月，齐师败于晋州，后主在大局尚有可为的情况下，不理部下劝阻，欲遁逃北朔州，最后决意禅位幼子，附表一编号 189、190、191 等三次大赦都在这种背景下颁布。后主末年，由于丧德败行，君臣离心离德，史称“齐军晋州败后，兵将罕有全节者。其杀身成仁者，有仪同叱干苟生，镇南兖州，周帝破邺，赦书至，苟生自缢死。”（《北齐书·傅伏传》，第 546—547 页）叱干苟生以不受周赦而自缢，在齐末算是异数了。

（二）西魏北周时期（534—581）

西魏前后四帝，共二十四年，恩赦十三次，分别是孝武帝一次，文帝十二次，废帝和恭帝则未见一赦。西魏诸帝事迹，《魏书》不录，对西魏的赦宥概况，只得靠《北史》、《周书》、《通鉴》，稍作补充。从来君主赦事，在正史本纪中都

---

[54] 李世业即李诵，父为陇西李玙：《北齐书》卷 29 有传。惟《北齐书》此卷亡佚，今本为后人所补。关于李诵之事，记载非常简略，唯称“（李玙子）诵、韫无行。诵以女妻穆提婆子怀廆，超迁临漳令、仪同三司。韫与陆令萱女弟私通，令萱奏授太子舍人。”

会清楚记载其颁布的年月日，唯独西魏赦事，大部分竟然只记年月而已，而废帝、恭帝竟毫无赦宥的记载，即使践祚亦未见一赦，可知西魏史料之亡佚，尤过北齐。关于西魏北周诸帝恩赦时机，可参看表1-4。

永熙三年(534)八月，魏孝武帝出奔，依附关陇的新兴军阀宇文泰，当孝武帝抵达长安时，下诏大赦，标志着其统治已转移到关陇来了。可是，孝武帝的西迁，不过是把北魏神器自高欢手中交付宇文泰手中而已，北魏名存实亡的命运毕竟无法逆转。十二月，孝武帝为宇文泰鸩杀，泰另立宗室宝炬为帝，是为文帝，年号大统。文帝在位十六年，共恩赦十二次，分别是大赦七、曲赦二、降罪三。

宇文泰掌握魏政二十多年，卒于恭帝三年(556)十月。鉴于“嗣子冲幼，强寇在近”(《周书·晋荡公护传》，第166页)，乃托后事于从子宇文护。宇文护抚循文武，待众心安定后，于十二月奉泰子觉逼魏帝禅代。若对照东西魏的历史，高欢和宇文泰虽操弄魏政二十年，但终身北面，不敢觊觎神器。然而，死后不久其后人便匆忙篡夺，如出一辙。何以宇文护在宇文泰死后二个月便急于禅代呢？司马光《资治通鉴》卷166“梁敬帝太平元年(557)十二月”条云：

> 魏宇文护以周公(宇文觉)幼弱，欲早使正位以安人心。(第5156页)

若回顾高洋篡夺东魏的背景，何尝不是鉴于“正为不及父兄，须早升九五，如其不作，人将生心”。高洋与宇文护在篡位前的背景，其实都颇有类似，都是面对满朝的元勋宿将，若不及早篡夺以确立君臣名分，恐怕难以驾驭。

北周历二十四年，前后四帝，共恩赦三十四次。公元557年，宇文觉登基为天王[55]，元年践祚大赦一、降罪二。闵帝即位后，宇文护以大冢宰的身份专断朝政，所有府兵十二军事宜，“皆受护处分，凡所征发，非护书不行……事无巨细，皆先断后闻”(《周书·晋荡公护传》，第168页)。不到一年时间，陆续诛除赵贵、独孤信等元勋宿将[56]，一定程度提振了中央政府的威权，只是大权非在

---

[55] 宇文氏托古改制，以《周礼》建立关陇政权的文化认同，独树一帜，试图与继承北魏洛阳文化的北齐以及自居魏晋以来衣冠正朔的南朝，争夺文化正统地位。因而宇文觉建周时，仍模仿西周体制，即天王位而不称皇帝，称元年而不用年号。

[56] 学者以为赵贵代表贺拔岳旧部，主要反对宇文护；独孤信代表贺拔胜旧部，主要反对的是宇文氏家族。宇文护诛除赵贵等人，代表宇文氏对这些军事派系的整肃。参看周双林：《北周赵贵、独孤信事件考论》，《文史》第40辑(北京，1995)。

表 1-4 西魏北周恩赦时机分类表

时机 次数 帝号	吉礼						凶礼			军礼				嘉礼								其他	不详
	郊祀	籍田	谒庙	巡幸	祥瑞	其他	异象	灾害	其他	政争	寇乱	征战	其他	践祚	改元	加元服	立后	皇子(孙)生	皇子名	立太子	其他		
西魏孝武帝				1																			
西魏文帝					1							3		1			1	1				1	4
北周闵帝														1								1	4
明帝					1	1	1							1								2	1
武帝				4	2			3		1		2		1			1			1	1	3	2
宣帝						1																	
静帝								1	1			1		1									
小计	0	0	0	5	4	2	1	4	1	1	0	6	0	5	0	0	2	1	0	1	1	7	11
总计	11						6			7				10								7	11

皇帝而是在相府手中罢了。闵帝不堪大权旁落，密谋图护，不幸为护先发制人。宇文护废周主，另立宇文泰长子宇文毓。所以，元年一年间，竟有二次践祚大赦。

宇文毓在位三年，共恩赦七次，其中有二次较值得注意。周二年(558)四月辛未，因荧惑入轩辕，降死罪一等，五岁刑以下皆原之。这是北朝史上唯一的一次因天文异象而行赦宥。[57] 周三年(559)八月己亥大赦，是因为宇文毓改天王为皇帝，以三年为武成元年。这应当是周主想要加强天子威权的举动，但最终触怒了宇文护，遭到鸩杀。明帝遗命传位弟邕，而不传稚子，应是希望邕能完成兄长重振君权的未竟大业。

武帝保定二年(562)五月，因"众瑞并集"，大赦天下。在之前的明帝二年八月，亦因类似的状况而大赦。若以《周书》为据，北周史上所见祥瑞确实不少，尤其是武帝朝，凡"五荐神乌之瑞，再献芝草之祯；呈九尾于东郊，获三角于南鄙；嘉禾生于旧邸，连理出于安定……其余祥见，殆无虚月。"[58]《周书》所记祥瑞中，以"乌"，特别是"三足乌"，最为常见。何以"三足乌"被视为祥瑞？盖宇文泰生时有玄气之祥，故尚黑色。[59] 其时宇文周、高齐和南陈，鼎足三分，"三足乌"象征"三方归本，九州翕定"(《周书·明帝纪》，第55页)，因而被视为别具意义的祥瑞。

北周历史上何以经常出现祥瑞现象？周主为何时常因祥瑞而赦呢？个人推测，这或许与受制于权臣有关。北周建德元年(572)以前，政局基本上是掌握在宇文护手中，闵帝、明帝、武帝兄弟，都是宇文护所立，"事无巨细，皆先断后闻"，周主不啻是傀儡而已。闵帝欲图权臣，结果反遭废杀。明帝、武帝以前

---

[57] 此次辛未恩降，笔者推测应是与庚午荧惑入轩辕有关，不过，王仲荦认为是因皇太子生。《文馆词林》卷667收录《后周明帝诞皇太子恩降诏》一篇，诏书不记年月。关于明帝诸子诞日以及因皇太子生而恩降之事，《周书》、《北史》不载，王仲荦以为二年辛未恩降即因皇太子生，故《北周六典》将此诏系于明帝二年(参见王仲荦：《北周六典》，北京：中华书局1979年版，第410页)。然而，此赦诏有难解之处，第一，赦诏应题作诞"皇子"，不应作诞"皇太子"，盖即令是长子，未经册立，仍不能称皇太子。第二，据《周书·明帝纪》所载，明帝即位时已二十五岁，照理不应此时才生长子。因此，此诏是否为后周明帝赦诏，不无可疑，暂不取王氏之说。

[58] 《文馆词林》卷667《又灵乌等瑞大赦诏一首》，第311—312页。此篇赦诏不记年月，但据诏中"于今六祀"一句，可知是建周六年的保定二年六月赦诏。

[59] 按《周书·闵帝纪》云："百官奏议云：今魏历告终，周室受命，以木承水，实当行录，正用夏时，式遵圣道。惟文王诞玄气之祥，有黑水之谶，服色宜乌。"(第46页)

车可鉴，都不敢造次。不过，假借各地祥瑞，强调大周得天命，进而强调"受命之君，必有神灵之异，祯祥之符，然后得处乎兆人之上"[60]，加强人主的权威性和合法性，算是比较温和对抗权臣的手段[61]。至建德元年诛宇文护以后，《周书》所见各地献祥瑞之事，明显减少，甚至，武帝对祥瑞更摆出一副不以为然的态度。据《周书·武帝纪上》云：

> （建德二年）三月己卯，皇太子于岐州获二白鹿以献。诏答曰："在德不在瑞。"（第82页）

若对照诛宇文护以前经常强调的"受命之君，必有神灵之异、祯祥之符，然后得处乎兆人之上"，这是何等截然不同的态度。也许，并非武帝突然对祥瑞有不一样的认识，而是祥瑞所起的作用，已经告一段落了。

公元五七二年，武帝一年之内，大赦三次，恩降一次，相当不寻常。这年是武帝统治关键的一年。宇文护专断周政多年，"外托为相，其实王也"（《北齐书·段韶传》，第211页），武帝为人沉毅有智谋，"常自晦迹，人莫测其深浅"（《周书·武帝纪下》，第107页）。在动手诛除宇文护之前，武帝经常表现出一副雅好儒道，喜与群臣谈经论典的模样，如天和元年（566）五月和三年（568）八月，集群臣讲《礼记》。即使是诛宇文护的天和七年（572）正月，武帝仍幸玄都观讲法，任公卿道俗论难，附表一编号221的恩降，即因此而颁布。武帝一直表现的雅好儒道，将朝政委予宇文护，在宇文护完全没有防备时，武帝在这年三月迅雷一击，就把这位专断朝政十六年的权臣，一举扳倒，附表一编号227大赦和改元，即因此事而颁布。宇文氏权力终于合而为一，中央威权更加巩固。中央权威趋于稳固，接下来自然是对付宿敌北齐了。建德五年（576）底，武帝以齐后主昏虐无道，君臣离心，亲征北齐。周师以摧枯拉朽之势，十二月平并州，

---

[60] 《文馆词林》卷667《又灵乌等瑞大赦诏一首》，第311页。

[61] 周保定四年（564）九月，齐武成帝为了缓和与北周的冲突，乃遣送身陷齐境的宇文护母阎氏和宇文泰妹西归，北周为此大赦（附表一编号221）。是次大赦赦诏，收于《文馆词林》卷667。不过，编纂者误将这首赦诏题为《灵乌等瑞大赦诏》。其实，有此错误亦情有可原，因为赦诏前半段不断申明大周如何得到天命，如"祖宗贻厥，祯祥频集……至于仓乌、赤雀、白菟、玄狐、嘉禾、连理、芝草、甘露，史不绝书"。编纂者一时不察，忽视了后半段提到大伯母（即阎氏）等自东国来归一事。从《周书·武帝纪》和《晋荡公护传》，可知这次大赦是由于大伯母阎氏至，举朝庆悦，因而大赦，武帝这篇赦诏却长篇累赘地叙述如何"祯祥频集"，可见武帝朝的确喜谈祥瑞。

大赦天下。次年正月,周师入邺城,赦去年赦诏班宣未及之处。[62]

武帝平齐后不久,急病驾崩,太子赟继位,是为宣帝。宣帝在位一年,大赦一;静帝阐在位一年,大赦三、降罪一。其实,宣帝即位不久禅位太子阐,但仍然掌握大政,因此,附表一编号236、237、238的大赦,都算是宣帝所颁布。宣帝在宣政元年(578)六月戊戌即位,但并没因践祚而大赦,不知是否史文有阙。宣帝为人荒暴,德政不修,恐失众望,乃行宽法,大象元年(579)下诏曰:"高祖所立刑书要制,用法深重,其一切除之"(《隋书·刑法志》,第709页)。另一方面,又屡施赦宥,行非常之恩,以收众心,造成"为奸者皆轻犯刑法,政令不一,下无适从"(《隋书·刑法志》,第710页),招致臣下的非议。[63] 北周最后一次大赦是附表一编号240平尉迟迥大赦,这也是北周史上唯一的因地方反叛而大赦,这次大赦代表外戚杨坚消灭了主要敌对势力,进而轻易篡夺了宇文江山。

对于北齐、北周政权,大抵以为二者继承魏末"六镇之乱"、"河阴之变"以来反汉化的风潮,因此,朝廷充满了鲜卑文化或是胡人文化的色彩,这样的论述基本上没有问题。[64] 然而,当以反汉化或鲜卑化来理解北齐、北周历史时,不要忽视他们毕竟不是在塞外的游牧政权,而是建立在黄河流域的中原王朝,尤其北齐据有以洛阳、邺城为中心的山东地区,这里是孝文以来的汉化重镇。况且,战事一旦缓和下来后,"鲜卑车马客,(治国)会须用中国人"(《北齐书·杜弼传》,第353页),朝廷不能不寻求汉人世族的襄助,更何况北齐境内本来就是文化水准高,家风淳厚,学问恪守汉魏传统的"山东士族"的大本营。职是之故,北齐和北周作为胡化浪潮下所缔建的王朝,容或有蔑视汉人文化的现象,但治国的原理、立国的宏规,仍然不脱北魏以来吸收的汉人政治传统。汉人君主施恩布德的统治原理,以及赦过宥罪的恩赦制度,并没有因所谓的反汉化而

---

[62] 《周书》卷6《武帝纪》,第100页。

[63] 《周书》卷40《乐运传》,第721页。

[64] 探讨东魏北齐政治演变的论著不多,大体上多以"胡汉冲突"为主轴,来理解这段期间政治的起伏乱亡,其中较著名的有缪钺:《东魏北齐政治上汉人与鲜卑之冲突》,收入缪钺著:《读史存稿》,北京:三联书店1982年版;孙同勋:《北魏末年与北齐时代的胡汉冲突》,《思与言》2卷4期(台北,1964);萧璠:《东魏北齐内部的胡汉问题及其背景》,《食货月刊(复刊)》6卷8期(台北,1976)。除此以外,吕春盛尝试跳脱胡汉冲突的窠臼,探讨北齐衰亡的原因。参看吕春盛著《北齐政治史研究:北齐衰亡原因之考察》(台大文史论丛),台北:台湾大学出版社1987年版。

呈现不一样的形态。举凡肆赦的频率或肆赦的背景,与北魏中期以降没有明显的差异,赦诏中充斥着“明雷雨之义,开造育之始”[65],或是“顺天播泽,今也其时”[66],又或是“顺时流施……务兹造育……屈法申恩,用荡瑕秽”[67]等语句,仍是源自儒家施恩布德的治国原理。

第三节　隋唐恩赦频率的起伏变化(581—907)

一、隋代

有关隋唐君主恩赦的类别、频率和时机,可参看表1-5和表1-6。

隋文帝杨坚篡周建隋,在位二十四年,共恩赦二十八次。文帝朝的恩赦大体可以开皇九年(589)平陈为界,分为前后两期。开皇九年平陈以前,不论肆赦的次数和度数,都明显频密和偏高。平陈以后,恩赦的频率明显趋缓。炀帝广在位十四年,共恩赦十一次,不论恩赦的次数和度数,都低于乃父。大体而言,隋代恩赦的频率并不高。

(一) 文帝朝

文帝朝的恩赦主要是与新帝国的创建及统一有关。开皇三年(583)正月的大赦,是因文帝入新都大兴城。营建新都的原因,正如《隋书·高祖纪》所云:

> 羲农以降,至于姬、刘,有当代而屡迁,无革命而不徙。曹、马之后,时见因循,乃末代之宴安,非往圣之宏义。此城从汉,凋残日久,屡为战场,旧经丧乱。今之宫室,事近权宜……不足建皇王之邑,合大众所聚。(第17页)

一方面是鉴于长安宫殿,自汉末以来迭经兵燹,一片颓败;另一方面,亦因废周建隋,开一代盛运,都城残破,并非“皇王之邑”,与新时代新气象的国家不相

[65] 《文馆词林》卷670《北齐文宣帝大赦诏》,第385页。
[66] 《文馆词林》卷670《北齐武成帝大赦诏》,第387页。
[67] 《文馆词林》卷665《北齐孝昭帝郊祀恩降诏》,第275页。

表 1-5 隋唐恩赦类别和频率统计表

帝号/项目	隋文帝	炀帝	唐高祖	太宗	高宗	武后	中宗	少帝	睿宗	玄宗	肃宗	代宗	德宗	顺宗	宪宗	穆宗	敬宗	文宗	武宗	宣宗	懿宗	僖宗	昭宗	哀帝
享祚	24	14	9	23	35	22	6	1	3	45	7	18	26	1	15	5	3	14	7	14	15	16	17	4
大赦	13	8	4	7	18	30	11	2	6	26	14	9	8	1	5	5	3	3	4	6	7	7	12	0
曲赦	4	3	12	11	13	13	4	0	1	7	0	3	2	0	1	3	0	0	0	1	0	2	1	0
录囚	7	0	8	13	19	6	4	0	1	17	2	1	3	0	1	3	2	11	4	3	1	2	0	0
降罪	5	0	1	8	7	0	1	0	0	24	4	6	2	2	4	2	0	9	1	1	3	4	2	1
总和	29	11	25	39	57	49	20	2	8	74	20	19	15	3	11	13	5	23	9	10	11	15	15	1
次数Ⅰ	1.21	0.79	2.78	1.7	1.63	2.23	3.33	2	2.67	1.64	2.86	1.06	0.58	3	0.73	2.6	1.66	1.64	1.29	0.79	0.73	0.94	0.88	0.25
次数Ⅱ	0.54	0.57	0.44	0.3	0.51	1.36	1.83	2	2	0.58	2	0.5	0.3	1	0.33	1	1	0.21	0.57	0.43	0.53	0.43	0.71	0
平均度	2.5	1.93	3.78	2.65	2.86	4.95	7.17	6	6.67	3.31	7.43	2.39	1.27	7	1.67	5	3.66	2.71	2.58	1.71	1.87	2.06	2.41	0.5

按："次数Ⅰ"是平均每年恩赦（含大赦、曲赦、录囚、降罪）颁布的次数；"次数Ⅱ"是平均每年大赦颁布的次数。武后朝是包括中宗和睿宗第一次在位以及武后篡唐建周期间

表 1-6　隋唐恩赦时机分类表

时机 次数 帝号	吉礼										嘉礼									凶礼			军礼				其他	不详
	郊祀	谒庙	朝太清宫	籍田	明堂	谒陵	巡幸	封禅	祥瑞	其他	践祚	加尊号	改元	顺时令	立后	皇子(孙)生	立太子	太子加元服	其他	异象	灾害	其他	政争	寇乱	征战	其他		
隋文帝							3			1	1		2	2							1				3	2	2	12
炀帝							5						1											1	1	1	2	
恭帝											1																	
唐高祖									1		1										1		1	1	10		2	7
太宗						1	8		2	1	1			3		1	1	1			7				4		2	8
高宗						1	11	1	3	1	1	1	2		1	2	4	2	3	1	16				4	1		2
武后	2	2			5		4	1	1		3	5	4				1		2	1	3			5	2		1	5
中宗	1	1			1		3		2		1	2			1				2		3		1				2	2
少帝											1												1					
睿宗	2			1					1	1	1						1				1						1	
玄宗	6	4	3	2		2	11	1		1	1	5	2	9			2		4	2	14		1	1			3	11
肃宗	2	2	1								1	1	1	2			1		1	2	2			2			1	5
代宗	1	1	1				1		1		1	1	1	3						1	3						2	4
德宗	4	4	4								1	1	3	2							5			2				

（续表）

时机 次数 帝号	吉礼										嘉礼									凶礼			军礼				其他	不详
	郊祀	谒庙	朝太清宫	籍田	明堂	谒陵	巡幸	封禅	祥瑞	其他	践祚	加尊号	改元	顺时令	立后	皇子(孙)生	立太子	太子加元服	其他	异象	灾害	其他	政争	寇乱	征战	其他		
顺宗											1		1				1											
宪宗	1	1	1									2	1				2		1		2			2				
穆宗	1	1	1								1	1	1				1		1		2			3			1	2
敬宗	1	1	1								1	1	1								1							
文宗	1	1	1								1		2				1		1	2	12		1					3
武宗	2	2	2								1	2	1							1	3							1
宣宗	2	2	2								1	1	1								3				3			1
懿宗	2	2	2								1	2	1						1		2				2		1	1
僖宗	1	2	1								1	3	1								3			4				3
昭宗	1	2	1				1					1	3		1		1			2				2				3
哀帝																				1								
小计	30	28	21	3	4	4	47	3	11	5	23	29	29	21	3	3	16	3	16	13	84	0	5	23	29	4	20	70
总计	156										143									97			61				20	70

称。附表二编号6、12、15、16等赦宥,都与隋代统一战争有关。编号6的曲赦,是因为隋军平定盘踞营州一带的高宝宁势力,完成北周武帝未竟的统一北方大业。编号12是因废掉附庸小国后梁,曲赦江陵。文帝废梁国,全面掌控长江中游重镇,正是全面伐陈的先兆。开皇八年(588)十月,文帝下诏伐陈,并曲赦陈国。隋军以雷霆之势,摧枯拉朽,数百年来的金陵王气,终究黯然而收。分裂了四百多年的中国,再造统一之局,文帝宣布大赦天下,普天同庆。

自文帝平陈以后,隋代恩赦的频率,明显降低。自开皇九年(589)平陈大赦后,下一次颁布大赦,已是六年以后的开皇十五年(595)了,这一年文帝因祀泰山而大赦。开皇十九年(599)以后,文帝共大赦了四次,频率急升。仁寿四年二度大赦(附表二编号28、29),颇疑都是文帝因病祈福而颁布。

附带一提的是,史称文帝"每季亲录囚徒"(《隋书·刑法志》第712页)。文帝是否真的每季都录囚,暂不得而知,但是,文帝统治期间曾七度审录囚徒,在隋代以前还没有任何一位君主可以比拟,这可见文帝重视刑狱。

(二) 炀帝朝

炀帝朝的恩赦与新帝国的镕铸和"天下秩序"的恢复有着密切关系。炀帝十四年统治的恩赦,经常与巡幸有关,或是幸江南,或是入东都,或是祀北岳,或是巡河西。炀帝一生仆仆风尘,其实与镕铸新帝国以及恢复传统"天下秩序"有关,未必完全出于游宴享乐。

炀帝于仁寿四年(604)七月登基,十一月就下诏营建东都洛阳。炀帝营东都之因,除了是因为洛阳人文荟萃、富饶繁华、水陆交通便捷等条件外,更兼洛阳居天下之中,适宜作为一统天下以后的帝都。关陇政权吞并山东北齐旧地,不足三十年;江南的平定,才刚满十五载,长安僻处西陲,对于山东、江南的统制,多少有点鞭长莫及的隐忧,洛阳居天下之中,正足以镇慑诸夏。[68] 炀帝一生,多次巡幸东都,甚至有时一住便是一年。大业二年(606)和大业十年(614),都先后因幸东都洛阳而赦(附表二编号32和39)。炀帝与江南有着特

---

[68] 炀帝营东京诏令所言:"况复南服遐远,东夏殷大,因机顺动,今也其时",正是这个意思。见《隋书》卷3《炀帝纪上》,第61页。关于炀帝营建洛阳的原因,可参看高敏:《关于隋炀帝迁都洛阳的原因》,收入中国社会科学院历史研究所魏晋南北朝隋唐史研究室编:《魏晋隋唐史论集》第2辑,北京:中国社会科学出版社1983年版。

殊的情缘,以"江都即朕之代也",视江都如同另一故乡[69],表二编号31的曲赦,就是因巡幸江都而颁布。大业四年(608)七月,炀帝发动丁男二十万人修长城,八月,炀帝在巡视长城工程以后,祀北岳恒山,事后大赦。

炀帝一生多次巡东都、幸江南,其实都是为了将分裂数百年的关陇、山东、江南等区域,重新镕铸为一体。不过,仅仅把中国融为一体,并不能完全满足炀帝的梦想,炀帝更醉心恢复以中国天子为中心的传统"天下秩序"。[70] 史称炀帝践祚后,"以天下承平日久,士马全盛,慨然慕秦皇、汉武之事……召慕行人,分使绝域。诸蕃至者,厚加礼赐,有不恭命,以兵击之"(《隋书·炀帝纪下》,第94页)。炀帝大业五年(609)和八年(612)的大赦,正好印证了这番话。

西北的吐谷浑自西魏以来便寇钞不止,既威胁中国西北的边防,复阻绝了中国与西域的交通,造成"羌胡之国,为其拥遏,故朝贡不通"(《隋书·裴矩传》,第1580页)。大业五年(609)三月,炀帝自长安出发,名为西巡,实为亲征吐谷浑。[71] 这次亲征,不只重创吐谷浑,解除西陲大患,亦使西域绝而复通。高昌、伊吾等二十多国相踵来朝,炀帝为之大赦天下。炀帝心中的"天下秩序"逐渐成型。高昌等丝路国家是"至者",炀帝乃厚加礼赐;高句丽国主屡征不朝,则是"不恭命者",当然要以兵击之。大业八年(612)春,炀帝乃亲率百万"王者之师",问高句丽以不臣之罪。大业八年四月十六日,炀帝曾以"平辽东"为名,下诏大赦天下,显见其时隋军兵锋甚锐,炀帝自信满满,以为平定高句丽当在指掌之间。[72]

大业八年以后,随着伐辽战争的惨败,各地反隋的民变此起彼落。有别于北魏末因民乱炽盛而频频肆赦,炀帝因寇乱而赦,勉强说只有大业九年(613)正月一次而已(附表二编号37)。究其原因,多少是由于炀帝对民乱缺乏清楚

---

[69] 《文馆词林》卷666《隋炀帝幸江都赦江淮以南诏》,第304页。炀帝后萧氏为后梁宗室,而开皇十年(590),炀帝被任命为扬州总管,坐镇江南六年之久,因而,视江都犹如另一故乡。

[70] 所谓"普天之下,莫非王土,率土之滨,莫非王臣",在这套王土王臣的观念下,周边国家都应向中国天子称臣纳贡,接受天子的册封,若这些国家拒绝接受此一体制,则严重违反了君臣之礼,天子只好动用刑罚权加以惩处,那就是"大刑用甲兵"——武力讨伐。

[71] 炀帝亲征吐谷浑的始末,可参看胡戟:《隋炀帝新传》,上海:上海人民出版社1995年版,第151—166页。

[72] 炀帝大业八年因伐辽大赦一事:《隋书》失载。《文馆词林》卷669,收录《隋炀帝平辽东大赦诏》一首,此诏亦见(宋)王钦若编:《册府元龟》卷83《帝王部·赦宥二》,北京:中华书局1960年版。

的讯息有关。史载：

> (炀帝)问苏威以讨辽之策，威不愿帝复行，且欲令帝知天下多贼，乃诡答曰："今者之役，不愿发兵，但诏赦群盗，自可得数十万。遣关内奴贼及山东历山飞、张金称等头别为一军，出辽西道，诸河南贼王薄、孟让等十余头并给舟楫，浮沧海道，必喜于免罪，竞务立功，一岁之间，可灭高丽矣。"帝不怿曰："我去尚犹未克，鼠窃安能济乎？"[73]

可知炀帝对于天下已乱、盗贼如毛的事实，并不清楚。

然而，纵使是苏威这类重臣很委婉的暗示，炀帝亦是"不悦""不怿"，臣下知帝"耻有盗窃之声，恶闻丧乱之事"(《隋书·杨玄感传》"史臣曰"，第1635页)，更是讳言贼事。此外，炀帝对于民乱的对策，往往就是严刑镇压，"敕天下窃盗已上，罪无轻重不待闻奏，皆斩"(《隋书·刑法志》，第717页)。对于为盗者，一律籍没其家。[74] 如此恐怖的统治，造成"百姓大骇，相率为盗"，情况更是不可收拾。回顾北魏末叶，天下大乱，朝廷除武力弹压外，也屡降赦恩。朝廷一年数赦，容或过滥，但对于平乱不能说没有积极意义。据《魏书·肃宗纪》云：

> (正平六年二月)齐州魏郡民房伯和聚众反。会赦，乃散。(第239页)

可知恩赦对于消弭动乱，是有一定作用的。可惜，炀帝对于民乱只知使用武力镇压之类霸道手段，未能适时而赦，刚柔并济，终使大隋帝国在漫天的民变浪潮下遭到吞噬。

炀帝最后一次的赦宥，是大业十一年(615)九月。这年夏天，东突厥数十万骑偷袭，围炀帝于雁门，幸而不久解围而去。为此，炀帝曲赦太原、雁门死罪

---

[73] 《隋书》卷67《裴蕴传》，第1576页。关于苏威讽谏炀帝之事，另可参看《隋书》卷41《苏威传》，云："时天下大乱，威知帝不可改，意甚患之。属帝问侍臣盗贼事，宇文述曰：'盗贼信少，不足为虞。'威不能诡对，以身隐于殿柱。帝呼威而问之。威对曰：'臣非职司，不知多少，但患其渐近。'帝曰：'何谓也？'威曰：'他日贼据长白山，今者近在荥阳、汜水。'帝不悦而罢。"

[74] 《隋书》卷25《刑法志》，第716页。杨玄感兵败后，炀帝对治狱的臣吏曰："玄感一呼而从者十万，益知天下人不欲多，多即相聚为盗耳。不尽加诛，无以惩后。"《资治通鉴》卷182"隋炀帝大业九年八月辛酉"条，第5683页。

以下。太原自高齐以来就是精兵驻防的要地，周隋政权都以太原作为防御突厥入侵以及控制关东广大区域的重镇，大业十二年(616)末，炀帝任命姨表兄弟李渊为太原留守。此时，天下已乱，炀帝滞留江都，无意北归。不过，炀帝安排代王侑坐镇长安，越王侗坐镇洛阳，李渊坐镇太原。炀帝以为有了这番布置，北方局势当不致失控。孰料，不久，李渊就在太原起兵了。[75]

二、初唐时期(618—683)

初唐时期包括高祖、太宗、高宗三帝，共六十六年，恩赦了121次，平均一年恩赦1.83次、2.95度。大抵而言，初唐时期恩赦频率不高，特别是对于大赦的颁布，在高宗初年以前，都颇为克制。《贞观政要》卷8《赦令第三十二》中，保留了一段太宗对赦恩的看法，云：

> 贞观七年，太宗谓侍臣曰："天下愚人者多，智人者少，智者不肯为恶，愚人好犯宪章。凡赦宥之恩，惟及不轨之辈。古语云：'小人之幸，君子之不幸。''一岁再赦，善人喑哑。'凡养稂莠者伤禾稼，惠奸宄者贼良人……诸葛亮理蜀十年不赦，而蜀大化。梁武帝每年数赦，卒至倾败。夫谋小仁者，大仁之贼。故我有天下以来，绝不放赦。今四海安宁，礼义兴行，非常之恩，弥不可数，将恐愚人常冀侥幸，惟欲犯法，不能改过。"(第250—251页)

太宗以为赦恩只是独厚不轨之人，反而使其心存侥幸，不能改过。太宗朝虽不至于像他自己吹嘘"有天下以来，绝不放赦"，但大赦的次数确实稀少，平均一年只有大赦0.3次，在古代帝王中，算是比较慎赦的一位。初唐时期大赦的次数，只占唐代大赦总数的15%而已，但是，曲赦和录囚的次数则相对较多，各占了总数50%和42%左右。由于大赦次数少，所以，恩赦的度数也就不高。

若论初唐时期恩赦的时机，高祖朝的恩赦大多与削平群雄的开国战争有关。太宗、高宗朝，随着统一战争的完成，这时恩赦的背景主要是与帝王的巡

[75] 传统史家都将"太原首义"之功归诸李世民，但据近代学者考证，认为在大业十二年，李渊已密谋起兵，整个太原首义到底定长安，都是在李渊主导下进行，而并非正史所说的"太宗首谋起义"。参看李树桐：《李唐太原起义考实》，收入李树桐著：《唐史考辨》，台北：中华书局1965年版。

幸以及对外的扩张有关。另一项比较常见的赦宥时机，应当是灾荒。太宗和高宗共有二十三次赦宥是因灾荒而颁布。[76] 这些灾荒绝大部分是旱灾，占了二十一次，另外的两次是水灾。灾荒之间相隔最久是七年，但更多的是连续二三年都闹旱灾，似乎这段时间华北的旱灾颇为严重。遇上灾荒，特别是旱灾，太宗、高宗最常施恩的形式，就是"录囚徒"，不过，若灾情严重，皇帝往往会大赦天下，如贞观二年(628)和三年(629)连续两年的蝗灾旱灾，太宗便曾两度颁布大赦。

太宗朝有两宗与恩赦相关的事件，值得一提。贞观五年(631)五月，太宗以太子承乾疾笃，下诏降囚徒。[77] 贞观八年(634)，长孙皇后病危，史称：

> 太子承乾入侍，密启后曰："医药备尽，尊体不瘳，请奏赦囚徒，并度人入道，冀蒙福助。"后曰："死生有命，非人力所加。若修福可延，吾素非为恶；若行善无效，何福可求。赦者国之大事，佛道者示存异方之教耳，非惟政体靡弊，又是上所不为，岂以吾一妇人而乱天下法？"承乾不敢奏，以告左仆射房玄龄，玄龄以闻，太宗及侍臣莫不歔欷。朝臣咸请肆赦，太宗从之，后闻之固争，乃止。(《旧唐书·长孙皇后传》，第2166页)

或许承乾以昔日因太宗降囚徒祈福以致病愈，遂提议太宗肆赦，但最后皇后以"死生有命，非人力所加"而拒绝。这种君王肆赦以祈福的做法，显然是受佛教功德报应思想的影响，在中国史上并不多见，但在日本史上却经常发生。[78]

高宗朝有部分恩赦与武则天的登场，密切相关。永徽六年(655)十月，因册立武氏为皇后而颁布大赦。另外，高宗朝曾四度因册立皇太子而大赦天下(附表二编号111、119、149、157)。皇帝四度更立储贰，这在任何一个时代都是

[76] 这二十三次分别发生在贞观二年(628)、三年(629)(3次)、八年(634)、九年(635)、十七年(643)、二十三年(649)、永徽元年(650)、三年(652)、四年(653)、五年(654)、显庆四年(659)、麟德二年(665)、乾封二年(667)(2次)、总章二年(669)、总章三年(670)(2次)、咸亨二年(671)、仪凤三年(678)(2次)。

[77] 《册府元龟》卷84"帝王部·赦宥三"。

[78] 佐竹昭氏：《古代王权と恩赦》，第242—258页。肆赦祈福之事，尚见于肃宗二年(762)建辰月丁未，皇帝以健康恶化，乃下诏放还左降官和流人。

不寻常的。[79] 缵绪垂统、宗祧所系的储贰，其废立纯在武氏指掌之间，结果，唐祚亦为武氏所移。高宗最后一次大赦是永淳二年(683)十二月，因改元弘道大赦，此时高宗恐怕已在弥留之际，主其事者当属武后无疑，赦诏中除了例行的赦免与赏赐外，值得注意的是，竟然有“比来天后事条，深有益于为政，言近而意远，事少而功多，务令崇用，式遵无怠”之句[80]，以高宗名义宣布的大赦，训令天下当遵循天后的政策。毫无疑问，赦诏是有心的安排，它提供了武后在未来继续控制朝廷的合法性。

三、盛唐时期(683—756)

盛唐时期包括武则天、中宗、少帝、睿宗、玄宗五帝，历七十四年，共恩赦160次，平均一年恩赦2.16次。相较于初唐时期，盛唐时期每年平均恩赦的次数，迅速攀升，自武后的每年平均2.23次到中宗的3.33次达到高峰，玄宗朝下降至1.64次，但还是比太宗、高宗时期来得高。至于每年平均恩赦度数，由于大赦频密的缘故，武后朝急升至4.95度，几乎是高宗时期的一倍，中宗时更高到7.17度，玄宗朝才降回3.31度。

就恩赦的种类而言，盛唐时期大赦的次数激增，七十四年间共大赦了75次，是初唐时期的两倍多，占了唐代188次大赦的40%左右，比例很高。大赦颁布趋于频繁，其实在高宗晚年已略见端倪，至武后时期，这样的趋势更加明显，平均一年大赦一次。中宗和睿宗朝，更高达一年两次。曲赦方面，盛唐时期共有25次，低于初唐时期的三十六次，曲赦较多的时期，是武后朝和玄宗朝。自玄宗以后，唐代皇帝颁布曲赦的次数都只是寥寥一两次而已。降罪方面，盛唐时期共有25次，比初唐时期的16次多，值得注意的是，有24次都发生在玄宗朝。录囚方面，盛唐时期有28次，主要亦是发生在玄宗朝。

盛唐时期多赦的风气，肇始于武后统治期间。武后自天授元年(690)篡唐建周后，更是年年大赦，甚至一年两赦，十六年的皇帝生涯中，竟大赦了21次之

---

[79] 太子屡次废易，学者以为与高宗和武后之间的斗争有关。参看王吉林：《唐代宰相与政治》，台北：文津出版社1999年版，第121—130页。

[80] 《册府元龟》卷84“帝王部·赦宥三”，第18b页。

多。考武后肆赦的背景，主要是因为国家祭典和皇室喜庆。国家祭典包括了封嵩岳、祀明堂、南北郊；皇室的喜庆中，最重要的应是加尊号，武后一生曾五度加尊号。国家的祭典和皇室的喜庆伴随而来的，除了是大赦以外，就是频频的改元，光是称帝的十六年间，竟然先后十三度改元，堪称史上仅见。武氏以太后身份干政于前，复以一介女流，窃取神器于后。为了巩固权位，乃借助祭典和尊号，提高其“正当性”。并且，透过大赦等非常之恩，施惠万民，传达这些讯息到天下每一角落。关于国家祭典和皇室喜庆与恩赦的关系，将在第二章进一步讨论。

此外，相当值得注意的是，恩赦性质似乎也是在武后朝发生了变化。武后朝以前的赦书，一般而言都很简要，内容通常包括三部分，第一部分或是颂扬王朝清平，或是缕述列祖功业；第二部分则是大赦的原因；第三部分是赦免的范围和程度。有时候，再加上第四部分的恩赐，篇幅大约在二三百至五百字之间。武氏统治期间肆赦频繁，可惜赦诏几乎亡佚殆尽，造成今日不易了解其赦宥的范围和程度。不过，在仅存的两篇相当完整的赦书——《改元光宅赦》和《改元载初赦》中，却发现大赦呈现迥异的面貌。

睿宗文明元年(684)九月的改元光宅大赦赦书，收录于《文苑英华》卷463和《唐大诏令集》卷3，两处内容大致相同。《改元光宅赦》的字数超过二千，显得长篇累牍，而重要的是，在第一部分缕述列祖功业之后，紧接的并非大赦的原因，而是宣布一系列的政治革新。内容包括改易旗帜朝服颜色、变更三省九寺十二卫的名称、老君庙增立“先天太后”尊像等。另外，还有放宫女、析郡县、举贤才等命令。这些政治革新的部分，以今日角度视之，根本不应在赦书中出现，但是，竟占了赦书的三分之二篇幅。同样的情况亦可在《改元载初赦》中看到。《改元载初赦》收录于《文苑英华》卷463和《唐大诏令集》卷4，篇幅更长至两千三百多字，其中的三百多字竟是在申明创制十二个新字的缘由。笔者以为，恩赦不再只是皇帝专属的恩德，而是已被提升为推行重大政策，贯彻皇帝意志的一种重要手段。武后对于恩赦的改造深深影响了以后的君主。

武氏大赦频密，虽云嘉惠百姓，但难免引起非议。天册万岁元年(695)，武后两度大赦，时为获嘉县主簿的刘知几，便上表指陈弊害，云：

自皇家受命，赦宥之泽可谓多矣，近则一年再降，远则再岁无遗。至若违法悖礼之徒，无赖不仁之辈，编户则寇攘为业，当官则赃贿是求，莫不公然故犯，了无疑惮。设使身婴桎梏，迹窘狴牢，而元日之朝，指期天泽；重阳之节，伫降皇恩。如期忖度，咸果释免。(或有名垂结正，罪当断决，窃行货贿，方便规求，故致稽延，毕沾宽宥)用使俗多顽悖，时罕廉隅，为善者不预恩光，作恶者独承徼幸。[81]

武周的统治，在神龙元年(705)张柬之等人勒兵入宫后，告一段落。然而，武后经常恩赦，尤其是经常大赦的作风，不但为两个儿子继承，甚至变本加厉。中宗朝的六年内，大赦了十一次；睿宗朝更是一年两赦，频率激增。不过，持平而论，中宗和睿宗的多赦，其实多少是客观环境使然。武后频频大赦只是统治的一部分而已，对于各方的政敌，武后则是使用残酷手段，严厉打击，绝不假贷。武后时期的酷吏政治，造成大批官员或被左贬，或遭流放，尤其遭流放者，终武后之世，似乎都未蒙恩赦。中宗神龙元年(705)二月大赦，赦诏特别申明"其别敕安置并左贬者，亦复其属籍，量还官爵。仍遣诸流移人，除犯赃贿及畜蛊毒、造伪、避仇、反逆缘坐、勘会不免者，余并放还。"[82]三月，又宣布："扬州构逆党徒，唯徐敬业一房及裴炎不在免限，余并原宥。"[83]十一月，又再度大赦，"前后流人非反逆缘坐者，并放还。"[84]对于武后酷吏政治下遭到株连罗织的官人及其家属，一再申旨放还，相当程度上纾解了人民的怨气。

武后以来频频大赦的作风，到玄宗朝逐渐扭转，玄宗朝大赦次数明显减少，取而代之的，是录囚和降罪次数的增加。玄宗朝恩赦的时机仍然可以看到武后的影响，国家的祭典和加尊号等喜庆，依旧是肆赦的主要背景，只是，国家祭典除了封禅、郊祀外，还有籍田礼和新增的朝太清宫。另外，玄宗朝约有十二次的赦宥，是与皇帝巡幸有关的。有关玄宗朝赦宥的进一步讨论，将见以下

---

[81] 本段主要据(宋)王溥:《唐会要》(新点校本)卷40"论赦宥"，上海：上海古籍出版社1991年版。另据(元)马端临:《文献通考》卷172"刑十一·赦宥"补充，台北：商务印书馆1987年版。

[82] (宋)宋敏求撰，洪丕谟等点校:《唐大诏令集》卷2《中宗即位赦》，上海：学林出版社1992年版，第6页。

[83] 《册府元龟》卷84"帝王部·赦宥三"，第19a页。

[84] 同上书，第21b页。

各章。

四、中唐时期(756—820)

中唐时期包括了肃宗、代宗、德宗、顺宗、宪宗五帝，共六十五年，前后恩赦了68次，平均一年恩赦1.05次、2.46度，是唐代恩赦频率较低的时期。

若从肆赦的频率而看，中唐时期呈现相当戏剧化的现象。肃宗朝赦宥频率，自玄宗朝平均一年1.71次和3.58度急升到一年2.86次和7.43度，是唐代最高峰的时期。代宗朝赦宥次数逐渐减少，大历九年(774)以后不再大赦，赦宥频率自肃宗朝的高峰急降为1.06次和2.39度，远低于初唐时期和盛唐时期大部分的皇帝。德宗在兴元、贞元之际(784—785)，频频大赦，但在贞元二年(786)以降，赦宥不多，甚至，贞元九年(793)大赦以后，竟十多年不复下赦，是有唐一代大赦间隔最长的时期。德宗朝的赦宥频率遂进一步降到0.58次和1.27度，创下唐代除哀帝外最低的纪录。宪宗朝仍然维持在0.73次和1.67度的低频率，是唐代另一个少赦的皇帝。

中唐时期肆赦频率的起伏，与"安史之乱"以及延续而来的藩镇构兵相关。天宝十四年(755)，安禄山兴师叛唐，起事之初，兵锋甚锐，只三十四天便夺下洛阳，不到八个月，攻陷长安。两京失守，玄宗幸蜀，太子亨北走灵武登基(即肃宗)。值此国运艰险之时，实有必要行宽大之政。终肃宗一生，前后大赦了十四次之多，平均一年两次大赦。单是肃宗即位到至德二载(757)十二月的一年半内，肃宗便先后六次大赦，可见时局的险峻。不只大赦次数多，其大赦的效力亦很强，十四次大赦中竟有六次大赦是连"常赦所不免者，咸赦除之"。赦诏中有时亦含有向叛贼招降的内容。譬如，乾元元年(758)四月的大赦，云"其与叛贼元谋及胁从，今但归投，并原其罪，仍与官赏"[85]。上元元年(760)闰四月己卯大赦，又云："其与叛贼元谋及胁从受驱使。惧法来降，并潜藏不出者，已频处分，但能归顺舍罪，除元恶之外，一无所问。"[86]

代宗广德元年正月，史朝义自缢，血战八年的"安史之乱"终于告一段落，

---

[85] 《唐大诏令集》卷69《乾元元年南郊赦》，第350页。

[86] 《册府元龟》卷87"帝王部·赦宥六"，第20b页。

唐朝肆赦的频率趋于缓和。大唐帝国经八年兵灾的损耗，元气大伤，史称朝廷“厌苦兵革，苟冀无事”（《资治通鉴》卷 222“（唐）代宗广德元年闰正月癸亥”条，第 7141 页），因而，对于安史降将，多所姑息，先后任命为节度使，分帅河北。[87] 如此的安排，却埋下藩镇跋扈，抗命中央的祸根。

德宗即位之初，颇欲有所作为，建中元年（780）正月南郊大赦，采杨炎之议，颁行“两税法”。另一方面，又痛感代宗以来对藩镇的姑息懦弱，决定改采强硬态度，振作朝纲，遂拒绝成德李惟岳承袭父位的请求。孰料，成德、卢龙、魏博等河朔三镇以及淄青、淮西等藩镇，一时俱反。建中四年（783）十月，不幸又发生“泾原兵变”[88]，德宗仓皇出奔奉天，乱众拥太尉朱泚为主。不久，朱泚称帝，更率师袭取奉天，史称“奉天之难”。[89] 次年元旦，德宗大赦天下，改元兴元。兴元大赦诏书出自翰林学士陆贽之手，陆贽秉持赦诏“悔过之意不得不深，引咎之辞不得不尽，招延不可以不广，润泽不可以不宏”[90]的原则，因此，兴元赦诏痛自引过，言辞恳切，德宗自称“小子”，自责“长于深宫之中，暗于经国之务”、“不知稼穑之艰难，不察戍役之劳苦”、“天谴于上而朕不悟，人怨于下而朕不知”、“朕实不君，人则何罪”[91]，一力承担所有罪责。

兴元赦书中，处处流露皇帝痛自悔过的言辞，史称赦书颁下，“四方人心大悦”，“山东宣布赦书，士卒皆感泣”（《资治通鉴》卷 229“唐德宗兴元元年正月癸酉朔”条，第 7392 页）。成德等藩帅见赦令，皆去王号，上表谢罪。这次大赦，看来颇有成效。[92] 兴元元年（784）六月，李晟大败朱泚，收复长安，七月十三日，德宗还京，二十二日，大赦天下，标志着九个多月来的“奉天之难”终于结

---

[87] 或谓代宗对安史降将多所姑息，是出于平乱主帅仆固怀恩的建议。怀恩恐贼平宠衰，主张以安史降将分帅河北，以为党援。其实，唐朝官军兵力不强，欲犁庭扫穴，彻底清剿安史余孽，恐怕力有不逮。仆固怀恩容或私心自重，但代宗行姑息之政，应是客观环境使然，非受怀恩误导。参看黄永年：《论安史之乱的平定和河北藩镇的重建》，收入黄永年著：《唐代史事考释》，台北：联经文化事业 1998 年版。

[88] 哗变的经过，《资治通鉴》卷 228“（唐）德宗建中四年十月丙午”条，记之甚详：“十月丙午，泾原节度使姚令言将兵五千至京师，军士冒雨，寒甚，多携子弟而来，冀得厚赐遗其家。既至，一无所赐。丁未，发自浐水，诏京兆尹王翃犒师，惟粝食菜啖，众怒，蹴而覆之。”

[89] 关于唐德宗“奉天之难”的始末，任育才的《唐德宗奉天定难及其史料之研究》（台北：中国学术著作奖助委员会，1970）一书，采七十多种史料，对“奉天之难”的经过逐日排比，使事实得以清楚呈现。

[90] （唐）陆贽：《陆宣公奏议》卷 1“奉天论赦书事条状”，台北：商务印书馆 1968 年版。

[91] （宋）李昉等编：《文苑英华》卷 421《奉天改元大赦制》，台北：华文书局 1971 年版。

[92] 任育才以为德宗肯认错责已，正是最终能消灭逆贼、光复社稷的主要原因。参看任育才著：《唐德宗奉天定难及其史料之研究》，第 33 页。

束。附表二编号354、365、366、367四次赦宥,都与这一连串的兵灾有关。

宪宗朝的恩赦中,有三次是与藩镇的归顺和平定有关,分别是元和七年(812)田兴以魏博归顺、元和十三年(818)平淮西、元和十四年(819)宪宗以各处藩镇复听命中央而加尊号等。皇帝的恩赦经常与藩镇有关,这是德宗以来的现象,且延续到唐末。

除了藩镇构兵外,中唐时期另一肆赦背景,无疑是登基逾年进行的祀天祭祖礼仪,这是德宗朝建立起来的传统。德宗在大历十四年(779)五月登基,次年正月,皇帝亲自朝太清宫、享庙、南郊,礼毕大赦天下。德宗在登基逾年进行这一系列的祀天祭祖礼仪,无疑是敬告上帝与祖先,嗣君正式继业垂统,至于礼毕大赦天下,与民更始,更是明白昭告天下万民,宣布新君统治业已展开。德宗这种治世开始的模式,为后来唐代君主所承袭。

综合而言,中唐时期恩赦的频率其实不高,究其原因,是以前经常肆赦的背景,此时不复存在。正如前述,盛唐时期君主经常为了封禅、祀明堂、籍田、郊祀等国家祭典,以及巡幸、加尊号等皇室喜庆而频频肆赦。可是,中唐时期以降,国家祭典已逐步萎缩,皇帝亲自主持的祭典渐渐局限于郊祀礼而已,甚至连郊祀礼皇帝有时也令"有司摄事"。至于皇帝的巡幸,自玄宗二十四年(736)以后,不复再见(原因将见第四章)。由于中唐时期国家祭典和巡幸的次数锐减,直接造成君主赦宥的频率急速下降。

五、晚唐时期(820—907)

晚唐时期包括穆宗、敬宗、文宗、武宗、宣宗、懿宗、僖宗、昭宗、哀帝九帝,历八十八年,凡大赦四十八、曲赦七、录囚二十六、降罪二十三。大体而言,此期恩赦频率其实不高,平均一年恩赦1.18次、2.53度。

晚唐时期的赦宥频率固然有若干起伏变化,相对于德宗和宪宗的少赦,穆宗赦宥次数又再度扬升,平均一年2.6次,度数是5度。敬宗时,仍维持在1.66次、3.66度的高频率。穆宗和敬宗是晚唐时期肆赦频率较高的君主,不过,这并不代表二人属于多赦的君主。为什么?因为,肃宗以降,君主登基之后的一二年间,例有三次大赦:一次是践祚大赦,一次是逾年的郊祀改元大赦,一次是加尊号大赦。所以,在位时间较短的皇帝,例如穆宗、敬宗、武宗,平均每年恩赦的度数和次数,就会显得较高,其实,并不代表他们特别好赦。

穆宗、敬宗的高频率,到文宗朝便急速下降。文宗在位十三年仅仅大赦了3次,平均一年只有0.21次大赦,是唐代君王中平均大赦次数最少的一个。这与文宗为政之道有关,据《唐会要》卷40"论赦宥"云:

开成元年五月,上御紫宸殿,问宰臣曰:"为政之道,自古所难。"宰臣李石曰:"但朝廷法令行则易。"上曰:"凡犯罪过人,不得赦宥。"(第854页)

可知文宗以赦宥有违为政之道,因而很少大赦。由于大赦稀少的缘故,所以,文宗朝恩赦的频率急降为2.71度而已,这样的低度数一直持续到唐末。相对于大赦的稀少,文宗降罪和录囚的次数很高,分别是降罪9次,录囚11次,在中晚唐时期都算是最高的纪录。文宗朝的低频率,到宣宗朝进一步降低,平均一年0.79次,度数只有1.71度。赦宥频率要到僖宗、昭宗朝,才再度扬升。僖宗是0.94次、2.06度,昭宗是0.88次、2.41度。

晚唐时期赦宥的时机,以践祚、郊祀和加尊号等例行礼仪,最为常见。另外,在文宗朝以降,唐室屡次因彗星出现之类的天文变异而颁布赦宥,附表二编号427、430、435、482、485、494等皆是。在古代星占学的观念中,彗星出现代表"除旧布新,改易君上"[93],乃大凶之兆,因此,皇帝都会格外慎重处理。尤其是穆宗以降,君主内则受制家奴,外则强藩跋扈,皇权日渐衰微,一旦彗星出现,皇帝更是显得诚惶诚恐,乃经常颁布大赦德音,赦过宥罪。

武宗、宣宗朝的大赦,颇与"会昌灭佛"政策有关。会昌五年(845)八月,武宗发动了历史上有名的"会昌灭佛"。其实,在废佛前几个月的南郊大赦中,武宗已提出整顿佛寺和沙汰僧尼的措施。[94] 这里可以再一次印证大赦是作为贯

[93] 关于唐代彗星与恩赦的关系,可参看郑志敏:《中国中古时期天文星占与政、军关系之研究》(台北:台湾师范大学历史研究所博士论文,2001),第78—93页。

[94] 《文苑英华》卷429《会昌五年正月三日南郊赦文》中,武宗以为"大寺房院,半已空闲,其坊内小寺,或产生素贫,或殿宇摧毁,僧数既少",勒令这些佛寺合并。另外,对于富寺的资产,除了供常住外,其他邸店之类,必须货卖。僧尼方面,除了沙汰不守戒律者,亦令各道每年申报僧尼数。对于僧尼"尚多逾滥"的两浙、宣、鄂、潭、洪、福、三川等道,长吏须切实执行中央沙汰僧尼的政策。

彻政令的一种手段。宣宗于会昌六年（846）三月登基，五月杖杀道士赵归真等数人，流罗浮山人轩辕集于岭南。五月五日下诏大赦天下，赦诏已佚，但据《旧唐书·宣宗纪》云：

> 左右街功德使奏："准今月五日赦书节文，上都两街旧留四寺外，更添置八所。"（第615页）

又据日本僧人圆仁所记：

> 五月中大赦。兼有敕："天下每州造两寺。节度府许造三所寺。每寺置五十僧。去年还俗僧年五十以上者许依旧出家。其中年登八十者国家赐五贯文。还定三长月。依旧断屠。"[95]

宣宗践祚大赦，无疑是在扭转会昌末年打击佛教的措施。大中二年（848）正月，宣宗加尊号大赦，又进一步放宽佛寺的数量和僧尼的数目。[96] 可以看出宣宗初年主要着力于调整武宗激烈的废佛政策，对佛教作出比较宽大的处理。

僖宗、昭宗之世，恩赦频率再度攀升，主要由于国运已衰，王纲解纽，因兵灾而颁布的赦宥，愈趋频繁。所谓兵灾，除了中唐时期延续下来的藩镇构兵外，再加上懿宗朝以降的民乱，二者交互纠缠，是造成晚唐时期，尤其是僖宗、昭宗之世，肆赦频繁的主要原因。二帝三十多次赦宥，约有十一次是与兵灾有关（附表二编号472、473、474、475、476、477、478、486、489、491、493）。

僖宗乾符二年（875）正月的南郊大赦，从这篇南郊赦书，颇能看出大唐帝国的日暮穷途。赦文云：

> 朝廷大弊，在于令不行。只如经水旱州，三降敕命，不许将逃亡规摊

---

[95] 〔日〕圆仁撰、白化文等校注：《入唐求法巡礼行记校注》卷4，石家庄：花山文艺出版社1992年版，第501页。

[96] 《文苑英华》卷422《大中二年正月三日册尊号赦书》云："释氏之教，清净为宗，将悟昏迷，实资善诱。上都除先置寺外，每街更各添置五所；东都除先置寺外，更添置寺五所。每寺各度五十人，每处僧寺三所，尼寺二所。西川、荆南、扬州、润州、汴州、太原、河中、襄州以上八道，除先置寺外，更各添置寺二所，每处置僧寺一所，尼寺一所。诸道节度、观察使府，除先置寺外，更各添置寺一所。其所置僧寺，各度三十人。诸道管内州未置寺处，宜各置寺二所，僧寺一所，尼寺一所，每寺各度三十人。五台山置寺五所，如有见存寺，便令修饰充数，每寺度五十人，数内置尼寺一所。"

见在人户;遭灾水旱处,有于见在户两倍征或至三倍。[97]

中央不是没有体恤百姓,朝廷已三度下敕严禁水旱州摊逃,但恩旨根本没有落实执行,地方官吏照样摊逃,造成见在户的税收竟至两三倍!就此可以发现至迟在僖宗朝,皇帝敕令已出不了长安,帝国正在逐渐解体。另外,赦文尚提到"江淮运米,本实关中,只缘徐州用军,发遣全无次第,运脚价妄被占射,本色米空存簿书,遂使仓库渐虚,支备有缺。"可见咸通九年(868)的"庞勋之乱"破坏了汴路交通线,严重影响江淮往长安的漕运,纵使乱平已经八九年了,但江淮漕运尚未恢复旧观,致使长安"仓库渐虚"。[98] 再者,赦文又提及:"近日奸险之徒,多造无名文状,或张悬文榜,或撰造童谣。此为弊源,合处极法。"童谣文榜自然是有人为了起兵造反而先做好的舆论准备。的确,山东曹州便有所谓"金色虾蟆争努眼,翻却曹州天下反"的童谣(《新唐书·五行志二》,第920页),所预言的当然就是黄巢的起兵了。

乾符二年(875)正月的大赦,其颁布时机纯粹是由于皇帝郊祀,属于一般例行性的祭典。然而,从赦书的内容检讨,可以发现自"庞勋之乱"后,长安朝廷失去了江淮的财富,这个仰赖东南财富供养的王朝,其统治力迅速萎缩,因而敕诏赦令所代表的皇权,自然就难越长安京城半步。皇帝的政令恩典无法贯彻,百姓在苛捐杂税的压榨下,所在皆饥,不想坐以待毙,只有揭竿而起。财源的枯竭、统治力的萎缩、民乱的蜂起,整篇南郊赦文无疑是预告着大唐王朝的崩解灭亡。

乾符二年,曹州冤句黄巢聚众数千起兵,"攻剽州县,横行山东,民之困于重敛者争归之,数月之间,众至数万"(《资治通鉴》卷252"唐僖宗乾符二年六月末"条,第8180页)。黄巢大军势盛,唐室屡次招降失败,而官军或怯懦畏战,或养敌自重,遂使黄巢大军四处流窜,自长江中游乃至浙东岭南,皆遭荼毒。广明元年(880)七月,黄巢二十万大军渡过长江,十一月,攻破洛阳。十二月,长安失守,僖宗与诸王仓皇出奔兴元,旋转赴成都,开始了长达四年的流亡生

---

[97] 《唐大诏令集》卷72《乾符二年南郊赦》,第367页。

[98] 庞勋之乱以及晚唐民乱对于运河交通的破坏,可参看全汉升:《唐宋帝国与运河》,收入全汉升著:《中国经济史研究》,香港:新亚研究所1976年版,第六章:大唐帝国的崩溃与运河。

涯。附表二编号 472、473、474 的赦宥,都是僖宗流亡四川时所颁布的。黄巢于长安即帝位,国号大齐,建元金统。唐军与黄巢相持了两年多,中和三年(883)四月,唐借沙陀兵一万五千人收复长安。中和四年(884)六月,黄巢兵败自杀,扰攘十年的"黄巢之乱",终于勉强平定。

"黄巢之乱"重创了大唐帝国经济命脉所在的江淮,而首都长安亦因黄巢和官军连番激战和虏掠,一片萧条,李唐王朝已是危在旦夕。然而,更为严重的是,连年寇乱助长了各处藩镇的骄横,而为了招安黄巢的部将,对于归降朝廷的,无不授予节帅,让其据地称雄。结果,大乱虽平,却造成遍地藩镇抗命中央的局面。[99] 各地藩镇无视朝廷的存在,不输贡赋,互相厮杀,即使首都倾危,亦袖手顾望,作壁上观,大唐江山终为强藩所覆。

光启元年(885)三月,僖宗经过四年的流亡岁月,终于返回长安,附表二编号 475、476 的大赦,前者由于改元光启,后者由于群臣上尊号,都是为了庆贺大乱平定。然而,不久,宦官田令孜欲夺河中节度使王重荣盐池之利,引起王重荣与河东节度使李克用举兵,僖宗再度出奔,直到光启四年(888)二月,僖宗才返回长安,附表二编号 477 和 478 的赦宥,都因这次出奔而颁布。

文德元年(888)三月,僖宗驾崩,昭宗继位。昭宗内受阉寺折辱,外遭强藩胁迫,前后四度播迁,颠沛流离。附表二编号 486、489、491、493 等赦宥,就是与这四次出奔有关,皆是勉强克定大难,车驾回銮,降赦以示庆贺。天复四年(904)闰四月,朱全忠劫持昭宗至洛阳。不久,即为朱全忠所弑。朱全忠立哀帝登基,哀帝在位四年,然而,大赦、郊庙、改元等象征新君始政的措施,付之阙如。哀帝朝唯一的恩赦,是由于彗星现于西北,象征"除旧布新,改易君上",哀帝乃降京畿之内及近镇州囚徒一等,试图度过危机。不旋踵,唐祚终为朱全忠所移。

---

[99] 据《旧唐书》卷 19 下《僖宗纪》云:"时李昌府据凤翔,王重荣据蒲、陕,诸葛爽据河阳、洛阳,孟方立据邢、洺,李克用据太原、上党,朱全忠据汴、滑,秦宗权据许、蔡,时溥据徐、泗,朱瑄据郓、齐、曹、濮,王敬武据淄、青,高骈据淮南八州,秦彦据宣、歙,刘汉宏据浙东,皆自擅兵赋,迭相吞噬,朝廷不能制。江淮转运路绝,两河、江淮赋不上供,但岁时献奉而已。国命所能制者,河西、山南、剑南、岭南西道数十州。大约郡将自擅,常赋殆绝,藩侯废置,不自朝廷,王业于是荡然。"第 720 页。

关于北朝隋唐的恩赦概况,可归纳下列各点:

第一,综观北朝隋唐恩赦频率的起伏,当以北魏初期的0.34次、0.9度为最低,而以盛唐时期的2.16次、4.51度最高。此一现象有别于一般所认为的"大抵盛时赦少而例严,及其衰也,赦多而例亦宽矣"[100]。南北朝隋唐恩赦频率的起伏,可参看表1-7。

表1-7 南北朝隋唐恩赦频率对照表

朝代 / 数值 / 项目	北魏初期	北魏中期	北魏晚期	东魏北齐	北周*	宋	齐	梁	陈	隋代	初唐时期	盛唐时期	中唐时期	晚唐时期	全唐
平均次数Ⅰ	0.34	1.08	1.4	1.3	1.25	1.53	2.13	1.35	1.25	1.14	1.83	2.16	1.05	1.13	1.53
平均次数Ⅱ	0.27	0.56	1.03	0.74	0.8	0.97	1.17	0.95	0.76	0.58	0.44	1	0.57	0.55	0.65
平均度数	0.9	2.25	3.5	3.05	2.43	3.52	4.42	3.14	2.61	2.38	2.95	4.51	2.46	2.48	3.08

* 由于西魏史料残缺,造成恩赦频率不寻常的偏低,为免严重误差,因此,在计算恩赦频率和季节性分布时,将西魏排除在外,只计算北周部分。

"平均次数I"是指每年平均颁布恩赦(包括大赦、曲赦、降罪、录囚等)的次数。

"平均次数II"是指每年平均颁布大赦的次数。

第二,北魏初期肆赦频率很低,究其原因,笔者认为由于此时北魏主要精力放在开疆拓土,仍未进入文治阶段,而作为一个鲜卑政权,汉化未深,因而,仍未充分吸取汉人王者施恩布德的理念。另外,北魏君主仍未摆脱游牧民族的弱点,君权并不稳固,多少影响到皇帝不能任意曲法宽贷。北魏中期,偃武修文,逐渐加快汉化的步伐,至孝文之世,汉化运动臻于高潮。随着汉化日深,源自汉人施恩布德理念的恩赦政治,日趋明显。北魏晚期,由于中央政局的紊乱,加上"六镇之乱"以及延续下来的兵灾民变,北魏王朝不得不屡施非常之恩,以解倒悬之势,肆赦频率进一步攀升到一年1.4次、3.5度。北魏分裂后,不管是东魏北齐抑或北周,其肆赦频率都较魏末下降,可见魏末动乱的局面稍微稳定。不过,高氏和宇文氏之间征战厮杀不断,多少造成肆赦的次数和度数无法更进一步地降低。其实,东西两大阵营的多赦,正透露出纵使他们是在反汉化浪潮下缔建的政权,但统治着广大的汉人地区,经国治民仍得靠华北的高门大族。故此,治国的原理依旧延续汉人施恩布德、适时而赦的传统。

[100] 沈家本:《历代刑法考》,第720页。

第三,隋代的君主,不论是文帝抑或是炀帝,似乎都不大热衷赦宥,所以,有隋一代,赦宥频率并不高。初唐时期由于战争、巡幸和灾荒,造成赦宥频率高于隋代。但是,高祖、太宗仍算是慎赦的君主。盛唐时期是有唐一代肆赦最频繁的时期,不只平均恩赦的次数最多,度数也是最高。盛唐时期主要是为了国家祭典、皇室喜庆以及巡幸等事,频频恩赦。唐代多赦的风气始于武后朝,这主要是武后试图透过大赦建立政权的正当性,并借施恩百姓,寻求拥护。君主频频大赦的风气,要到玄宗朝才逐渐改观。

"安史之乱"使得肃宗朝的恩赦频率居唐代之冠,不过,代宗朝一俟乱平后,恩赦的频率急速下降,尤其德宗更创下十多年不赦的纪录,为肆赦频率最低的皇帝。中唐时期皇帝少赦的风气,一直持续到晚唐时期。中唐和晚唐少赦的原因,应当是由于皇帝举行吉礼和巡幸的次数减少所致。晚唐时期若排除穆宗和敬宗后,肆赦频率似乎持续下降,直到懿宗朝开始,恩赦的频率才再度回升。这主要由于藩镇的构兵和民变所造成的乱局,导致皇帝数度出奔。

第四,北魏共恩赦 131 次,其中大赦 84、曲赦 35、降罪 3、录囚 10、其他 2,大赦约占了 63%。东魏北齐西魏北周共恩赦 105 次,其中大赦 61、曲赦 10、降罪 27、录囚 3、其他 4,大赦约占了 62%。隋代共大赦 22、曲赦 7、降罪 4、录囚 7,大赦约占 66%。唐代共恩赦了 453 次,其中大赦 188、曲赦 74、录囚 101、降罪 82、其他 8,大赦约占 41%。可见,虽仍以大赦为主体,但曲赦、降罪和录囚的比例已显著提高,尤其是降罪和录囚的次数超过四成,恩赦的内涵显然已经有所改变。关于曲赦、降罪、录囚的讨论,将见第四章。

第五,从赦宥的时机来检讨,北朝隋唐经常为了礼仪而赦。所谓礼仪,乃指"吉礼",此即国家的祭典;"嘉礼",此即皇室的喜庆。北朝较少因吉礼而赦宥,但唐代自武后朝以降却屡见不鲜。嘉礼以践祚、改元、加尊号、皇子庆典(如皇子生、立储)等喜庆,最常肆赦。关于吉礼、嘉礼与恩赦的关系,将见第二章"恩赦与礼制"。

除了礼仪以外,皇帝也经常为了"兵灾"而恩赦。兵灾包含对外的征战和国内的寇乱。北朝方面,北魏初期主要是扫灭诸国,统一黄河流域。北魏中期亦与征服战争有关,但此时要征服的对象是隔江对峙的南朝。北魏晚期则是以"六镇之乱"以及延续而来的地方寇乱为主。北魏分裂后的兵灾则非关地方的寇乱或南朝的战争,而是因高氏和宇文氏东西两大阵营之间的互相厮杀。当然,除了征战和寇乱外,贯串四个阶段的政治斗争,亦是造成人君赦宥的重要原因。

至于隋唐方面,在开国之初,有不少恩赦是与统一战争有关。国家统一后,有些恩赦则是为了恢复传统的"天下秩序"而对外用兵所颁布的,这类的恩赦发生在隋炀帝、唐太宗、高宗和武后朝,多少反映出帝国对外扩张的时代特征。另外,因寇乱而颁布的赦宥,在隋末几乎未曾一见。反观唐代,自肃宗以降却有不少的恩赦是与藩镇构兵和晚期的民乱有关。不过,值得注意的是,唐末兵灾不休,可是朝廷因兵灾而颁布的赦宥,大致都是在局势顺遂下颁布的,具有庆贺的意义,而并非在境况窘迫下被逼降赦,对乱众招降安抚。

另一项不容忽视的肆赦时机,应属"灾异"无疑。所谓"灾异"包括了水灾、旱灾、蝗灾等自然灾害,以及日食、月食、彗星等天文异象。北朝隋唐因自然灾害而赦宥甚为普遍,因天文异象而赦宥则只是偶尔有之。

因灾害而赦宥,北朝共有20次,唐代则多达84次。灾荒包含范围甚广,举凡水灾、旱灾、蝗虫、地震皆是,不过,最引起君王重视的主要是旱灾。这一百多次的灾荒中,绝大部分是旱灾,其中又以京师旱灾居多。国家遭逢旱灾,皇帝往往减膳、撤乐、出宫女、纵鹰隼、止营缮等以为对应。同时,因阴阳五行思想的弥漫,君主也会认为是刑狱冤滞,造成阴阳失调,四时失序。为了刑狱无冤无滞,解决之道,当是下宽大之诏,或降赦,或录囚。有唐一代,几乎每个皇帝都曾经因旱灾而颁布过赦宥,其中审录囚徒是最常使用的手段。唐代皇帝经常为了京师亢旱而赦宥,多少反映了关中地区的降雨量长期不足。另一方面,关中地区的水利灌溉河渠,又长期遭王公贵族私设碾硙,严重影响到灌溉的效果[101],结果,一遇雨水不足,亢旱的灾情特别险峻。

---

[101] (唐)杜佑撰,王文锦等点校:《通典》,北京:中华书局1989年版,卷2《食货·水利田》云:"永徽六年,雍州长史长孙祥奏言:'往日郑白渠溉田四万余顷。今为富商大贾竞造碾硙,堰遏费水,渠流梗涩,止溉一万许顷……'高宗曰:'疏导渠流,使通溉灌,济泼炎旱,应大利益。'……于是遣祥等分检渠上碾硙,皆毁之。"可是权贵私设碾硙的情况,终究没有改善,及至大历,水田才得六千二百余顷。另参看全汉升:《唐宋帝国与运河》绪论。

至于天文异象方面，北朝隋唐因此而赦宥的次数约 14 次，其中 13 次是发生在唐朝。天文异象范围广泛，但皇帝会因而赦宥的异象，主要是日食和彗星出现。由于太阳代表君主[102]，日食正是反映人君失德，若遭逢日食，人君往往赦过宥罪，以反省修德，武后朝便有两次大赦是因为日食而颁布的。相较于日食而赦宥，唐代因彗星见而赦宥的次数更多达十次（附表二编号 151、332、336、353、427、430、435、482、485、494）。在古代星占学的观念中，彗星出现代表"除旧布新，改易君上"，乃大凶之兆，因此，皇帝都会格外慎重处理。尤其是穆宗朝以后，君主内则受制家奴，外则强藩跋扈，皇权日渐衰微，一旦彗星出现，皇帝更是诚惶诚恐，乃经常颁布大赦德音，赦过宥罪。

第六，最后，也是最重要的，唐代恩赦性质的转变。恩赦原是皇帝专属的恩德，是达成皇帝施恩布德理念的重要手段。但是，约略在武则天时期，恩赦逐渐成为推行重大政策、贯彻皇帝意志的一种重要手段。嗣后，举凡国家重大政策，经常是以大赦的方式颁布，譬如中宗朝的复唐政、德宗朝的"两税法"、武宗朝的废佛政策等皆是。

[102] 《隋书·天文志》云："日为太阳之精，主生养恩德，人君之象也。"第 554 页。

第二章　恩赦与礼制

北朝隋唐的皇帝经常因为“吉礼”和“嘉礼”而颁布恩赦。所谓“吉礼”，是以国家祀天祭祖的礼仪为核心。所谓“嘉礼”，指皇室的喜庆礼仪，举凡践祚、立后、册太子、加尊号等皆是。皇帝举行这些礼仪的目的是什么？礼毕为何要大赦天下，雨露万民呢？礼仪和恩赦之间，究竟有何密切关系？关于北朝隋唐皇帝恩赦的时机，可参看本书附表《北魏恩赦时机分类表》、《东魏北齐恩赦时机分类表》、《西魏北周恩赦时机分类表》、《隋唐恩赦时机分类表》等表。此外，皇帝宣布大赦天下，京师便树“金鸡”，“金鸡”的含义是什么？包括树金鸡在内的整个大赦仪式，皇帝究竟想要传达什么样的讯息？这些是本章将要检讨的问题。

第一节　国家祭典与北朝隋唐的恩赦

国家的祭典包含广泛，皇帝因此颁布恩赦的，以籍田、封禅、明堂和郊祀等重大祭典为主。其中，郊祀礼在唐代不仅举行频密，皇帝因郊祀而大赦的次数也非常多，可说是最重要的祭典。关于籍田等祭典，兹分别述论如下：

一、籍田礼

王者祭先农、躬耒耜、耕籍田之礼，目的是鼓励农耕，不过，北朝举行籍田礼的皇帝不多。北魏道武帝天兴三年(400)二月曾耕籍田，此后一直到孝文帝太和十七年(493)才再行籍田礼，已事隔差不多百年了。宣武帝和孝明帝各有一次。北齐史上只文宣帝举行过一次。至于北周则较多，先后有闵帝一次，明帝一次，武帝四次。北周皇帝经常耕籍田，可能是与标榜实行“周礼”有关。总而言之,北朝皇帝行籍田礼不多,因籍田礼而颁赦则不见其例。

籍田礼自隋代以来,废而不行。直到唐太宗贞观三年(629)始恢复东郊祭先农,耕籍田之礼。[1] 不过,皇帝很少亲身参与,多令有司摄事。睿宗太极元年(712)正月,耕籍田,礼毕,大赦改元。这是北朝隋唐史上首见因籍田礼而大赦。玄宗似乎继承了乃父耕籍田的作风,一生中多次为了东郊礼仪而大赦:开元二十三年(735)正月,玄宗亲祀神农,耕籍田;开元十八年(730)和二十六年(738)正月在东郊迎春气;天宝三载(744)十二月,在东郊亲祀九宫贵神。[2] 玄宗经常东郊祭祀,可见对农耕相当关切。其实,玄宗执行这些礼仪时,都刻意慎重其事,如开元二十三年(735)祀神农,古礼用三推,但玄宗却九推,以此宣示"夫礼岂不在济民治国,勤事务功乎"[3]? 肃宗朝仍可见君主亲耕籍田和亲祀九宫贵神,但肃宗以后,皇帝多令有司摄事,大和中,九宫贵神更被降为中祠而已。

二、封禅礼

《隋书·礼仪志》云:

> 自古帝王之兴,皆禀五精之气。每易姓而起,以致太平,必封乎泰山,所以告成功也。封讫而禅乎梁甫,梁甫者,泰山之支山卑下者也,能以其道配成高德。故禅乎梁甫,亦以告太平也。封禅者,高厚之谓也。天以高为尊,地以厚为德,增泰山之高,以报天也,厚梁甫之基,以报地也。明天之所命,功成事就,有益于天地,若天地之更高厚云。(第139页)

可知人主封泰山禅梁甫的目的,正是要敬告上天,天下业已成功太平,借以显示人君的功高德厚,乃国家非常盛事。自秦始皇封泰山以来,踵其事者只有汉武帝和汉光武帝二人,魏晋六朝,征战不息,各个政权都未暇封禅的壮举。

---

① 若照古礼,天子当在南郊籍田,但太宗鉴于"礼缘人情,亦何常之有。且虞书云'平秩东作',则是尧、舜敬授人时,已在东矣。又乘青辂、推黛耜者,所以顺于春气,故知合在东方。且朕见居少阳之地,田于东郊,盖其宜矣"(《旧唐书》卷24《礼仪四》,第912页),因而籍田礼乃定于东郊举行。

② 九宫贵神主司水旱,天宝三载(744)为术士苏嘉庆倡议设置,祭祀招摇、轩辕、太一等九星,礼次昊天上帝而在太清宫太庙之上,属大祠(宣宗大中年间降为中祠),皇帝亲祀。参看《旧唐书》卷24《礼仪四》。

③ 《唐会要》卷10下《籍田》,第284页。

隋文帝荡平陈国，混一宇内，结束近四百年的分裂，一偿昔日苻坚、元宏梦寐难忘的宿愿，自感功业远迈前人，志得意满，在晋王广和群臣的怂恿下，乃有东封泰山之举。开皇十四年(594)，正当君臣兴高采烈准备封禅泰山以告成功太平之际，关中发生地震和大旱，严重的饥馑造成文帝竟要率关中户口就食洛阳。因此，当牛弘等奏上封禅礼仪时，文帝不得不稍自谦抑，以为：

> 此事体大，朕何德以堪之。但当东狩，因拜岱山耳。(《隋书·礼仪二》，第140页)

开皇十五年(595)正月，文帝以南郊礼祀泰山，并以岁旱，以谢愆咎，事后大赦天下。隋文帝一偿登泰山的宿愿，只是不敢号称封禅而已。

唐太宗时期，随着统一战争的完成以及北疆大敌突厥的投降，贞观六年(632)以降，屡有臣下奏请封禅，太宗以为：

> 议者以封禅为大典。如朕本心，但使天下太平，家给人足，虽阙封禅之礼，亦可比德尧、舜；若百姓不足，夷狄内侵，纵修封禅之仪，亦何异于桀、纣？……扫地而祭，足表至诚，何必远登高山，封数尺之土也！(《旧唐书·礼仪志三》，第881页)

太宗说得固然漂亮，但封禅之念头其实并没有打消。此后一直到贞观末，都经常有封禅泰山的尝试。只是，太宗封禅之举，一再受阻：贞观六年(632)为魏征谏阻；贞观十五年(641)太宗幸洛阳准备封禅，却因天象乖异，罢泰山之行；贞观二十一年(647)又因河北大水，终于不得不取消封禅大典。

高宗显庆五年(660)，唐灭百济；龙朔元年(663)，唐败倭水师于白江口，国威远播，在武后的怂恿下，乃有封禅之行。麟德二年(665)十月，盛大的封禅队伍自洛阳出发，史称“从驾文武仪仗，数百里不绝。列营置幕，弥亘原野。东自高丽，西至波斯、乌长诸国朝会者，各帅其属扈从，穹庐毳幕，牛羊驼马，填咽道路”(《资治通鉴》卷201“(唐)高宗麟德二年十月丙寅”条)。“议者以为古来帝王封禅，未有若斯之盛者也。”④这次大典不仅阵容壮盛，封禅之礼亦经改革，

④ 《册府元龟》卷36“帝王部·封禅二”。

史称：

> 有司进奏仪注，封祀以高祖、太宗同配，禅社首以太穆皇后、文德太后同配，皆以公卿充亚献、终献之礼。于是皇后抗表曰："伏寻登封之礼，远迈古先，而降禅之仪，窃为未允。其祭地祇之日，以太后昭配，至于行事，皆以公卿。以妾愚诚，恐未周备……推尊先后，亲飨琼筵，岂有外命宰臣，内参禋祭？详于至理，有紊徽章……伏望展礼之日，总率六宫内外命妇，以亲奉奠。"(《旧唐书·礼仪志三》，第886页)

以往由皇帝主献，公卿亚献之礼，遭武后异议。结果，高宗同意禅社首之礼，改由皇后率六宫亚献，仪式充分突显武氏的地位。麟德三年(666)正月初一，高宗和武后乃封禅泰山，礼毕大赦天下，改元乾封，并赏赐随行官员以及所过州县。在武氏的推波助澜下，高宗完成了隋文帝、唐太宗不敢贸然举行的大典。不过，皇帝(也许是武后)似乎意犹未尽，竟欲遍封五岳，本来决定在永淳二年(683)十一月封嵩岳，但因高宗病重而作罢。高宗未竟的心愿，武则天在登基为帝后代为完成。

天册万岁二年(695)的腊月甲申，则天封嵩岳，禅于少室，礼毕大赦天下，并改元万岁登封。武后封嵩岳之壮举，固然可以理解为绍继高宗之心愿，不过，更值得关注的是，武后以一介女流，登九五之位，乃旷古未有之事，武后实有必要在自古男性帝王封禅东岳泰山以外，别出心裁，创制一套新的礼仪以告成功太平。昔日秦皇以一西陲王国，并吞八荒，东封泰山，多少含有展现皇帝统治扩至极东的作用。武后开创崭新的时代，自不必事事仿效秦皇汉武的遗规，登封天下之中的嵩岳，与武后长期驻跸天下之中的洛阳，其实隐含同样的讯息——这不是关陇政权的领袖，而是一个实际君临天下，囊括四海的大周皇帝。

皇帝封禅的壮举，玄宗朝又再度上演。开元十三年(725)十一月十日，玄宗决定东封泰山。十三年十月辛酉，车驾发东都，"百官、贵戚、四夷酋长从行。每置顿，数十里中人畜被野，有司辇载供具之物，数百里不绝"(《资治通鉴》卷212"(唐)玄宗开元十三年十月辛酉"条)。玄宗封禅泰山，一改往例，出玉牒宣示群臣。史称：

> 玄宗因问："玉牒之文，前代帝王，何故秘之？"（礼官学士贺）知章对曰："玉牒本是通于神明之意。前代帝王，所求各异，或祷年算，或思神仙，其事微密，是故莫知之。"玄宗曰："朕今此行，皆为苍生祈福，更无秘请。宜将玉牒出示百僚，使知朕意。"（《旧唐书·礼仪志三》，第898页）

皇帝东封泰山，固是劳民伤财，但是，趁机历遍州县，对于民生吏治毕竟是有深一层的认识，玄宗便谓张说曰："曩者屡遣使臣分巡诸道，察吏善恶，今因封禅历诸州，乃知使臣负我多矣"（《资治通鉴》卷212"玄宗开元十三年十一月"条，第6768页）。

封禅泰山，乃国家特别重要的祭典，"自古受命帝王，曷尝不封禅"（《史记·封禅书》，第1355页）。只是，人君没有相当丰功伟业，如何告成功太平？玄宗以后，唐政已衰，因而，隋唐封禅大典，终于玄宗之世。相对于秦汉封禅之礼，隋唐封禅有两点值得注意：第一，秦始皇、汉武帝的封禅大典，具有求长生、访神仙的目的，带有相当浓厚"为己"的含义。隋唐封禅大典，除了有受命告天的用意外，似乎已经转化为为苍生祈福，祝祷风调雨顺的用意，从秦汉的"为己"转而"为公"。第二，由于秦汉封禅大典具有浓厚为己的意味，因而，其封泰山之事相当隐秘，如秦始皇"封藏皆秘之，世不得而记"。汉武帝封泰山时，"有玉牒书，书秘。礼毕，天子独与侍中奉车子侯上泰山，亦有封，其事皆禁"（《史记·封禅书》，第475页）。可见秦汉封禅有其隐秘性的一面。反观隋唐封禅大典，不仅从驾仪仗绵延百里，甚至外邦酋长君王皆参与盛会。及至登封泰山（或嵩山）之时，君王由大批侍臣扈从，仪式公开，绝无"秘之"或"其事皆禁"。即使向天帝祈请的玉牒，本来都是秘而不宣，但玄宗亦出示百僚。整个封禅仪式完全展示在公众之前，皇帝借此系列仪式，向万民重申天命，确立李唐政权在人民心中的正统地位。⑤

三、祀明堂

明堂为自古王者布政之所，汉武帝已有其制，惟历代对其位置和形制有所

---

⑤ Howard J. Wechsler, *Offering Of Jade And Silk*: *Ritual and Symbol in the Legitimation of the Tang Dynasty*, New Haven: Yale University Press, 1985, pp. 170—194.

争议,及至隋唐,虽迭经朝士议论,但一直未遑营建。及太后称制,独与北门学士商议,不问诸儒。[⑥] 垂拱四年(688)二月,下令毁洛阳乾元殿,以其地作明堂。年底,明堂成,"高二百九十四尺,方三百尺。凡三层:下层法四时,各随方色;中层法十二辰;上为圆盖,九龙捧之。上施铁凤,高一丈,饰以黄金"(《资治通鉴》卷204"则天后垂拱四年十二月辛亥"条,第6465页)。以九龙捧铁凤,所象征的意义不问可知。

明堂之成,对武则天有着特殊的意义。武后当年跟随皇帝封禅泰山,亚献禅地祇,虽然已是旷古未有之荣耀,但是,"登封泰山,七十四主;有堂布政,无三数君"[⑦]。自古帝王,皆以明堂布政为美,明堂之设,乃德治的表现。可是,就连隋文帝、唐太宗都未能一偿宿愿。武则天终究克服万难,完成如此浩大之工程,既为自己建构一座宏伟的政治活动中心;[⑧]另一方面,武后借此展现自身的无上权威,树立自己个人的威望,所谓"非至圣之精诚,孰能克勤乎此功"[⑨]!明堂成后,太后开放明堂,纵东都妇人及诸州父老入观,兼赐酒食。吐蕃及诸夷以明堂成,亦各遣使来贺(《旧唐书·礼仪二》)。太后将明堂改号"万象神宫",一生当中曾四度因亲享万象神宫而大赦天下。神龙元年,中宗复位仪式便在明堂举行,九月又再亲祀明堂,事后大赦天下。不过,亲祀明堂之事,在睿宗朝以降不复再见,玄宗开元二十七年(739),甚至毁明堂上层,改建下层,复名乾元殿。

四、郊祀礼

郊祀礼是指皇帝祭天的典礼,南郊祭天是典型汉族儒家国家祭典中最核心的一环。不过,北魏初期,除了南郊祭天外,拓跋王朝另有一套源于北亚游牧民族,而以西郊祭天为核心的国家祭典,二套祭典并存了近百年时间。北魏史上第一次郊祀大赦是道武帝天兴二年(399)正月南郊祭天。然而,北魏此时

---

⑥ 《资治通鉴》卷204"(唐)则天后垂拱四年正月末"条,第6447页。

⑦ 陈子昂:《为程处弼庆拜洛表》,见(清)董诰等纂修《全唐文》卷209,北京:中华书局1983年版。

⑧ 金子修一氏以为武则天的明堂一直都扮演正殿,也就是"布政之宫"的角色。参看金子修一氏著:《则天武后の明堂について——その政治的性格の探讨——》,收入唐代史研究会编:《律令制——中国朝鲜の法と国家》,东京:汲古书院1986年版,第359—389页。

⑨ 刘允济:《万象明堂赋》,见《全唐文》卷164。

汉化未深，是否会采用汉族儒家的南郊祭典，不无可疑。真正扬弃北族西郊而确立汉族南郊祭天礼仪的，必有待厉行汉化运动的孝文帝。自太和十四年(490)文明太后驾崩至太和十七年迁都的三年间，孝文的汉化改革主要集中于礼制，特别是祭典的改革，其目的是一面强化中原系统的祭典，一面废除杂祀以净化国家祭典。迁都后，所有国家祭典中的北亚因子全部一扫而空，相对的，则是汉族传统的南郊祭典的仪式细节在详加讨论后确定下来。[10] 太和十九年(495)十一月，孝文帝圜丘南郊祭天，大赦天下，标志着祭典改革的完成。此后，北魏君主都采用南郊祭典，只是南郊大赦，唯此一次而已。

"六镇之乱"的爆发，掀起了一波反汉化的浪潮，连带皇帝南郊祭典也受到冲击。东魏孝武帝即位的礼仪，据《北史·魏孝武帝纪》云：

> 即位于东郭之外，用代都旧制，以黑毡蒙七人，(高)欢居其一，帝于毡上西向拜天讫，自东阳、云龙门入。(第170页)

自孝文汉化以夏变夷后，北族西郊礼早已废止不用。孝武帝为高欢所立，即位礼仪当是由高欢决定和安排，高欢变孝文以来祭天旧制，恢复鲜卑早期传统礼仪，显然是因为距"河阴之变"未远，这股北族反汉化的浪潮仍未消退。

高洋于公元550年篡魏自代，改国号为齐。此时，上距魏孝武帝的即位已历十八年，反汉化的气氛似乎有所缓和了。《北史·齐显祖文宣帝纪》云：

> 天保元年夏五月戊午，皇帝即位于南郊，升坛，柴燎告天。是日，邺下获赤雀，献于郊所。事毕还宫，御太极前殿，大赦，改元。(第245页)

高洋禅代之礼，又舍弃鲜卑旧制，一依唐虞汉魏故事，也就是即帝位于南郊，升坛，柴燎告天。北齐君主自文宣帝始，习惯在登基后的次年正月，进行南郊祭天和谒庙的礼仪，自孝昭以来，更考虑到"顺时流施……务兹造育……屈法申恩，用荡瑕秽"[11]，而施恩黎庶。孝昭、武成、后主都各有一次因郊祀礼而赦宥。至于与北齐东西对峙的北周，却从来没有因南郊礼而肆赦。北朝史上最常因

---

⑩ 参看康乐：《从西郊到南郊——国家祭典与北魏政治》，第五章：《国家祭典的改革》，第178—191页。

⑪ 《文馆词林》卷665《北齐孝昭帝郊祀恩降诏》，第275页。

郊祀礼而赦宥的,当数北齐,这代表什么意义?

其与北齐、北周鼎足而立的南朝,因皇帝郊祀而大赦天下的例子屡见不鲜,梁武帝一人便曾经十五次因南郊而大赦。南朝皇帝经常因郊祀而大赦一事,笔者认为与振作皇权有密切关系。[⑫] 北齐的情况是否也类似呢?孝昭帝等三位君主得位的过程,其实都属异常:孝昭帝和武成帝都是叔夺侄位。至于后主之立,是出于父亲武成帝的内禅(关于武成帝内禅的用意,详见本章第三节)。由此可知这三个皇帝的接掌大统,都不是寻常的状态。为此之故,可能效法南朝的故智,即位后南郊告天,假借天命以加强自身的合法性和正统性,稳定皇权。

爰至唐代,郊祀礼举行次数频繁,在唐代各项国家祭典中,可谓最具政治意义的一项。唐代郊祀礼一年共有六次,显庆以后,这六次祀礼分别是冬至圆丘、正月祈谷、孟夏雩祀、季秋明堂,祀昊天上帝;夏至方丘、孟冬地祭,祀皇地祇。有别于贞观礼多采郑玄说,显庆礼主要是依据王肃说。[⑬] 郑玄说和王肃说最大不同处就是对"天"的理解,郑玄主张"六天说",王肃则主张所谓的"唯一说"。显庆礼采用王肃的主张,其后的开元礼在南郊礼上主要是承继显庆礼而来。因此,南郊礼便一元化以祀昊天上帝,这在郊祀礼仪上是一大革新。

君主南郊祭祀昊天上帝,具有新君始政的作用,尤其开国的君主南郊柴燎告天,更是有新王朝受命创始的含义。初唐君主中,高祖和太宗都曾亲祭郊庙,但因郊祀而大赦则始自武后。武后统治期间,曾经两度因郊祀礼而大赦天下,分别是证圣元年(695)九月和长安二年(702)十一月。证圣元年(695)九月九日,太后"合祀天地"于南郊[⑭],并加号"天册金轮大圣皇帝",大赦天下,改元天册万岁。太后一改南郊祀天、北郊祀地的传统,在南郊合祀天地,相当少见。更值得注意的,这是唐代首见因郊祀礼而大赦的例子,嗣后因郊祀而颁赦

---

⑫　参看拙著:《魏晋南朝恩赦制度的探讨》,第92—94页。

⑬　参看金子修一氏:《魏晋より隋唐に至る郊祀・宗庙の制度について》,《史学杂志》88编10号(东京,1979)。另外,高明士:《论武德到贞观礼的成立——唐朝立国政策的研究之一》,收入中国唐代学会编:《第二届国际唐代学术会议论文集》,台北:文津出版社1993年版,对初唐的制礼作乐有清晰论述,并厘清了其与隋代礼乐的关系。

⑭　此事《旧纪》、《新纪》只作祀南郊,今据《资治通鉴》卷205"(唐)则天后天册万岁元年九月甲寅"条。

的例子，屡见不鲜。

玄宗朝有多起恩赦与国家祭祀有关，其中有四次是因为南郊礼，分别是开元十一年（723）十一月、天宝元年（742）二月、六载（747）正月、十载（751）正月等，礼毕一律大赦天下。玄宗朝四度因亲祀南郊而大赦，在唐代君主中算是比较频密的。玄宗在国家祭典有一项相当重要的创制，就是“太清宫”的祭祀。道教奉老子为太上老君，老子据说姓李，唐代因李姓之故，尊老子为远祖，开元二十九年（741），分别于长安和洛阳置玄元皇帝庙。天宝二年（743），长安的玄元皇帝庙改称“太清宫”。太清宫的祭祀本是单独进行的，但天宝十年（751）开始，按照太清宫—太庙—南郊的顺序，逐日进行。这样的祭祀秩序为后来的皇帝继承，通常在礼毕后颁布大赦。[15]

在唐代郊祀礼中，德宗是另一位引人瞩目的君主。德宗在大历十四年（779）五月登基，次年正月，皇帝亲自朝太清宫、享庙、南郊，礼毕而大赦天下。德宗在登基逾年进行这一系列的祀天祭祖礼仪，无疑是敬告上帝与祖先，嗣君正式继业垂统。至于礼毕大赦天下，与民更始，更是明白昭告天下万民，新君统治业已展开。是故，这次南郊大赦诏书中，亦包含了重要政策的宣示，像深具重要历史意义的“两税法”，就是在这次大赦中宣布实施的。[16] 德宗这种治世开始的模式，为后来唐代君主所承袭。德宗朝另外三次吉礼大赦，分别发生在贞元元年（785）、六年（790）、九年（793），都是按照玄宗以来的习惯，以朝太清宫—享庙—南郊的顺序逐日进行。不过，有别于建中元年的往例，贞元以后的三次都是在十一月举行，南郊礼例在冬至日完成。

穆宗是在元和十五年（820）正月即位，次年正月，穆宗模仿德宗的前例，朝太清宫—享庙—南郊，礼毕大赦与民更始，但与德宗稍有不同，就是再加上改元长庆，这一系列标志新君治世展开的行动，为穆宗以后诸帝所承袭。[17] 敬宗

---

[15] 《旧唐书》卷 21《礼仪志一》云：“元和十五年十二月，将有事于南郊。穆宗问礼官：‘南郊卜日否？’礼院奏：‘伏准礼令，祠祭皆卜。自天宝已后，凡欲郊祀，必先朝太清宫，次日飨太庙，又次日祀南郊。相循至今，并不卜日。’从之。”（第 845 页）另参看金子修一氏：《玄宗朝の皇帝亲祭について》，收入池田温编：《中国礼法と日本律令制》，东京：东方书店 1992 年版，第 139—162 页。

[16] 《册府元龟》卷 89“帝王部·赦宥八”，第 3b 页。

[17] 参看金子修一：《关于唐代后半的郊祀和帝室宗庙》，收入中国唐代学会编：《第二届国际唐代学术会议论文集》，台北：文津出版社 1993 年版，第 1127 页。

登基后的第二年正月,完全依照穆宗的前例,进行朝太清宫—享庙—南郊礼,礼毕改元宝历,大赦天下,正式宣示统治的展开,穆宗的做法看来已经成为皇帝依循的惯例了。[18]

值得注意的是,晚唐皇帝自宣布郊庙到亲自主持郊庙礼仪,其间往往相隔了三个月,这是由于皇帝亲祭是特别的礼仪,是故需要花费长时间准备。[19] 武宗在会昌四年(844)九月二十九日降《郊礼敕》,直到来年正月郊庙,准备时间更是超过三个月。然而,准备时间漫长,则皇帝亲自郊庙之事,早为各方知悉,而皇帝亲祭后例有大赦,狱囚难免心存侥幸。会昌四年十二月,武宗即下敕云:

郊礼日近,狱囚数多,案款已成,多有翻覆。其两京天下州府见系囚,已结正及两度翻案伏款者,并令先事结断讫申。(《旧唐书·武宗纪》,第602页)

可见郊礼日近,狱囚心知必有大赦,而大赦的效力很强,一般是罪无轻重,已发觉、未发觉,已结正、未结正,一律赦免,因而,已经伏罪的囚犯多有翻供,武宗只好下敕,凡已结正及两度翻供又已伏罪的,先行结案。会昌五年正月南郊大赦,在赦文中特别声明:"九月二十九日降郊礼敕后流贬人,不在此例。"[20]明显是针对明知郊礼日近,而多所翻覆的囚徒。类似的做法,亦见于宣宗大中元年(847)正月和僖宗乾符二年(875)正的南郊大赦。[21]

昭宗在文德元年(888)三月即位,但宣示新君统治伊始的郊庙礼,却要延

---

⑱ 文宗把郊庙大赦改元这系列活动分成两次进行,比较特别。文宗在宝历二年(826)十二月乙巳日(十二日)即帝位于宣政殿,来年正月仍在敬宗丧期之内,不宜举行重大礼仪,所以,展延享庙南郊的时间,实属不得已。但是,若要等到郊庙以后才改元,的确拖延太久。盖文宗是在敬宗被弑后,两派宦官兵戎相见的背景下登基,再加上又非以太子的身份入继大统,是故,文宗必须尽早昭告天下新君的统治。因此,在下一个乙巳日,即二月十三日,文宗就下诏大赦天下,改元大和,宣示新君的统治于焉开始。文宗的郊庙礼是拖延到大和三年(829)十一月才举行,一再拖延是由于藩镇构兵,造成"至今四年,屡兴伐叛之师,未暇焚柴之礼"(《唐大诏令集》卷71"大和三年南郊赦")。迨及大和三年(829)十一月,大致四境无尘了,文宗才举行南郊等礼仪。

⑲ 参看金子修一氏:《关于唐代后半的郊祀和帝室宗庙》,第1128页。

⑳ 《文苑英华》卷429,第2a页。

㉑ 宣宗大中元年正月南郊大赦云:"九月二十九日降郊礼敕后流贬人及引决妄称冤人等、并重推覆囚徒,不在此例。"(《文苑英华》卷430,第1a页)至于僖宗乾符二年正月南郊大赦云:"从九月四日降郊礼敕后流贬,及引决妄称冤人等,并重推覆囚徒,并不在此限。"(《唐大诏令集》卷72,第365页)

到即位次年的龙纪元年(889)十一月方才举行。究其原因,应是僖宗朝长安迭经兵灾,宫阙宗庙均遭焚毁,甚至僖宗自凤翔回京,竟是"告享无所"[22]。至龙纪元年(889)十一月,宗庙制度粗备,皇帝才能郊庙。哀帝在位三年,有别于一般的君主,哀帝没有大赦、没有郊庙、亦没有自己的年号。哀帝在位三年,竟未曾一赦,唯一的德音是因灾异而颁布,此即天祐二年(905)四月,彗星出于西北。郊庙礼则遭朱全忠阻挠,时程一再更改,原定天祐二年(905)十月甲午(九日),后改为十一月癸酉(十九日)。至十一月将行郊祀,史称:

> 百官既习仪,裴迪自大梁还,言全忠怒曰:"柳璨、蒋玄晖等欲延唐祚,乃郊天也。"璨等惧,庚午(十六日),敕改用来年正月上辛(七日)。(《资治通鉴》卷265"昭宣帝天祐二年十一月丁卯"条,第8651页)

朱全忠以郊天是"欲延唐祚",郊礼遂被迫再延至来年正月上辛(七日)。然而,十二月,朱全忠杀何太后等,哀帝以宫禁内变,乃罢郊庙礼。至于年号方面,哀帝并没有自己的年号,天祐年号是沿用昭宗的旧年号。大赦、郊庙、改元等象征新君统治的措施,付之阙如,哀帝只是朱全忠准备禅代的踏脚石而已。

关于唐代祭典和恩赦的关系,大致可归纳以下看法:

第一,北朝近二百多年间,鲜少为了国家祭典而赦宥,反观唐代,因此而赦的次数颇多。北朝由于是胡人政权,模仿汉人儒家祭典,必有待孝文帝彻底汉化方能奠定。然而,不久六镇乱起,魏政浸衰,反汉化浪潮再加上北魏分裂,东西政权的兵连祸结,都使得封禅、郊祀等礼仪,未遑创议。有唐一代因国家祭典而赦宥的次数颇多,前后共一百五十多次,而皇帝最常恩赦的,是籍田、封禅、祀明堂、郊祀等,其中尤以郊祀礼最为频繁。唐代吉礼恩赦中,以武后至玄宗朝所占比例最高,及至安史乱后,皇帝因祭典而赦的次数不只减少,而且,越来越单一化地集中在郊祀礼。若与南朝和北朝作一对照,唐代经常举行祀天祭祖的礼仪,并且为此大赦,其实与南朝的状况较为类似。

---

[22] 《旧唐书》卷165《殷盈孙传》云:"三年二月,驻跸凤翔。时宗庙为贼所焚,车驾至京,告享无所。四月,盈孙谓宰执曰:'太庙十一室,并祧庙八室,及三太后三室,因光启元年十二月二十五日车驾出宫,其缘室法物神主,本司载行,至鄠县并被盗劉夺。皇帝还宫,合先制造。'宰相郑延昌奏曰:'太庙大殿二十二间,功绩至大,计料支费不少,兼宗庙制度,损益重难,今未审依元料修奉,为复别有商量。'敕付礼院详议。"

第二，籍田、祀明堂、封禅、郊祀等重大的国家祭典，全属儒家化的祭典，皇帝对主持这些祭典往往兴趣缺缺。唐代佛道隆盛，但君主不曾因佛道的祭祀而赦。玄宗朝的太清宫祭祀固然与道教有关，不过，李唐皇室奉老子为远祖，皇帝朝太清宫与其说是祭祀道教的太上老君，不如说是追祀远祖太上玄元皇帝来得恰当，本质上，它仍是带有儒家色彩的祭祖活动。儒家式的祭典形式固然各异，但基本上，祭典的作用主要是以国君扮演人世间的代表，与天地沟通，借以确保宇宙秩序的和谐安定，风调雨顺、五谷丰登，进而保障万民衣食无忧㉓。儒家这一系列的祭祀活动，由于主要是替天下万民祈求风调雨顺，而并非祈求皇帝个人之福泽，因而，在信仰上，难以与佛道等具有替皇帝个人祈福求仙的宗教竞争，如此，势必造成皇帝对于儒家祭祀活动兴趣缺缺。开元以降，即使南郊礼这种重大祭典，皇帝往往是令有司摄事，很少亲临主祭。

第三，唐代因国家祭典而赦宥的次数颇多，无一例外，都是皇帝亲祭的场合。皇帝对于这些儒家祭典既然兴趣缺缺，为何又要亲临主祭呢？有一点必须要注意的，由于皇帝是人间与天地沟通的唯一代表，他垄断了与天地沟通的角色，不论是封禅，抑或是南郊、籍田等祭典，都是皇帝的专属祭典，因此，这些祭祀活动不可避免地又具有浓厚的政治色彩。封禅也好，郊祀礼也好，皇帝透过直接与昊天上帝沟通，无疑重申自身是天在人世间的代理人，具有重申天命的作用，这对于新君而言，特别具有政治意义。唐代君主不热衷包括郊祀礼在内的儒家祭典，固是事实，但每一个皇帝仍必须进行至少一次的亲祭郊祀，以显示新君统治的展开。因而，皇帝亲祭的礼仪，必然属于国家大事，皇帝往往为此颁赦。

第四，唐代国家祭典较诸前代有相当浓厚“公开化”的倾向。正如前述，封禅礼原来在秦汉颇有神秘的色彩，但在唐代，参与祭典者从侍臣到公卿、妃嫔以及外邦酋长，仪仗扈从队伍，浩浩荡荡，绵延数百里，势必引起沿途百姓哄动和围观。类似的情况亦发生在明堂的构建。明堂固属神圣庄严之地，但史称明堂成，武后纵东都妇人及诸州父老入观。郊祀的情形又如何呢？唐代自玄

㉓ 籍田礼以及迎气东郊等礼仪，皆为祈求农事丰登，自不必烦言。南郊礼中的“上辛祈谷”和“孟夏雩祀”，都是向昊天上帝祈求雨水丰沛。

宗以降,郊祀礼都依照朝太清宫—享庙—南郊的次序逐日进行,按照长安城太清宫、太庙和南郊坛的位置,可知仪式是延伸到皇城外的,长安城的居民应当可以目睹仪式的行进。原先属于皇帝单独与昊天上帝沟通,深具神秘色彩的仪式,变得越来越公开化。一般百姓虽然没有资格"参加"这些国家祭典,但是,透过观赏仪式的全程或部分,还是"参与"到这些礼仪。

第五,祭天等仪式的目的在于宣示王朝的正统性,而恩赦就是贯彻这个目的的最有效手段。祭天等仪式的目的既然是重申天命,可是,如何把这种皇帝专属的神秘仪式,成功地在人民心中树立王朝的"正统性",从而获取人民的拥戴,维持王朝不坠?简单而言,就是如何让人民"知道"郊祀礼的举行呢?有学者从仪式公开化的角度加以说明,以为国君在公众面前展示这些礼仪,使王朝的正统性深植人心。[24] 此说固有可取之处,惟笔者始终感到困惑的是,在长安城内举行的郊祀礼,纵使能让首都居民观赏,如何能在天下万民心中留下深刻印象?笔者以为,借助仪式公开化的手段以达到宣示王朝正统性的作用,其效果恐怕远不如恩赦来得有效。

恩赦较诸所谓的仪式公开化,具有以下两项优越性:首先,恩赦范围具有广泛性。恩赦,特别是大赦的范围是广及天下,堪称无远弗届。君主在长安郊祀或者是在泰山封禅的消息,透过大赦的方式,可以在十多天之内传达到江南,其效果绝非长安城内父老对仪式的观赏所产生的作用可以比拟。前文曾经提及武宗朝郊礼日近,狱囚多有翻覆的现象来看,罪犯知有郊礼纯粹是基于有大赦的缘故,可见大赦在国家礼仪的宣达上所扮演的角色。恩赦的第二项优越性,在于恩赦所伴随的恩典,内容丰富,譬如对罪犯免刑、对百姓免租税逋欠、对官吏赐爵加阶等等,不一而足。如果说国家祭典是利用仪式和符号等象征方式,向人民宣示正统性,培养人民对政权的向心力,那么,大赦则是普施恩典,让人民雨露均沾,以实质性的恩惠,确保人民对当今政权的拥护。

---

[24] 这是 Howard J. Wechsler, *Offering of Jade And Silk: Ritual and Symbol in the Legitimation of the Tang Dynasty* 一书最强调的地方。

第二节 皇室喜庆和北朝隋唐的恩赦

皇室喜庆包含了践祚、立后、册太子、加尊号等。一般而言，新君践祚，例必有赦。然而，中世时期废位内禅，比比皆是，不同状况下的践祚，其恩赦是否无异？另外，唐代皇帝在登基不久经常加尊号，加尊号以后往往大赦天下，国君加尊号的作用是什么？再者，太子所以缵承庙祧，安固邦国，地位非比寻常，魏晋南朝册太子、太子冠、太子婚，往往有赦，显示对于储君的重视。北朝和隋唐为了太子而赦的次数是否一样频繁？从太子恩赦频率的变化是否可以看出太子地位的起伏？这些问题将一一解析。

一、践祚与恩赦

皇帝践祚登基，几乎都会颁布恩赦，而颁布的一般都是效力最强的大赦。新君通常在登基后的什么时间大赦天下呢？标示新君始政的改元与大赦之间有何关系？君主继承大宝的状况并非一致，或是父死子继，或是政变夺权，或是内禅让位，不同状况下的登基，其恩赦和改元，有何不同呢[25]？关于践祚、改元与恩赦的关系，参看表 2-1。

（一）北朝的践祚与恩赦

据《北朝隋唐践祚、代始改元与恩赦关系表》，可知北朝君主通常在践祚的同时大赦天下。新君登基，大赦天下，固然是借此与民同庆，另一方面，大赦意谓荡涤宿恶，与民更始，象征新统治的展开，具有新君始政的宣示作用。然而，同样具有新君始政作用的改元，却不一定是在即位同时进行。一般而言，排除王朝内的“内禅”不论，倘若政权是和平传承的，新君往往在即位后的来年正月初一才正式改元。例如，北魏明元帝于泰常八年(423)十一月六日驾崩，太子焘于十一月九日即位，即位同日下诏大赦天下，次年正月才改元始光。北齐文宣帝高洋于天保十年(559)十月十日崩，太子殷于十九日即位，大赦天下，次年

[25] 关于魏晋南北朝践祚、大赦、改元间的关系，佐竹昭氏有详细论述，见佐竹昭氏著《古代王权と恩赦》，第 132—143 页。本节相关部分主要参考其论点。

表 2-1　北朝隋唐践祚、代始改元与恩赦关系表

朝代	帝位的继承	传承的形态					先帝驾崩逊位时间和原因	新帝即位	即位改元	即位恩赦	逾年改元	逾年改元恩赦	即位后首度南郊	南郊恩赦
		和平的传承		非和平的传承										
	公元　先帝→新帝	传位	禅位	传位	禅位	废位	年・月・日	月日			正月朔日			
北魏	409 道武帝→明元帝			+			天赐 6.10.13 被弑	10.17	永兴	同日				
北魏	432 明元帝→太武帝	+					泰常 8.11.6 崩	11.9		同日	始光			
北魏	452 太武帝→南安王			+			正平 2.2.5 被弑	同日	承平	同日				
北魏	452 南安王→文成帝			+			正平 2.10.1 被弑	10.3	兴安	同日				
北魏	465 文成帝→献文帝	+					和平 6.5.11 崩	5.12		同日	天安	同日		
北魏	471 献文帝→孝文帝		+				皇兴 5.8.20 禅位	8.20	延兴	同日				
北魏	499 孝文帝→宣武帝	+					太和 23.4.1 崩	4.12		同日	景明	同日	景明 2.11.25	
北魏	515 宣武帝→孝明帝	+					延昌 4.1.13 崩	1.13		1.14	熙平	同日	正光 3.11.17	
北魏	528 孝明帝→幼主			+			武泰 1.2.25 被弑	2.26		同日				
北魏	528 幼主→孝庄帝					+	武泰 1.4.13 被弑	4.11	14 日改元建义	同日				
北魏	530 孝庄帝→元晔					+	永安 3.12.23 被弑	10.30	建明	同日				
北魏	531 元晔→前废帝					+	建明 2.2.29 让位	2.29	普泰	同日				
北魏	531 后废帝					+		10.6	中兴	同日				
北魏	532 后废帝→孝武帝					+	中兴 2.4.25 被废	4.25	太昌	同日			太昌 1.11.7	
东魏	534 孝武帝→孝静帝					+	永熙 3.8.6 西走	10.17	天平	同日			天平 2.11.10	

（续表）

朝代	帝位的继承	传承的形态		先帝驾崩逊位时间和原因	新帝即位	即位改元	即位恩赦	逾年改元	逾年改元恩赦	即位后首度南郊	南郊恩赦
		和平的传承	非和平的传承								
北齐	550 东魏孝静帝→文宣帝		+	武定 8.5.8 禅位	5.8	天保	同日			同日	同日
	559 文宣帝→废帝	+		天保 10.10.10 崩	10.19		同日	乾明			
	560 废帝→孝昭帝		+	乾明 1.8.3 被废	8.3	皇建	同日			皇建 2.1.4	6 日
	561 孝昭帝→武成帝		+	皇建 2.11 崩	11.11	大宁	同日			大宁 2.1.11	18 日
	565 武成帝→后主	+		河清 4.4.24 禅位	4.24	天统	同日			天统 2.1.14	16 日
	577 后主→幼主	+		隆化 2.1.1 禅位	1.1	承光	同日				
西魏	535 孝武帝→文帝		+	永熙 3. 闰 12.15 被弑	1.1	大统	同日			大统 2.1.9	
	551 文帝→废帝	+		大统 17.3.6 崩	3.6						
	554 废帝→恭帝		+	废帝 3.1 废位	1 月	元年					
北周	556 西魏恭帝→孝闵		+	恭帝 3.12.30 禅位	1.1	元年	同日			元.1.11	
	557 闵帝→明帝		+	孝闵 1.9 废位	9.28		同日				
	560 明帝→武帝		+	武成 2.4.20 被弑	4.21		同日	保定		保定 1.1.3	
	578 武帝→宣帝	+		宣政 1.6.1 崩	6.2			大保	同日		
	579 宣帝→静帝	+		大成 1.2.19 禅位	2.19	大象	同日				
隋	581 北周静帝→文帝		+	大定 1.2.5 禅位	2.13	开皇	同日			同日	同日
	604 文帝→炀帝	+		仁寿 4.7.13 崩	7.21			大业		大业 10.11.11	
	617 炀帝→恭帝		+	大业 13.11.14 废位	11.15	义宁	同日				
	618 隋恭帝→唐高祖		+	义宁 2.5.14 禅位	5.20	武德	同日				

（续表）

朝代	帝位的继承	传承的形态		先帝驾崩逊位时间和原因	新帝即位	即位改元	即位恩赦	逾年改元	逾年改元恩赦	即位后首度南郊	南郊恩赦
		和平的传承	非和平的传承								
唐	626 高祖→太宗		+	武德 9.8.8 禅位	8.9		同日	1.1 改元贞观		贞观 2.11.19	
	649 太宗→高宗	+		贞观 23.5.26 崩	6.1		同日	1.1 改元永徽		永徽 2.11.2	
	683 高宗→中宗	+		弘道 1.12.4 崩	12.11		同日	1.1 改元嗣圣	同日		
	684 中宗→睿宗		+	嗣圣 1.2.6 废位	2.7	文明	同日				
	690 睿宗→则天		+	天授 1.9.12 降嗣	9.12	9.9 改元天授	同日			695 天册万岁 1.9.9	同日
	705 则天→中宗		+	神龙 1.1.24 禅位	1.25		同日			709 景龙 3.11.13	同日
	710 中宗→少帝		+	景龙 4.6.2 被弑	6.4	唐隆	同日				
	710 少帝→睿宗		+	唐隆 1.6.24 禅位	6.24	7.20 改元景云	7.20			712 太极 1.1.11	1.19
	712 睿宗→玄宗	+		延和 1.7.25 禅位	8.3	8.7 改元先天	8.7			开元 11.11.16	同日
	756 玄宗→肃宗		+	至德 1.8.16 禅位	7.12	至德	同日			乾元 1.4.13	4.14
	762 肃宗→代宗	+		宝应 1.4.18 崩	4.20	4.15 改元宝应	5.19			广德 2.2.7	2.21
	779 代宗→德宗	+		大历 14.5.21 崩	5.23		6.1	1.5 改元建中	同日	建中 1.1.5	同日
	805 德宗→顺宗	+		贞元 21.1.23 崩	1.26		2.24				
	805 顺宗→宪宗		+	贞元 21.8.4 禅位	8.9			1.2 改元元和	同日	元和 2.1.3	同日
	820 宪宗→穆宗		+	元和 15.1.27 被弑	闰 1.3		2.5	1.4 改元长庆	同日	长庆 1.1.4	同日
	824 穆宗→敬宗		+	长庆 4.1.22 崩	1.26		3.3	1.7 改元宝历	同日	宝历 1.1.7	同日
	826 敬宗→文宗		+	宝历 2.12.8 被弑	12.12			2.13 改元大和	同日	大和 3.11.18	同日
	840 文宗→武宗		+	开成 5.1.4 崩	1.14		2.8	1.9 改元会昌	同日	会昌 1.1.9	同日
	846 武宗→宣宗		+	会昌 6.3.23 崩	3.26		5.5	1.17 改元大中	同日	大中 1.1.17	同日
	859 宣宗→懿宗	+		大中 13.8.10 崩	8.13		10.9	11.2 改元咸通	同日	咸通 1.11.2	同日
	873 懿宗→僖宗	+		咸通 14.7.19 崩	7.20		10.12	11.5 改元乾符	同日	乾符 2.1.7	同日
	888 僖宗→昭宗		+	文德 1.3.6 崩	3.8			1.1 改元龙纪	同日	龙纪 1.11.21	同日
	904 昭宗→哀帝		+	天祐 1.8.11 被弑	8.15						

本表是据佐竹昭氏《古代恩赦の王权》第二章表 1“唐代即位 · 代始改元与恩赦”改编而成。

正月改元乾明。

新君践祚,何以要逾年改元呢?据杜预的解释,云:

> 嗣子位定于初丧,而改元必须逾年者,继义之业,成父之志,不忍有变于中年也。(《左传·桓公元年》)

三国时期蜀汉刘禅甫登基,即将章武年号改为建兴,招致史家批评非议,陈寿以为“考之古义,体理为违”(《三国志·蜀书·后主传》,第902页)。习凿齿则更清楚说明,以为“礼,国君即位逾年而后改元者,缘臣子之心,不忍一年而有二君也。今可谓亟而不知礼矣。君子是以知蜀之不能东迁也”[26]。可知逾年改元,是新君继体之礼。两晋史家对此先后表达意见,似乎逾年改元已渐成为一种惯例了。

另一方面,北朝也有不少君主甫一登基,立即大赦改元。王朝禅代之时,新王朝的开创者一方面为了否定前朝的统治,另一方面,尽早昭告天下新王朝的诞生,理所当然在践祚时大赦和改元。但是,王朝内不论是传位、禅位抑或废位,仍然常见即位改元的例子。为什么?这些践祚立即改元的例子,都有共通点,就是新君是在先君或遭废黜,或遭弑杀的背景下即位。譬如,北魏天赐六年(403),道武帝为子清河王绍所弑,长子拓跋嗣杀清河王即位,同日大赦并改元永兴。正平二年(452),太武帝为中常侍宗爱所弑,宗爱迎南安王余即位,大赦,并改元永平。北魏末年,国祚操于尔朱氏和高氏之手,皇帝或被废,或遭弑,新君即位之日,例必改元。这种情况亦见于北齐。高殷在乾明元年(560)被太皇太后娄氏废黜,高洋弟高演继位,是为孝昭帝,大赦并立即改元皇建。孝昭帝驾崩前,迫于弟高湛的势力,只好舍太子不传而传弟。高湛叔夺侄位后,也马上改元大宁。这些在刀光剑影下即位的新君,为了否定前朝或先君的统治,并尽早昭告世人新统治的开创,遂在即位大赦时,一并改新年号。

(二)唐代的践祚与恩赦

唐代践祚与恩赦、改元的关系,有延续北朝以来的惯例,也有若干的变化。在代宗以前,仍维持北朝的两种类型。高宗、中宗即位时,都是在父死子继的

---

[26] 《宋书》卷31《五行志二》所引习凿齿《汉晋春秋》。

安定状况下登基，所以即位大赦后，逾年才改元。但中宗即位到肃宗朝，竟出现了二次废位（中宗和睿宗）、一次被弑（中宗）和四次禅位（则天、少帝、睿宗、玄宗），新君都在剧烈的斗争下登基，即位后除了大赦外，也马上改元。

至代宗朝，唐代践祚恩赦的惯例为之一变。肃宗于宝应元年（762）四月丁卯（十八日）崩，代宗于己巳（二十日）即位于柩前。五月辛卯（十三日）制曰：

> 三年之丧，天下达礼，苟或变革，何以教人？……昨见所司仪注，今月十三日大祥，十五日从吉。……其百僚并以此释服，朕将继武丁之道，素冠之诗，恭默再周，不忍权夺。（《旧唐书·代宗纪》，第268—269页）

宰臣苗晋卿等三度上表请依遗制，代宗方才答允听政。代宗最后依宰相等所请，在五月乙未日（十五日），即服丧二十七天后释服听政，十九日御丹凤楼大赦天下。自代宗开新例以后，除了德宗例外，新君践祚大赦一律都在二十七日服丧期以后颁布。[27]

二、内禅下的恩赦

北朝隋唐王朝内部的禅让，屡见不鲜。君主让位或源于本意，或出自胁迫，禅位后权力大小不一，其恩赦的状况亦各异。君主内禅与恩赦之间，有着怎么样的关联呢？

北朝最早的一次内禅，发生在北魏献文帝时期。皇兴五年（471）八月，献文帝禅位长子宏（即孝文帝），此时献文帝年仅二十，在位不过六年。禅位的原因或谓"帝雅薄时务，常有遗世之心"（《魏书·显祖纪》，第131页），或谓受太后所逼[28]，然而，《魏书·显祖纪》记献文帝禅位时，云：

> 于是群公奏曰："昔三皇之世，淡泊无为，故称皇。是以汉高祖既称皇帝，尊其父为太上皇，明不统天下。今皇帝幼冲，万机大政，犹宜陛下总之。谨上尊号太上皇帝。"乃从之。（第131页）

---

[27] 佐竹昭：《古代王权と恩赦》，第150—152页。

[28] 《魏书》卷105之3《天象志》云：献文帝"迫于太后，传位太子。"第2412页。康乐亦主张这个说法，见康乐著：《从西郊到南郊——国家祭典与北魏政治》，第113—118页。

献文帝禅位后称为“太上皇帝”而不是“太上皇”，可见万机大政，仍然由其总理。不仅如此，太上皇帝甚至不时亲征柔然，巡行天下，可见一点都不像是“淡泊无为”，更不像是政争的失败者。

献文帝禅位非出于政争失败，亦可以此时的恩赦作为旁证，据《魏书·刑罚志》云：

> （献文帝）又以赦令屡下，则狂愚多侥幸，故自延兴，终于季年，不复下赦。（第2876页）

延兴就是孝文帝受禅后的第一个年号。延兴以降，献文帝其实曾三度曲赦，所以《魏书》所云自延兴不复下赦，指的是“大赦”，《魏书》强调的是献文帝的慎赦。另一方面，赦是皇权的展现，据《魏书》的意思，可见孝文虽已登基，但太上皇帝仍握有下赦的大权，显然并非政治斗争失败被迫退位的。

那么，拓跋弘为何以二十岁的壮年禅位幼子呢？王夫之的看法值得参考，在他的《读通鉴论》中，是这样分析的：

> 赵武灵王授位于子，而自称主父，废长立少，恐其不安于位也。拓跋弘授位于子，而自称太上皇帝，子幼而恐为人所篡夺也。宗爱弑两君，而浚几不立；乙浑专杀无君，弘几死其手；故弘年甫二十，急欲树宏于大位，以素统臣民，而己镇抚之。……其退居而事佛、老，犹武灵之自将以征伐，皆托也；不欲明示其授子之意旨，而以此为辞也。㉙

可知拓跋弘是鉴于北魏一直以来帝位不稳，忧心子幼而为人篡夺，乃急忙禅位以早定君臣名分。为了让子嗣顺利承继大位而内禅，献文帝并非仅有的例子。

北齐河清四年（565）四月，武成帝高湛以天文有变，其占当有易王，遂禅位于年仅十岁的太子高纬，自居太上皇帝，改元天统。其实，除了天文变异以外，武成帝的禅位与北魏献文帝颇有类似之处。据《北史·祖珽传》云：

㉙ （明）王夫之：《读通鉴论》卷15“魏显祖授位于子自称太上皇”条，长沙：岳麓书社1988年版。收入《船山全书》，第十册，第592—593页。

(祖)珽曰:“宜说主上云:襄、宣、昭帝子俱不得立,今宜命皇太子早践大位,以定君臣。……”(和)士开许诺。因有彗星出,太史奏云除旧布新之征,珽于是上书,言:“陛下虽为天下,未是极贵。案春秋元命苞云:‘乙酉之岁,除旧革政。’今年太岁乙酉,宜传位东宫,令君臣之分早定,且以上应天道。”并上魏献文禅子故事。帝从之。(第1739—1740页)

可见武成帝禅位幼子,主要仍是鉴于“襄、宣、昭帝子俱不得立”。回顾一下北齐的帝位继承,的确并不平顺。高澄被刺身亡后,其弟高洋篡魏自立,是为文宣帝。文宣帝崩,传子高殷,不旋踵被废。高洋弟高演继位,是为孝昭帝。孝昭帝病重时传位弟高湛,希望保存太子百年,可是太子仍在武成帝即位不久被害。由此可见高澄(文襄帝)、高洋(文宣帝)、高演(孝昭帝)的儿子都没有承继大宝。武成帝高湛有鉴于此,乃顺应天文变异,命皇太子早践大位,以定君臣名分,俾能顺利执掌大政。祖珽上献文禅子故事,可知武成之做法,多少是效法献文的故智。

自天统元年至于天统四年(568)太上皇帝崩的四年间,北齐的军国大政无疑都是由太上皇帝高湛掌控。此时朝廷的恩赦自然亦是出于太上皇帝的旨意,只是名义上由皇帝颁布罢了。天统三年(567)十一月,晋阳宫大明殿成,大赦天下。《文馆词林》收录有《北齐后主幸大明殿大赦诏》,赦诏将近一半的篇幅都在颂扬太上皇帝的威德,显见这时北齐朝廷的主角是太上皇帝高湛而非皇帝高纬。天统四年十二月武成帝崩,史称“武成崩,未发丧。在内诸公以后主即位有年,疑于赦令”(《北齐书·魏收传》,第495页)。何以群臣对后主应否颁布恩赦有所迟疑呢?盖一般的状况,大行皇帝驾崩之时,新君立即践祚,然后大赦天下,与民更始。现在却是太上皇帝龙驭上宾之日,皇帝早已在位多年,情况特殊,因此才会有所迟疑。最后,是中书监魏收坚执宜有恩泽,后主乃颁布大赦。这次的大赦其实象征后主的治世,正式开始。

其与北齐东西对抗的北周,也有一次值得注意的内禅。

宣帝宇文赟于宣政元年(578)六月登基,翌年的大象元年(579)二月禅位太子衍,自居天元皇帝。北魏献文帝和北齐武成帝的内禅,目的是要确保幼子能顺利践位,但北周自武帝诛宇文护后,军政大权已经牢牢地集于皇帝一身,宣帝的传位毋宁是希望以天元皇帝的身份掌控大权,但不需要因皇帝的身份而多所羁绊。因此,禅位后"唯自尊崇,无所顾惮。国典朝仪,率情变改"(《周书·宣帝纪》,第125页)。宣帝为人荒暴,德政不修,恐失众望,乃行宽法,大象元年(579)下诏曰:"高祖所立刑书要制,用法深重,其一切除之"(《隋书·刑法志》,第709页)。另一方面,虽禅位太子,但仍掌控军政大权,屡施赦宥,行非常之恩,以收众心,造成"为奸者皆轻犯刑法,政令不一,下无适从"(《隋书·刑法志》,第710页),招致京兆郡丞乐运的非议。[30]

北朝三次重要的内禅,其目的容或不一,但都是出自皇帝本意,非因政争所致。唐代诸次内禅,却都在腥风血雨下进行。

唐代的内禅,始自高祖李渊。高祖武德九年(626)六月四日,次子秦王世民伏兵玄武门,袭杀太子建成及齐王元吉,此即所谓"玄武门之变"。事变后,世民以高祖名义下诏大赦天下,承诺"凶逆之事,止有二人,自余徒党,其被诖误,一无所问,各从洗涤"[31],以绥靖乱局。值得注意的是,赦书最后提到"其僧尼道士女冠,宜依旧定",这番话无疑否定了高祖对佛道的最新规定。原来,这年五月,高祖为了缓解财政困难[32],乃借口京师寺观不甚清静,下诏沙汰僧、尼、道士、女冠,"京城留寺三所,观二所。其余天下诸州,各留一所。余悉罢之"(《旧唐书·高祖纪》,第17页)。高祖这一新措施,结果"事竟不行",显然佛道在政治和社会具有雄厚的实力,非一纸命令可以撼动。不管这一新命令执行的程度如何,毫无疑问,它绝对是不受欢迎的。世民在"玄武门之变"的当天,急忙废除高祖的新措施,自然是为了拉拢佛道两大势力以及争取包括文武朝臣在内的广大信众的支持。"玄武门之变"的四天后(六月八日),高祖册世民为太子,八月八日禅位,退居太上皇。高祖退位后,高居无为,太宗朝的政事和恩赦,自然与其无关了。

唐代另一次重要的内禅发生在睿宗朝。睿宗李旦雅好文字训诂,对政治

---

[30] 《周书》卷40《乐运传》,第721页。

[31] 《册府元龟》卷83"帝王部·赦宥二",第32a页。

[32] 对于唐太宗的佛教政策和态度,可参看 Arthur F. Wright "Tang Tai-tsung", in *Perspective on Tang*, ed., Arthur F. Wright and Denis Twitchett (New Haven and London: Yale University Press, 1973)。Arthur F. Wright 认为连年征战以及对投诚军士的赏赐,造成朝廷财政困难,高祖只好向佛道寺观打主意。

兴趣不浓，反而睿宗妹太平公主和太子隆基之间，各结朋党，互相倾轧。延和元年(712)七月有彗星异象，太平公主使术者言于睿宗，谓星象主除旧布新，皇太子当为天子。太平公主之原意是暗指太子将有逼宫之事，以挑拨睿宗父子关系，孰料，睿宗竟决意禅位，此举出乎太平公主意料之外。太平公主在谏阻无效后，只好劝睿宗虽退位，犹自总大政。因此，睿宗退位后，称太上皇帝[33]，自称朕，三品以上除授及大刑政，仍由太上皇帝裁决。太子隆基即位为帝(即玄宗)，自称予，改元先天。有别于高祖退位后称太上皇而无为，睿宗是以太上皇帝的身份，总理万机大政。此时的赦宥恩典等，当然是出自太上皇帝。先天二年(713)三月，太上皇帝鉴于阳和布德，乃下诏京城内见禁囚，除死罪以外，一律放免。先天二年七月三日，玄宗以迅雷手段，铲除太平公主和宰相窦怀贞、萧至忠等党羽。政变后的大赦，也是由太上皇帝下诰颁布的。四日，太上皇帝归政皇帝；六日，玄宗下诏大赦天下，象征治世的正式展开。

玄宗发动政变逼迫父皇交出政权，岂料，十数年后，玄宗亦遭太子逼迫而内禅。

玄宗天宝十四年(755)十一月，安禄山兴师叛唐。次年六月，叛军攻陷潼关，玄宗仓皇幸蜀，太子亨北走灵武。七月十二日，在灵武将士敦促下，太子登基为帝，是为肃宗，遥尊玄宗为“上皇天帝”，下诏大赦天下。八月初一，玄宗至成都，大赦天下。玄宗这次大赦，并非以太上皇的身份所颁布，盖肃宗所奉表是在次日的八月初二始达成都，所以，玄宗下诏大赦时，仍未得悉太子登基之事。八月初六，玄宗称上皇，诏称诰。初八日，上皇临轩册肃宗，册命曰：“朕称太上皇，军国大事先取皇帝处分，后奏朕知”(《旧唐书·玄宗纪下》，第234页)。玄宗逊位后，正式退出政治舞台，此后的军国大政和赦宥恩德，都非上皇所能干涉了。

唐代最后一次内禅，发生在顺宗朝。

贞元二十一年(805)二月，德宗驾崩，太子诵继位，是为顺宗。不幸，顺宗

---

[33] 睿宗禅位后的称号，据《旧唐书·睿宗纪》作“太上皇帝”，但据《新唐书·睿宗纪》和《资治通鉴》卷210“(唐)玄宗先天元年八月庚子”条则作“太上皇”。若以北朝以来的用法，睿宗既仍掌控军国大政，其称号当做“太上皇帝”为是。

早在贞元二十年(804)时中风,不能言语,二月登基以来,病况日益恶化,“上即位已久,而臣下未有亲奏对者”[34],东宫旧属王叔文、王伾等专行断决,并拔擢柳宗元、刘禹锡等,形成了新的执政团体。然而,宦官俱文珍素恶王叔文,乃利用顺宗病重,在贞元二十一年(805)四月策划立顺宗长子纯为太子,建立另外一个权力中心。对于病重的顺宗而言,册立储君以安人心,实属必要,但对于王叔文的专权来讲,无疑是一大打击。不久,王叔文丁母忧去职,王伾中风,顺宗病情进一步恶化,王叔文党的失败已是不可避免。七月二十八日,在俱文珍、太子纯合力策动下,顺宗命太子监国,八月四日,顺宗被迫传位太子,退居太上皇,八月九日举行册立皇帝大典。

值得注意的是,在逊位第二天的八月五日,太上皇下诰,云:

> 国有大命,恩俾惟新,宜因纪元庆典,用覃在宥之泽。改贞元二十一年为永贞元年。自贞元二十一年八月五日昧爽以前,天下应犯死罪,特降从流,流已下递减一等。[35]

一般而言,新君改年号都是在登基后的第二年,顺宗在位未逾年,自然不能与之前的君主相提并论,然而,假若顺宗想要拥有自己的年号,为何不在还是皇帝身份时改元呢?笔者臆测,顺宗遭到太子逼迫逊位,内心难免哀伤怨恨,因此,趁儿子尚未经过册立大典,仍然无法改元降赦之际,马上改年号,降德音,使得太子纵使登基,仍得被迫在永贞年号下统治一段日子。而且,改元降罪一向都属皇帝专属的恩德,顺宗的作为无疑是在重申自己的统治,隐含着与新君抗衡的意味。也许,宪宗受到这样消极的抵制,为免夜长梦多,变生肘腋,乃在太上皇宣布改元的第二天,立即贬谪王伾为开州司马,王叔文为渝州司户,驰驿发遣。[36]

综合而言,皇帝内禅一般分为两种类型,第一种类型是出于皇帝意愿,主动逊位内禅。皇帝禅位的理由,或基于能让继承人顺利接掌大位(如北魏献文

---

[34] (唐)韩愈著,马其昶校注、马茂元整理:《顺宗实录》,收入《韩昌黎文集校注》卷3,上海:上海古籍出版社1987年版,第705页。

[35] 韩愈:《顺宗实录》卷5,第720页。

[36] 韩愈:《顺宗实录》卷5,第721页。

帝、北齐武成帝),或因为无心朝政(如唐睿宗),但不管如何,由于是自愿逊位,所以逊位后都保有“皇帝”名号,只是在皇帝前加上“太上”或“天元”而已。太上皇帝有别于太上皇,仍是掌握万机大政,并且仍以太上皇帝的名义,继续颁降大赦德音。第二种类型是非出于皇帝意愿,是被政变夺权,不得已而禅位。由于是被迫逊位,所以,逊位后已经失去政治权力,其称号是“太上皇”而非“太上皇帝”。至于专属于皇帝的大赦德音,自然与这些高居无为、不统天下的太上皇无关了。

三、册太子

皇室喜庆中与恩赦最为相关的,除了前述践祚登基以外,册立储君也是重要一项。北朝隋唐的恩赦,不少是因册立太子而颁布的,两者的关系可参看表2-2。

北魏的嘉礼恩赦,排除践祚不算,最常见的肆赦背景应是皇子(孙)生。北魏十二个帝王,曾有八个因皇子或皇孙生而大赦。这代表什么意义?因皇子生而行赦宥,与民同庆,首开此一赦例的是曹魏明帝太和五年[37],拓跋氏经常学步曹魏[38],未知因皇子生而大赦的作风,是否亦是沿袭曹魏的成例。这里所谓“皇子”乃指皇长子,考元魏皇室婚配生育年龄甚早[39],道武帝二十三岁生子,史书竟谓“太祖晚有子”(《魏书·太宗纪》,第49页),宣武帝生子时亦二十三岁,“但自以春秋长矣”(《魏书·宣武灵皇后传》,第337页),而北魏竟有八位君主是在位期间才诞下皇长子,其实正反映出魏帝经常是冲龄登基(见表2-3)。

---

[37] 参看拙著:《魏晋南朝恩赦制度的探讨》,第48页。

[38] 参看何德章:《北魏国号与正统问题》,《历史研究(京)》1992年第3期。据何氏研究,拓跋珪登基的过程几乎是随曹氏之后亦步亦趋的。

[39] 参看周一良:《魏晋南北朝史札记·魏书札记》“晚有子”条,第310—311页。

表 2-2 北朝隋唐立储与恩赦关系表

朝代	帝系	登基时间	太子	行次	出生时间	出生恩赦	立储时间	立储恩赦	结局
	道武帝	386 登国 1	无						
	明元帝	409 天赐 6.10	无						
	太武帝	423 泰常 8.11	拓跋晃	长子	428 神䴥 1	无	432 延和 1.1	大赦	正平元年(451)卒
	文成帝	452 正平 2.10	弘	长子	454 兴光 2.7	大赦改元	456 太安 2.2	大赦	登基,即献文帝
	献文帝	465 和平 6.5	宏	长子	467 皇兴 1.8	大赦改元	469 皇兴 3.6	无	登基,即孝文帝
北	孝文帝	471 皇兴 5.8	恂	长子	483 太和 7.闰 4	大赦	493 太和 17.7	赐爵	太和二十年(496)被废
			恪	次子	483 太和 7.闰 4	元	497 太和 21.1	赐爵	登基,即宣武帝
	宣武帝	499 太和 23.4	昌	长子	506 正始 3.1	大赦			永平元年卒
魏			诩	次子	510 永平 3.3	大赦	512 延昌 1.10	无	登基,即孝明帝
	孝明帝	515 延昌 4.1	无						
	孝庄帝	528 武泰 1.4	无						
	前废帝	531 建明 2.2	无						
	后废帝	531 建明 2.10	无						
	孝武帝	532 中兴 2.10	无						
东魏	孝静帝	534 永熙 3.10	长仁	不详	不详	不详	549 武定 7.8	大赦	不详
西	文帝	535 大统 1.1	元钦	长子	不详	不详	535 大统 1.1	不详	登基,三年被废
	废帝	551 文帝 17.3	不详						
魏	恭帝	554 废帝 3.1	不详						

（续表）

朝代	帝系	登基时间	太子	行次	出生时间	出生恩赦	立储时间	立储恩赦	结局
北	文宣帝	550 武定 8.5	高殷	长子	545 武定 3	无	550 天保 1.6	曲赦＋降罪	登基，次年被废
	废帝	559 天保 10.10	无						
	孝昭帝	560 乾明 1.8	高百年	次子	不详	无	560 皇建 1.11	无	河清三年（564）为武成帝所杀
齐	武成帝	561 皇建 2.11	高纬	长子	556 天保 7.5	无	562 河清 1.1	大赦	登基，即后主
	后主	565 天统 1.4	高恒	长子	570 武平 1.6	无	565 武平 1.10	无	登基，即幼主
北	孝闵帝	557 恭帝元.12	无						
	明帝	557 孝闵元.9	无						
	武帝	560 武成 2.4	宇文赟	长子	559 武成 1	无	572 建德 1.4	大赦	登基，即宣帝
周	宣帝	578 宣政 1.6	宇文衍	长子	573 建德 2.6	无	579 大成 1.1	无	登基，即静帝
	静帝	578 大象 1.2	无						
隋	文帝	581 大定 1.2	杨勇	长子	不详	无	581 开皇 1.2	无	开皇二十年（600）被废
			广	次子	568 北周天和 3	无	600 开皇 20.11	无	登基，即炀帝
	炀帝	604 仁寿 4.7	昭	长子	579 北周大象 1	无	605 大业 1.1	无	大业二年（606）卒
唐	高祖	618 隋义宁 2.5	李建成	长子	589 隋开皇 9	无	618 武德 1.6	无	武德九年（626）被秦王世民所杀
			世民	次子	598 隋开皇 18.12	无	626 武德 9.6	无	登基，即太宗
	太宗	626 武德 9.8	承乾	长子	691 武德 2	无	626 武德 9.10	无	贞观十七年（643 被废）
			治	九子	628 贞观 2.6	无	643 贞观 17.4	大赦	登基，即高宗
	高宗	649 贞观 23.6	忠	长子	643 贞观 17	无	652 永徽 3.7	大赦＋赐勋	显庆元年（656）废为梁王
			弘	五子	652 永徽 3	无	656 显庆 1.1	大赦改元	上元二年（675）暴卒
			贤	六子	653 永徽 4	无	675 上元 2.6	大赦	调露二年（680）废为庶人，文明元年（684）被杀
			显	七子	显庆 1.11	无	680 调露 2.8	大赦改元	登基，即中宗
	中宗	705 神龙 1.1	重俊	三子	不详	无	706 神龙 2.7	无	神龙三年（707）兵败自杀
			重茂	四子	698 圣历 1	无	710 景龙 4.6	无	景龙四年（710）六月登基，旋让位，开元二年（714）卒

（续表）

朝代	帝系	登基时间	太子	行次	出生时间	出生恩赦	立储时间	立储恩赦	结局
唐	睿宗	710 唐隆 1.6	隆基	三子	685 垂拱 1.8	无	710 景云 1.7	大赦改元	登基,即玄宗
	玄宗	712 延和 1.6	瑛	次子		无	715 开元 3.1	降罪	开元二十五年(737)废为庶人
			亨	三子	711 景云 2.9	无	738 开元 26.6	七月大赦	登基,即肃宗
	肃宗	756 天宝 15.7	豫	长子	726 开元 14.12	无	758 乾元 1.4㊵	无	登基,即代宗
	代宗	762 宝应 1.4	适	长子	742 天宝 1.4	无	764 广德 2.2	无	登基,即德宗
	德宗	779 大历 14.5	诵	长子	761 上元 2.1	无	780 建中 1.1㊶	无	登基,即顺宗
	顺宗	805 贞元 21.1	纯	长子	778 大历 13.2	无	805 贞元 21.5	六月曲降京师	登基,即宪宗
	宪宗	805 永贞 1.8	宁	长子	739 贞元 9	无	807 元和 4.10	降罪	元和六年(809)卒
			恒	三子	795 贞元 11.7	无	810 元和 7.10㊷	降罪	登基,即穆宗
	穆宗	820 元和 15.闰 1	湛	长子	809 元和 4.6	无	822 长庆 2.12	降罪	登基,即敬宗
	敬宗	824 长庆 4.1	无			无			
	文宗	826 宝历 2.12	永	长子	不详	无	832 大和 6.10	无	开成三年(838)卒
			成美	敬宗六子		无	839 开成 4.10	无	开成五年(840)被杀
	武宗	840 开成 5.1	无			无			
	宣宗	746 会昌 6.3	漼	长子	833 大和 7.11	无	859 大中 13.8	无	登基,即懿宗
	懿宗	859 大中 13.8	儇	五子	862 咸通 3.5	无	873 咸通 14.7	无	登基,即僖宗
	僖宗	873 咸通 14.7	无			无			
	昭宗	888 文德 1.3	裕	长子		无	897 乾宁 4.2	大赦	天祐元年(904)卒
	哀帝	904 天祐 1.8	无			无			

㊵ 《旧唐书·代宗纪》作四月。

㊶ 《顺宗实录》、《旧唐书·顺宗纪》皆作建中元年正月。《旧唐书·德宗纪》、《新唐书·德宗纪》、《新唐书·顺宗纪》皆作大历十四年十二月。

㊷ 《旧唐书·宪宗纪》作元和七年六月乙亥;《新唐书·宪宗纪》作七年七月乙亥。

表 2-3　北魏诸帝登基及驾崩年龄表

帝号	道武	明元	太武	文成	献文	孝文	宣武	孝明	孝庄	前废	后废	孝武
登基年岁	15	18	15	14	12	5	16	6	22	34	19	23
驾崩年岁	39	32	45	26	23	33	33	19	24	35	20	25

假如排除孝庄以下四位被权臣拥立的傀儡皇帝不算，检视北魏自道武帝以下诸帝登基年龄，会发现即位时年纪最大的是明元帝，也不过只有十八岁而已，像孝文帝、孝明帝登基时更只是五六岁的小孩。君主幼小登基，多少肇因于皇帝盛年驾崩。北魏十二位君主中，只有太武帝驾崩时年过四十，其他的大多二三十岁壮年逝世，直接造成继承人大多年纪幼小。其实，如果再追究下去，当可发现北魏君主多不永年的原因，与北魏君主经常死于非命有关。孝庄至孝武四帝，北魏大政已落于权臣之手，名存实亡，君主死于非命，自然不感意外，但即使道武至孝明等八个皇帝，亦有一半是遭人毒手：道武帝为清河王绍所弑，太武帝为宗爱所弑，献文帝和孝明帝则疑似遭冯太后和胡太后所害。君主冲龄即位，很容易造成母后临朝或外戚干政的局面，文明太后冯氏和灵太后胡氏的崛起都是因幼主登基，而提供了客观有利环境。

因皇子生而大赦，在北齐和北周时期便很少看到了，最主要是不存在这样的条件。北魏会发生八次因皇子生而大赦，原因是皇帝冲龄登基，北齐北周的君主在即位时，一般都已成年，早有子嗣，所以，除非像北齐后主这类幼主，否则不会出现登基后才有皇子生的情形了。

南朝的皇帝很重视立太子，一般在登基半年内即确定储贰之位，并且，经常为了立太子、太子冠、太子婚等太子的喜庆而大赦，其原因笔者认为可能是鉴于篡弑频繁，太子地位不稳，皇帝借太子的喜庆大赦，将太子“拟皇帝化”，以加强皇太子的威望。[43] 反观北朝，北魏时期鲜少为了太子的喜庆而赦，即使是立太子，亦很少看到皇帝因而大赦。皇帝经常因长子生而赦，却不会为了册立太子而赦，为什么？或许是由于北魏不重嫡庶，只要是长子就笃定是太子，因而只要是皇子生则储贰有寄，反而册立太子只是一个形式而已，所以皇子生要

---

[43] 参看拙著：《魏晋南朝恩赦制度的探讨》，第 92—95 页。

大赦与兆民同庆,立太子反而不必要了。

北齐、北周因立太子而赦亦不多,北齐史上有两次为了立储而施恩的记录,一次是文宣帝高洋,一次是武成帝高湛。北齐自高洋篡夺开始,帝位就不稳,所以即位时马上确定储位,并为此曲赦畿内,类似的考虑亦发生在武成帝之时。北周一直到武帝建德元年(572)四月,才首次册立太子,附表一编号222的大赦就是因此而颁布的。北周一直储位虚悬,是由于建德以前权臣宇文护长期秉政,独揽大权,自然不愿早定帝位继承人,因而,建德以前都没有立过太子。[44] 综观北朝,因太子立而赦的次数,远低于南朝。

杨隋不论是文帝抑或是炀帝,都在君主践位之初,即刻册立储君,只是都没有因立储而有任何的赦宥,或许是由于立储与登基时间过于接近,不宜再赦。不过,立储而无恩赦,在北朝倒是屡见不鲜。李唐继承了杨隋以来的做法,一般说来,君主都在即位之初,便确立储位。高祖即位的同时册立太子建成;太宗登基之初,册立太子承乾;睿宗践位同时册立太子隆基。然而,有别于隋朝的不赦,唐代立储之时,大多有赦,而且经常是效力最强的大赦,这种情况始于太宗贞观十七年(643)废太子承乾,更立晋王治为储君的时候,史称:

> 贞观十七年四月丙戌,立晋王为皇太子。是日帝御承天门楼,大陈仗卫,文武百辟列于外,京邑士女重叠而观者,皇城街悉满,当道中树金鸡,大赦天下。[45]

嗣后,高宗四度立储,都曾大赦,甚至还有伴随改元的。显然,皇帝尽早确立太子,将使储贰有寄,杜绝诸子觊觎。另一方面,在册立太子同时大赦、改元,无疑是借此昭告天下储君的诞生,加强太子的威望。

众所周知,自"玄武门之变"太宗夺嫡成功后,为子孙留下不良示范,以为储位可以经求而得。所以,纵使太子已立,但诸子仍不死心,继续排挤倾轧,结果,储位不稳,"安史之乱"以前,太子被废被杀的例子竟有七个之多。不过,储位不稳非由于君权不稳,太子的废立仍是出于皇帝的意志,这与北齐的状况大

---

[44] 其实,在高欢和宇文泰专断下的东西魏朝廷,都没有立储,因为一旦立储,帝位早定,太子经过相当时日的栽培,威望渐著,不利权臣的专政篡夺。

[45] 《册府元龟》卷84"帝王部·赦宥三",第7a页。

不相同。

唐代早定储位以及随之恩赦的习惯，在“安史之乱”以后，为之一变。肃宗、代宗、德宗在册立太子时，都没有恩赦。立储而有恩赦的，只有顺宗、宪宗、穆宗三帝而已，纵使降赦，也是效力次于大赦的降罪。这种情形大异于肃宗以前，应当如何解释呢？个人臆测，肃宗以降鲜少为了册立太子而恩赦，应当与中唐以前内禅频繁，造成君父对于太子日渐猜防有关。前文已经述及，太宗、玄宗以及肃宗本人，都是发动政变，内禅登基，若再加上神龙元年中宗复辟以及少帝让位相王旦等，中唐以前竟有五次让位，而其中四次，包括肃宗在内都是以皇太子身份逼宫。因此，君主虽早定储位，但另一方面，又不希望储君威望过高，所以，立储时不再恩赦，纵然要赦，也是颁降效力较弱的降罪而已。

进一步来讲，自德宗朝宦官掌控了中央神策禁军后，宦官直接操弄帝位的继承，人君受制家奴，皇权虚弱，连带造成储君地位更加低落。晚唐以太子身份入继大统的，只有敬宗一人而已。文宗晚年病重时，立陈王成美为太子，显然是刻意安排其继位，但最终宦官迎立文宗弟颍王瀍登基。武宗朝以后，除了昭宗例外，皇帝甚至连储君都没有册立。宣宗朝的太子漼和懿宗朝的太子儇，其实都是宫内权阉在皇帝弥留之际拥立，迥异于以前君主册立的皇太子。人君受制家奴，皇位继承一任宦官决定，储君的册立已经失去意义，为了立储而肆赦遂不复再见。

四、加尊号

君主在位期间，为自身加上特别的称号，以彰显尊荣伟大，最早当数秦王嬴政自号曰“皇帝”。嗣后，偶然有皇帝别出心裁，为自己设计特殊的称号，譬如，汉哀帝自号为“陈圣刘太平皇帝”，北周宣帝自号为“天元皇帝”等。不过，这些举动都只是个别君主随兴所为，还没有制度化。有唐一代，皇帝前后三十五次加尊号㊻，其中有二十六次加尊号礼毕，大赦天下，二者关系密切。皇帝所

㊻ 关于唐代君王的“尊号”，日本学者户崎哲彦氏有系列研究，值得参考。《唐诸帝号考(上下)》，《彦根论丛》264 号、266 号(长崎，1990)；《唐代君主号制度に由来する“尊号”とその别称》，《彦根论丛》270 号、271 号(1991)；《唐代皇帝受册尊号の复元(上下)》，《彦根论丛》272 号、273 号、274 号(1991)；《唐代尊号制度の构造》，《彦根论丛》278 号(1992)。

加尊号的含义是什么？册尊号礼仪的过程又如何？皇帝借加尊号希望达到什么目的？关于唐代皇帝所加尊号和谥号，可参看表2-4、表2-5。

表2-4　唐代加尊号和大赦关系表

帝号	时间	月份												尊号	备注
		1	2	3	4	5	6	7	8	9	10	11	12		
太宗	贞观4 630				○									天可汗	诸蕃所上
高宗	咸亨5 674								⊕					天皇	
武后	垂拱4 688					○		+						圣母神皇	
	天授1 690									⊕				圣神皇帝	
	长寿2 693									⊕				金轮圣神皇帝	
	长寿3 694					⊕								越古金轮圣神皇帝	
	证圣1 695	⊕												慈氏越古金轮圣神皇帝	
	证圣1 695									⊕				天册金轮大圣皇帝	久视元年废除尊号
	神龙1 705	○												则天大圣皇帝	中宗奉尊号
中宗	神龙1 705											⊕		应天皇帝	
	神龙3 707									⊕				应天神龙皇帝㊼	
玄宗	先天2 713											○	+	开元神武皇帝	十二月改元开元大赦
	开元27 739		⊕											开元圣文神武皇帝	
	天宝1 742	○	+											开元天宝圣文神武皇帝	
	天宝7 748					⊕								开元天宝圣文神武应道皇帝	
	天宝8 749						⊕							开元天地大宝圣文神武应道皇帝	
	天宝13 754		⊕											开元天地大宝圣文神武证道孝德皇帝	

㊼ 《唐会要》作八月，《唐大诏令集》卷7《应天神龙皇帝册文》作九月，今从《唐大诏令集》。

（续表）

帝号	时间	月份												尊号	备注
		1	2	3	4	5	6	7	8	9	10	11	12		
玄宗	至德 3 758	○	+											太上至道圣皇天帝	肃宗所奉
肃宗	至德 3 758	○	+											光天文武大圣孝感皇帝	太上皇所册
	乾元 2 759	○												乾元大圣光天文武孝感皇帝	上元二年去
代宗	宝应 2 763							⊕						宝应元圣文武孝皇帝	改元广德
德宗	建中 1 780	⊕												圣神文武皇帝	兴元元年正月去
顺宗	元和 1 806	○												应乾圣寿太上皇	宪宗所奉
宪宗	元和 3 808	⊕												睿圣文武皇帝	
	元和 14 819							⊕						元和圣文神武法天应道皇帝	
穆宗	长庆 1 821							⊕						文武孝德皇帝	
敬宗	宝历 1 825				⊕									文武大圣广孝皇帝	
武宗	会昌 2 842				⊕									仁圣文武至神大孝皇帝	
	会昌 5 845	⊕												仁圣文武章天成功神德明道大孝皇帝	
宣宗	大中 2 848	⊕												圣敬文思和武光孝皇帝	
懿宗	咸通 3 862	⊕												睿文明圣孝德皇帝	
	咸通 12 871	⊕												睿文英武明德至仁大圣广孝皇帝	
僖宗	乾符 2 875	⊕												圣神聪睿仁哲明孝皇帝	
	光启 1 885					⊕								至德光烈皇帝	
昭宗	大顺 1 890	⊕												圣文睿德光武弘孝皇帝	

○号指加尊号　+号指大赦　⊕号指加尊号兼且大赦

表 2-5 唐代皇帝谥号表

帝号	加谥号时间			谥号
	公元	纪年	年月日	
高祖	635	太宗贞观	9.10.27	大武皇帝
	674	高宗咸亨	5.8.15	神尧皇帝
	749	玄宗天宝	8.6.15	神尧大圣皇帝
	754	玄宗天宝	13.2.9	神尧大圣大光孝皇帝
太宗	649	高宗贞观	23.8.18	文皇帝
	674	高宗咸亨	5.8.15	文武圣皇帝
	749	玄宗天宝	8.6.15	文武大圣皇帝
	754	玄宗天宝	13.2.9	文武大圣大广孝皇帝
高宗	684	睿宗文明	1.8	天皇大帝
	749	玄宗天宝	8.6.15	天皇大圣皇帝
	754	玄宗天宝	13.2.9	天皇大圣大弘孝皇帝
武后	706	中宗神龙	2.5.18	则天大圣皇后
	710	睿宗唐隆	1.7.7	天后
	710	睿宗景云	1.10.18	大圣天后
	712	睿宗延和	1.6.17	天后圣帝
	712	玄宗延和	1.8.5	圣后
	716	玄宗开元	4.12	则天后
	749	玄宗天宝	8.6.15	则天顺圣皇后
中宗	710	睿宗景云	1.11.2	孝和皇帝
	749	玄宗天宝	8.6.15	孝和大圣皇帝
	754	玄宗天宝	13.2.9	孝和大圣大昭孝皇帝㊽
睿宗	716	玄宗开元	4.10.28	大圣玄真皇帝
	749	玄宗天宝	8.6	玄真大圣皇帝
	754	玄宗天宝	13.2	玄真大圣大兴孝皇帝
玄宗	763	代宗宝应	2.3.18	至道大圣大明孝皇帝
肃宗	763	代宗宝应	2.3.27	文明武德大圣大宣孝皇帝
代宗	779	德宗大历	14.10.13	睿文孝武皇帝
德宗	805	顺宗贞元	21.10	神武孝文皇帝
顺宗	806	宪宗元和	1.1.7	至德大圣大安孝皇帝
	849	宣宗大中	3.12	至德弘道大圣大安孝皇帝
宪宗	820	穆宗元和	15.5	圣神章武孝皇帝
	849	宣宗大中	3.12	昭文章武大圣至神孝皇帝

㊽ 《两唐书·中宗纪》皆作“大和大圣大昭孝皇帝”。

（续表）

帝号	加谥号时间			谥号
	公元	纪年	年月日	
穆宗	824	敬宗长庆	4.11.15	睿圣文惠孝皇帝
敬宗	827	文宗大和	1.7.13	睿武昭愍孝皇帝
文宗	840	武宗开成	5.8.19	元圣昭献孝皇帝
武宗	846	宣宗会昌	6.8.3	至道昭肃孝皇帝
宣宗	860	懿宗大中	14.2.15	圣武献文孝皇帝
	872	懿宗咸通	13.12	元圣至明成武献文睿智章仁神聪懿道大孝皇帝
懿宗	874	僖宗咸通	15.2.5	睿文昭圣恭惠孝皇帝
僖宗	888	昭宗文德	1.10.27	惠圣恭定孝皇帝
昭宗	905	哀帝天祐	2.2.20	圣穆景文孝皇帝

本表据《唐会要》卷一“帝号上”、卷二“帝号下”编制而成

（一）太宗、高宗朝的尊号

唐代加尊号之事，应始于贞观四年（630），太宗讨平突厥，四夷君长请上尊号“天可汗”，嗣后，太宗赐西北君长玺书皆称“天可汗”。不过，太宗这个尊号是对西北胡族而用，对中国境内仍是大唐天子。所以，太宗“天可汗”尊号的性质，与以后皇帝尊号的性质，颇有不同。咸亨五年（674）八月十五日，高宗追尊高祖为“神尧皇帝”，太宗为“文武圣皇帝”。并为了“避先帝、先后之称”（《资治通鉴》卷202“（唐）高宗咸亨五年八月壬辰”条，第6372页），乃与皇后武则天一并自号为“天皇”和“天后”。高宗加尊号后，大赦天下，改元上元。高宗所加“天皇”尊号，是以“天”彰显君王的伟大，这种形式的尊号北周宣帝早已使用。

（二）武后时期

唐代加尊号制度的确立，与武则天专政和称帝密切相关。睿宗垂拱四年（688）四月，武后侄子武承嗣伪造了一块刻有“圣母临人，永昌帝业”的瑞石，置于洛水。不久，使人取出献于朝廷，武后大悦，号曰“宝图”。五月，武后加尊号为“圣母神皇”。六月十六日，作神皇三玺。七月，大赦天下，整个洛水宝图祥瑞行动才告一段落。武氏别出心裁地加号为“圣母神皇”，有几点值得注意：第

一,根据谥法,"民无能名"曰"神","扬善赋简"曰"圣"、"敬宾厚礼"曰"圣"。[49]多年以前,追尊高祖谥号为"神"尧皇帝,太宗为文武"圣"皇帝。如今,武则天将用于高祖、太宗尊号上的"神"与"圣"合于己身。第二,称"圣母",进一步提升太后的地位,而号"神皇",用三玺,故意在太后和皇帝之间增设了一道台阶作过渡,是一种审慎的试探。[50] 第三,武氏虽未称帝,但以神皇的名义,俨然已是九五之尊,次年十一月的《改元载初大赦诏》中,宣布"朕宜以曌为名",可知这次大赦并非以睿宗的名义,而竟是以神皇的名义颁布!大赦乃皇帝专属的恩德,由皇帝(或太上皇帝)以外的人所颁布的大赦,历史上并不多见。武后在加神皇以前,实质上已君临天下;加尊号以后,甚至连名义上都取代了睿宗皇帝。

武则天拜洛受图,无疑是假借《易·系辞上》:"河出图,洛出书,圣人则之"为理论依据,伪造洛书这样的大祥大瑞,以作为太后长久临朝的天意。武氏托儒家经典为基础,以圣母这样的母亲名分临朝,完全符合儒家的伦理价值。然而,倘若武氏希望更上层楼,登九五大位,儒家经典中"牝鸡无晨。牝鸡之晨,惟家之索"(《尚书·牧誓》),"妇无公事,休其蚕织"(《诗·大雅·瞻卬》)等观念,对武后称帝肯定是一大障碍。因此,太后势必要在儒家以外,寻找其他理论的依据,佛教《大云经疏》的颁布遂应运而生。《大云经》云净光天女,"当王国土,得转轮王……女既承正,威伏天下。阎浮提中所有国王,悉来奉承,无违拒者。"[51]僧怀义、法明等为《大云经》作疏[52],将武氏极力比附《大云经》中的女主,倡言"太后乃弥勒佛下生,当代唐为阎浮提主"(《资治通鉴》卷204"(唐)则天后天授元年七月末"条,第6466页)。武后终于在佛经中寻找到女子为王的理论依据,乃将《大云经疏》颁于天下。

武氏借助佛教女子可以为王的说法,篡唐建周,称帝后加尊号为"圣神皇帝",这个尊号沿续了武后对"圣"和"神"的偏好,仍是儒家色彩的尊号。长寿

---

[49] 关于谥号的解释,皆据张守节:《史记正义·谥法解》。

[50] 胡戟:《武则天本传》,西安:三秦出版社1994年版,第80页。

[51] 《大方等无想经》卷4及卷6,收入《大正新修大藏经》卷12,台北:新文丰1983年版。

[52] 赵文润、王双怀等著:《武则天评传》,西安:三秦出版社1988年版,第181—184页。其实,据学者考证:《大云经疏》中也改造和利用了道教的图谶。参看卿希泰主编:《中国道教史》,成都:四川人民出版社1992年版,第68—69页。

二年(693),武后称帝后的第四年,有印度僧人菩提流志译出《宝雨经》十卷,《宝雨经》中叙述了释迦告"日光天子",当在佛涅槃后二千年,到东北方摩诃支那国作菩萨,现女身,为自在主。[53] 武后得到译本后,大喜过望,以《宝雨经》传达的佛意,为女子称帝找到另一番的依据。这年九月九日,武则天加尊号为"金轮圣神皇帝",一方面保留了"圣神"二字;另一方面,新加上的"金轮",显然是利用当时流行的"转轮王"信仰,假托"金轮王"下凡[54],称帝完全是佛的安排。长寿三年(694)五月甲午,加尊号为"越古金轮圣神皇帝",新增"越古"二字,应当是前无古人的意思。证圣元年(695)一月初一,又加号为"慈氏越古金轮圣神皇帝","慈氏"即弥勒佛,梵语 Maitreya,译作慈氏。弥勒净土的信仰,在六朝隋唐时期甚为盛行,此时武后的尊号,除了"转轮王"以外,再加上"弥勒佛",武后加尊号后,大赦并改元证圣。然而不久,明堂火灾,武氏手诏责躬。二月,武氏去"慈氏越古"之号。证圣元年九月九日,武后在合祭天地于南郊以后,加尊号为"天册金轮大圣皇帝"。这是武后一生最后一个自加的尊号,这个尊号在久视元年(700)五月大赦改元后,废弃不用,只称皇帝。

武氏以女子称帝,篡唐建周,为了提升君主统治的权威,加强统治的正当性,乃别出心裁,借助当时盛行的佛教信仰,假托为转轮王和弥勒佛转世,六度自加尊号,可谓前无古人。唐代皇帝加尊号之事,遂正式确立下来。

(三)玄宗朝的尊号

神龙元年(705)正月,中宗复位,二月,恢复唐制,不过,对武后加尊号之制,则依旧保留。十一月,皇帝加尊号为"应天",皇后尊号为"顺天",并亲谒太庙,告受徽号之意。"应天皇帝"、"顺天皇后"等名号,其实很类似高宗和武后昔年"天皇"、"天后"的称呼。神龙三年(707)九月,中宗再加尊号为"应天神龙皇帝",这是首个加上年号的尊号,嗣后经常看到。

延和元年(712)八月,出乎太平公主意料之外的,睿宗竟然禅位太子隆基。此时,值得注意的是,武则天谥号的变化。武后死于神龙元年十二月,神龙二

[53] 《宝雨经》卷 1,收入《大正新修大藏经》卷 16。

[54] 根据佛经的说法,菩萨应世的转轮圣王,分金、银、铜、铁四级。金轮王是坐金轮子的车子,统治四天下。

年(706)五月葬乾陵时,谥曰"大圣皇后",可见中宗是将武则天定位为皇后而非皇帝。睿宗唐隆元年(710)七月改称"天后",景云元年(710)十月改称"大圣天后",延和元年六月又改称"则天后"。不管名称如何变化,武后的地位仍是皇后。然而,延和元年八月庚子日,皇帝登基,两天后,武则天的尊号又改为"圣帝天后",兼具了"帝"与"后"两重身分。这是武则天死后,首度被承认具有"帝"的身分,或许这是野心勃勃的太平公主,有意凸显母亲女子为帝的事实。

先天二年(713)七月,太上皇帝归政,玄宗正式掌控大权,十一月加尊号为"开元神武皇帝";十二月,玄宗大赦,并改先天年号为"开元",在在都显示治世的展开。玄宗"开元神武皇帝"这个尊号一直使用到开元二十七年,才再加尊号为"开元圣文神武皇帝"。皇帝虽一再谦称"圣文之名,称号所极"[55],"况太宗、睿宗俱称圣谥,余末小子,安敢同之"[56]。一再推却加"圣文"二字[57],但最终还是仿效武则天"圣神"兼用,并且开创尊号的新例,文、武并称。从这个尊号的使用,已看出玄宗对于自己近三十年的统治,感到志得意满。在往后的十多年间,竟四度更新尊号。

天宝元年(742)以降的尊号,显得越来越有道教的气息。道教始祖老子据说姓李,李唐皇族因而攀附为老子苗裔,自高祖建唐以来,尊崇老子乃朝廷一贯政策。高宗乾封元年,追尊老子为"太上玄元皇帝",开元二十九年(741),玄宗图写玄元皇帝真容置诸州。天宝元年(742)二月所加"开元天宝圣文神武皇帝"尊号,也是因道教的缘故。史称:

> (天宝元年正月)甲寅,陈王府参军田同秀,上言:"见玄元皇帝于丹凤门之空中,告以'我藏灵符,在尹喜故宅。'"上遣使于故函谷关尹喜台旁求得之。壬辰,群臣上表,以"函谷灵符,潜应年号,先天不违,请加尊号'天宝'字。"从之。(《资治通鉴》卷215"(唐)玄宗天宝元年正月甲寅"条,第

---

[55] 《唐大诏令集》卷6《答再请表》,第32页。

[56] 《唐大诏令集》卷6《答朝集使蒋钦绪等上尊号诏》,第31页。

[57] 《旧唐书》卷8《玄宗纪上》云:"是岁(开元十八年),百僚及华州父老累表请上尊号内请加'圣文'两字,并封西岳,不允。"第196页。

6852 页）

可知新尊号就是因为函谷出老子灵符之故。

天宝二年(743)正月，玄宗进一步追尊老子为“大圣祖玄元皇帝”；三月，改西京玄元庙为太清宫，东京为太微宫，天下诸郡为紫微宫。天宝七载(748)三月，大同殿柱产玉芝，有神光照殿，群臣以休祥累见，请曰：

> 殊休应道，已契灵文，景命扬符，宿彰仙箓，则知圣祖以大道授陛下久矣。当以应道答之。[58]

五月，皇帝受册徽号“开元天宝圣文神武应道皇帝”，新加“应道”二字，所应的“道”自然是道教的“道”。天宝八载(749)六月，又更新尊号，史称：

> 太白山人李浑等上言见神人，言金星洞有玉板石记圣主福寿之符，命御史中丞王鉷入仙游谷求而获之。上以符瑞相继，皆祖宗休烈。(《资治通鉴》卷216“(唐)玄宗天宝八载六月”条，第6895页)

玄宗乃追尊高祖、太宗、高宗、中宗、睿宗五帝，皆加号“大圣皇帝”；太穆、文德、则天、和思、昭成等皇后，皆加“顺圣皇后”。这个动作很明显是希望大唐开国以来的皇帝和皇后，能与老子有更密切的关系。[59] 八载闰六月，玄宗又加尊号为“开元天地大宝圣文神武应道皇帝”，新加“大宝”之意，当是《灵宝经》所称的“大宝君者，大洞之尊神，玉皇之正气”[60]。天宝十三载(754)二月，玄宗再加尊号为“开元天地大宝圣文神武证道孝德皇帝”，这个新的尊号将“应道”改为“证道”，仍是明显道教的色彩，不过，值得注意的是新增“孝德”二字，玄宗在自加徽号的同时，亦追谥高祖、太宗、高宗、中宗、睿宗等为“孝皇帝”(其新谥号可参见表2-5“唐代皇帝谥号表”)，为何要谥称“孝皇帝”呢？原来是“以汉家诸帝皆谥孝故也”(《资治通鉴》卷217“(唐)玄宗天宝十三载二月壬申”条，第6924页)。玄宗仿效两汉成规[61]，标榜儒家以孝治天下的理念。天宝晚期，玄

---

[58] 《册府元龟》卷16“帝王部·尊号一”，第5a页。

[59] 《旧唐书》卷9《玄宗纪下》，第223页。另参看卿希泰著：《中国道教思想史纲——隋唐五代北宋时期》，成都：四川人民出版社1985年版，第406页。

[60] 《册府元龟》卷16“帝王部·尊号一”，第5a页。

[61] (唐)刘肃撰，许德楠等点校：《大唐新语》卷7“识量”，北京：中华书局1984年版。

宗的尊号除了一贯的道教色彩外，又回复若干儒家的成分。

（四）中晚唐的尊号

至德三载（757）正月初一，有别于一贯由朝臣上尊号，肃宗由太上皇（即玄宗）册为“光天文武大圣孝感皇帝”，肃宗原先以徽号中有“大圣”二字，上表固让，上皇不允。[62] 乾元二年（759）正月，肃宗再加尊号为“乾元大圣光天文武孝感皇帝”，新的尊号在两年后的上元二年九月，废弃不用，只称皇帝。代宗宝应二年（763）七月，加尊号为“宝应睿文孝武皇帝”。这是代宗在位十八年唯一所加尊号，其称号亦较前朝简短。自肃、代以降，皇帝加尊号的次数大致都只有一二次而已，其名称亦较武后或玄宗朝来得简短。

德宗在建中元年（780）正月初一，改元建中，加尊号“圣神文武皇帝”，改元和加尊号似乎颇有新君始政的意味。然而，“圣神文武皇帝”这个尊号，在四年以后改元兴元时，除去不用，“中外书奏不得言‘圣神文武’之号”（《旧唐书·德宗纪上》）。废去尊号的背景，正是因为“奉天之难”。当时，臣下曾要求德宗另加尊号，但为陆贽谏阻，陆贽以为：

> 今者銮舆播越，未复宫闱；宗祐震惊，尚愆禋祀……（陛下诚宜）痛自贬损，以答谢灵谴。岂可近从末议，重益美名？[63]

又云：

> 况今时遭屯否，事属艰难，尤宜惧思，以自贬抑……与其增美称而失人心，不若黜旧号以祇天戒。[64]

陆贽反对德宗另加尊号的理由，与兴元赦书的撰写原则一致，都是希望德宗能够痛自贬抑、诚心悔疚。德宗最后废弃尊号不用，应当是陆贽劝谏所致。德宗自去尊号以后，不复再加，贞元五年至六年间，百官甚至京城道俗屡次请加徽号，但德宗都一再推辞。[65]

---

[62] 《旧唐书》卷10《肃宗纪》，第251页。

[63] （唐）陆贽：《陆宣公奏议》（国学基本丛书本）卷1《奉天论尊号加字状》，台北：商务印书馆1968年版。

[64] 《陆宣公奏议》卷1《重论尊号状》。

[65] 《旧唐书》卷13《德宗纪下》，第368—370页。

顺宗在位不逾年，被迫内禅，其“应乾圣寿太上皇”尊号是宪宗元和元年(806)正月初一所上。宪宗元和三年正月，加尊号“睿圣文武皇帝”，嗣后，一直到元和十四年(819)始再加尊号。元和十四年(819)，历经朝廷多年征讨，代、德以来强梁难制的方镇，至少表面已归顺中央。这年七月，群臣上尊号“元和圣文神武法天应道皇帝”，皇帝为此大赦天下。原先皇甫镈欲在宪宗尊号中加“孝德”两字，但宰相崔群以为“言圣则孝字在其中矣”。后来，皇甫镈以“(崔)群于陛下惜‘孝德’二字”谮于宪宗，崔群因而被出为湖南观察都团练使。[66]宪宗逼迫父亲让位，实有亏于孝道，可能因此对尊号中“孝德”二字特别敏感。倘若宪宗的尊号加上“孝德”二字，则成“元和圣文神武法天应道孝德皇帝”，与玄宗天宝十三载(754)所加“开元天地大宝圣文神武证道孝德皇帝”尊号，相当类似，不知是否有意将宪宗比附玄宗?

穆宗和敬宗都各有一次加尊号的记录，穆宗在长庆元年(821)七月加号“文武孝德皇帝”，敬宗在宝历元年(825)四月加号“文武大圣广孝皇帝”。文宗在加尊号一事上，则显得相当的谦让。大和六年(832)至七年(833)间，群臣屡次上尊号，或称“文武至德皇帝”，或称“太和文武仁圣皇帝”，然而，文宗或以“阴雪伤和，尚资宽贷”[67]，或以“三川水灾，江淮旱歉，恐非崇饰徽称之时”(《旧唐书·李固言传》，第4378页)，皆辞而不受。开成二年(837)，群臣又上尊号，但自大和九年(835)“甘露之变”后，文宗自感受制家奴，郁郁不乐，甚至自比周赧汉献，对于群臣上尊号事，以“朕思理道犹郁，实愧岳牧之请”(《旧唐书·韦温传》，第4506页)为由，加以推辞。因此，文宗是中唐以来，除了在位不逾年的顺宗和末代的哀帝以外，唯一没有加尊号的皇帝。

武宗在会昌二年(842)四月加尊号“仁圣文武至神大孝皇帝”，会昌五年(845)正月，又加号“仁圣文武章天成功神德明道皇帝”。这次加尊号有两点值得注意:第一，自此以后，皇帝加尊号大抵都在正月举行。第二，这次加尊号原先并无“道”字，是武宗下旨令加之。加“道”字的原因，诚如胡三省所言“是时帝崇信道士赵归真等，至亲受道箓，故旨令群臣于尊号中加‘道’字”(《资治通

---

[66] 《资治通鉴》卷241“(唐)宪宗元和十四年十一月末”条，第7775页。
[67] 《唐大诏令集》卷6《(太和六年)答中书门下上尊号》，第36页。

鉴》卷248"(唐)武宗会昌五年正月己酉"条,第8013页)。加"道"字是因崇信道教之故。不过,尊号一般由臣下拟定,皇帝实不便指示尊号用字,武宗竟对尊号用字横加干涉,颇为奇特。

宣宗于大中二年(848)正月,加号"圣敬文思和武光孝皇帝"。大中三年(849)八月,唐军趁吐蕃内乱,出兵收复"三州七关"之地[68],这是"安史之乱"以来,唐军对吐蕃最辉煌的战绩,群臣上奏宣宗请加徽号,但宣宗以为"河、湟收复,继成先志,朕欲追尊祖宗,以昭功烈"(《旧唐书·宣宗纪》,第626页)。遂追谥顺宗曰"至德弘道大圣大安孝皇帝";宪宗追谥曰"昭文章武大圣至神孝皇帝"[69]。四年(850)正月,为此大赦天下。宣宗对乃父(宣宗李忱为宪宗第十三子)相当孺慕崇拜,史称"上至孝,动遵元和故事"[70],甚至"追感元和旧事,但闻是宪宗朝卿相子孙,必加擢用"[71]。对于元和逆党,更是痛加诛除,使无漏网,穆宗母郭太皇太后之死,据说便与宣宗有关。[72] 可能出于对乃父孺慕之情,不但处处效法宪宗,甚至以原先谥号不足彰显其功业,遂追崇新的谥号。[73]

懿宗在咸通三年(862)正月加号"睿文明圣孝德皇帝",咸通十二年(871)正月又加号"睿文英武明德至仁大圣广孝皇帝"。僖宗在乾符四年(877)正月加号"圣神聪睿仁哲明孝皇帝",光启元年(885)五月又加号"至德光烈皇帝",这次没有依照武宗会昌五年以来正月加尊号的原则,可能是由于三月黄巢乱

---

[68] "三州七关"是指原州、秦州、安乐等三州及石门、驿藏、木峡、制胜、六盘、石峡、萧关等七关。

[69] 顺宗崩于元和元年正月甲申,七月葬丰陵,谥曰"至德大圣大安孝皇帝";宪宗崩于元和十五年正月庚子,五月葬景陵,谥曰"圣神章武孝皇帝"。

[70] (唐)裴庭裕撰;田廷柱点校:《东观奏记》中卷,北京:中华书局1994年版,第108页。

[71] 《东观奏记》上卷,第94页。

[72] 《东观奏记》上卷"郭太后暴卒"条,第13页。元和逆党一案,要到大中十三年(859)十月懿宗即位大赦,方才了结。《大中十三年十月九日嗣登宝位赦》云:"元和末恶党,前后处断人数已多,自今已后,宜一切不问。先有敕令追捕未获者,亦更不复追获。应先关联上件配流人并家口等,纵元敕云长流充百姓,虽逢恩赦不在量移及放还限者,并与量移近处"(《文苑英华》卷420,第3b页)。懿宗可能鉴于此一政治大案追查过久以及株连太广,便在践祚大赦中,对此案作一了断。

[73] 附带一提的是:《宪宗实录》的修纂,曾经一波三折,及至宣宗朝方始底定。《宪宗实录》在穆宗长庆二年(822)即开始编修,到大和四年(830),由路随进《宪宗实录》四十卷。及至武宗即位,李德裕主张重修《宪宗实录》,原因是怕《实录》书及其父李吉甫不善之事。会昌三年(843)十月,李绅、郑亚进重修的《宪宗实录》四十卷。然而,宣宗对于会昌新修的版本似乎非常反感,大中二年(848)十一月,宣宗降敕云:"路随等所修宪宗实录旧本,却仰施行。其会昌新修者,仰并进纳。如有抄录得,敕到并纳史馆,不得辄留,委州府严加搜捕("中央"研究院《汉籍电子文献》误作"搜补")"(《旧唐书》卷18下《宣宗纪》,第621页)。宣宗下敕严加搜捕会昌重修的《宪宗实录》,可见对新修本的不满。大中二年年底,宣宗下旨行用旧本的《宪宗实录》,大中三年(849)年底即追改宪宗谥号,不知二者有何关联?

平，僖宗自四川回銮，乃紧接着加尊号以示庆贺。昭宗在大顺元年(890)正月加号为“圣文睿德光武弘孝皇帝”，这是昭宗唯一的一次加尊号，也是唐代最后一次的加尊号了。

（五）册尊号礼仪

若从加尊号的时机来看，初期都是在克定丰功伟业或是天降大祥大瑞后，君主才顺理成章加号。譬如，贞观四年(630)的加号，是由于平定突厥；垂拱四年(688)和天宝元年(742)的加号，分别是由于“洛水宝图”和函谷老子灵符等，所谓“祯祥者所以合天人，鸿名者所以彰德业”，人君只好“敬膺神休，允答人望”[74]，乃加尊号以应之。中唐以降鲜少祥瑞，不过，自从武后玄宗一再加尊号以后，后世君主纵无符瑞，但登基不久，依旧乐于接受臣下的尊号。

不管太宗或高宗，加尊号时都未有举行特别的礼仪。武则天一生六度加尊号，垂拱四年五月第一次加尊号前，史称：

> 五月，戊辰，诏当亲拜洛，受“宝图”；有事南郊，告谢昊天；礼毕，御明堂，朝群臣……乙亥，太后加尊号为“圣母神皇”。（《资治通鉴》卷204“(唐)则天后垂拱四年五月戊辰”条，第6448页）

可见加尊号前曾亲祀南郊，告谢昊天上帝。然而，往后四次加尊号却没有任何祀南郊的记载，不知是否史料残佚。其实，祀南郊以告昊天上帝，是儒家最重要的祭天仪式，武后所加尊号都是伪托转轮王和弥勒佛等降生，与儒家的祭天本来就格格不入，或许因此而不再南郊。证圣元年九月，武后最后一次加尊号，事前又再度亲祀南郊，加号“天册”，大赦天下，并改元“天册万岁”，无疑再度借用儒家受命于天、天授王权的思想。

玄宗天宝以降的尊号，有相当浓厚的道教色彩，其册尊号的仪式亦随之改变，最主要的就是新增谒老君庙一事。天宝元年(742)二月十一日加尊号为“开元天宝圣文神武皇帝”，十五日亲享玄元皇帝于新庙，十八日亲享太庙，二十日合祭天地于南郊。二月十五日为老子诞辰，可知这系列的祭祀，无疑是以享玄元皇帝庙为核心的。天宝二年(743)，玄宗改玄元庙为太清宫，天宝八载

[74] 《唐大诏令集》卷7《开元天宝圣文神武应道皇帝册文》，第40页。

(749)和天宝十三载(754)的册尊号,都是在玄宗亲享太清宫后举行。除了谒老君庙的礼仪外,有别于武后的自加尊号,玄宗沿袭中宗的成规,先是由臣下上请,皇帝几经推辞后,才择日加尊号。

中晚唐册尊号礼仪,渐趋固定。一般都是在皇帝登基不久,臣下请册尊号,皇帝再三推让后接受,然后择日举行典礼。册尊号礼大多在正月举行,正月上辛日正是南郊祭告昊天上帝的时候,这与玄宗朝以谒拜太清宫为核心的祭祀,明显不同。典礼前三天遣官奏告太清宫和太庙,典礼前两天遣官南郊告天。有别于玄宗亲自拜谒太清宫,中晚唐的君主都令有司代理。典礼当天一般都是由正一品的太尉领衔[75],率文武官五六千人给皇帝册尊号。可是,臣下怎么可以为皇帝册尊号呢?大历十四年(779)颜真卿对于谥号的意见,或许可以协助解释:

> 是以子不得议父,臣不得议君。天子崩,则臣下制谥于南郊,明受之于天也。[76]

皇帝加尊号的状况应该也是一样,太尉祭祀太清宫、太庙和昊天上帝后,再给皇帝加尊号。此时,他不是以朝官的身分,而是代表天帝和祖灵。皇帝通常在宣政殿接受玉册和玉玺,礼毕,移仗御丹凤楼,大赦天下以与兆民同庆。[77]

典礼的具体状况,入唐求法的日本高僧圆仁留下记载:

> (会昌二年)四月廿三日,天子在御楼册尊号,诸司军兵马排队楼前。百寮、僧门、道士班列,宰相进尊号。[78]

宣宗大中三年(849)十二月追尊顺宗、宪宗谥号的典礼,亦留下简单记载:

> 至册日,上御宣政殿,百僚拜讫,乃降阶受玉册于太尉,拜受讫,授礼

---

[75] 《新唐书》卷46《百官志一》云:"太尉、司徒、司空,各一人,是为三公。皆正一品。三公,佐天子理阴阳、平邦国,无所不统。亲王拜者不亲事,祭祀阙则摄"(第1184页)。

[76] (唐)颜真卿著,(清)黄本骥编订,凌家民标点校注:《颜真卿集》,《请复七圣谥》,哈尔滨:黑龙江人民出版社1993年版,第20页。

[77] 关于册尊号的礼仪,参看户崎哲彦:《唐代尊号制度の构造》一文。有关皇帝对臣下请加尊号的批答、臣下册尊号文,以及皇帝册尊号赦等,可参看《唐大诏令集》卷6至卷10。

[78] 〔日〕圆仁撰,白化文等校注:《入唐求法巡礼行记校注》卷3,石家庄:花山文艺出版社1992年版,第403页。

官，将奉迎以退。上俯偻，不瞬目送使者，流涕呜咽。俟太尉奉策出，升殿。[79]

关于唐代加尊号之事，可归纳以下数点：

第一，唐代尊号制度可追溯至太宗加尊号为“天可汗”，但是，确立加尊号制度的，应是武后和玄宗。尊号制度约略可以安史之乱分为前后二期，前期如武后和玄宗加尊号的次数频繁，而且，尊号的名称也颇为冗长。后期的皇帝大多只有一个尊号，其名号也比较简单。不过，有时候皇帝建立重大功业，也会再加尊号。譬如，代宗宝应二年（763）是因为安史之乱的平定；宪宗元和十四年（819）是因为廓清抗命的藩镇；僖宗光启元年（885）则是因为荡平黄巢之乱。反过来说，若遇灾异或是兵祸，有自知之明的君主，会自削尊号以示悔过。譬如，武后在明堂火灾后，去“慈氏越古”之号；肃宗在“安史之乱”炽烈时，去“乾元大圣光天文武孝感皇帝”尊号；德宗在“奉天之难”时，亦去“圣神文武皇帝”；文宗以水旱更不敢加尊号。

第二，若检讨唐代尊号名称的内容，凡经三变。太宗的天可汗和高宗的天皇，都是旧有尊号的形态，即以“天”彰显人君的伟大，强调天授君权，天命攸归，可视为儒家型的尊号。及至武则天篡唐建周，伪托转轮王和弥勒下凡，借此加强统治的正当性，其尊号遂带有浓厚的佛教色彩，可视作佛教型的尊号。爰至玄宗朝，屡次强调老子符瑞，其尊号遂多带“天宝”、“大宝”、“道”等字，尊号又一变而为道教型。肃宗代宗以后的尊号，除了宪宗的“应道”和武宗的“明道”以外，都没有佛教或道教的色彩，又回复到儒家型的尊号。

第三，唐代前期的尊号，主要是借符瑞强调自身是“金轮王”或“大宝君”，但是中唐以后的尊号，主要是强调作为人君所应当具备的德行，因此，孝、文、武、圣等字，便最为常用，其中孝字使用十二次、文字十四次、武字十三次、圣字十五次。何谓“孝”？简单而言，“善事父母曰孝”[80]，孝行是维系中国伦常社会的最重要支柱，国是家的扩大，皇帝要求臣民忠于君，必须强调子女孝于亲，况

[79] 《唐会要》卷2《帝号下》，第20页。

[80] （唐）长孙无忌等撰，刘俊文点校：《唐律疏议》，《名例律》“十恶”条（总7），北京：中华书局1985年版，第12页。

且,“王者居宸极之至尊,奉上天之宝命,同二仪之覆载,作兆庶之父母。为子为臣,惟忠惟孝”[81]。孝行不仅用以维系社会,更重要是维系政权不坠的重要德行,因此,自汉代以来,皇帝皆提倡孝道[82],唐代皇帝所加尊号亦喜用孝字。至于“文”和“武”,据《谥法》,“文”者“经纬天地”、“道德博厚”、“慈惠爱民”、“勤学好问”;“武”者,“刚强叡德”、“克定祸乱”、“刑民克服”。“文”和“武”本是人君两种不同的治国之道,所谓:

> 武为救世砭剂,文其膏粱欤?乱已定,必以文治之……故曰武创业、文守成,百世不易之道也。(《新唐书·儒学上》,第5637页)

所以,自古君主谥号,“文则不称武,武则不称文”[83]。不过,高宗在咸亨五年(674)加天皇尊号之前,追尊太宗为“文武圣皇帝”,首见文武兼用。嗣后,唐代皇帝的尊号大多都是文武并称。孝是伦常的德行,文武是治国之道,圣则是人格的极致,这几项都是作为君主的典范。

第四,就册尊号的程序来看,武后的尊号是自加,玄宗则是由朝臣所上。武后加尊号前曾经亲祀南郊,玄宗加尊号时,除了南郊和谒太庙外,再加上朝太清宫。中唐以降则是群臣请上尊号,皇帝再三推辞后应允。皇帝择定日子后,遣臣告太清宫、太庙、南郊。典礼当天则由太尉代表百官加尊号,礼毕大赦天下。整个加尊号过程,是先由宰相等百官上请,制造万民拥戴的气氛,然后再透过祭祀太清宫、太庙和昊天上帝,取得天命和祖灵的应允。皇帝得到天命、祖灵和百官的同意和支持,所加尊号遂深具权威性。皇帝顺天应民加上一个标榜自身具备人君典范的称号,其用意自然是为了“尊君”,加强皇帝的权威。

第三节 大赦的仪式

中唐诗人王建《宫词一百首之十一》云:

---

[81] 《唐律·名例律》“十恶”条(总7),第6—7页。

[82] “孝子善述父之志,故汉家之谥,自惠帝以下皆称孝也。”见《汉书》卷2《惠帝纪》颜师古注,第86页。

[83] 《颜真卿集》,《请复七圣谥》,第20页。

楼前立仗看宣赦，万岁声长拜舞（一作再拜）齐。日照彩盘高百尺，飞仙争上取金鸡。（《全唐诗》卷302）

又李益《大礼毕皇帝御丹凤门改元建中大赦》诗，云：

大明曈曈天地分，六龙负日升天门。凤凰飞来衔帝箓，言我万代金皇孙。灵鸡鼓舞承天赦，高翔百尺垂朱幡。宸居穆清受天历，建中甲子合上元。（《全唐诗》卷282）

二人诗句都有描述皇帝宣赦时的仪式概况。关于唐代的赦仪，《新唐书》卷48《百官志三》"少府监·中尚署令"职掌条，云：

赦日，树金鸡于仗南，竿长七丈，有鸡高四尺，黄金饰首，衔绛幡长七尺，承以彩盘，维以绛绳，将作监供焉。击㭊鼓千声，集百官、父老、囚徒。坊小儿得鸡首者官以钱购，或取绛幡而已。（第1269页）

又《唐六典》卷16"卫尉寺·武库令"职掌条，云：

凡有赦，则先建金鸡，兼置鼓于宫城门之右。视大理及府、县囚徒至，则挝其鼓。（第464页）

若把前引赦仪资料解析，可以发现仪式是以几个重要部分构成，分别是：(1) 树金鸡；(2) 集百官、父老、囚徒听赦；(3) 争夺金鸡。

前揭唐诗或《唐六典》、《新唐书》等资料，可以清楚看到大赦仪式中最核心的一项象征标志，无疑就是树"金鸡"，金鸡等赦仪器具是由中尚署制作而由武库令树置。考颁赦日树金鸡之事，最早见于北齐，甚至可能始于北魏，据前揭《唐六典》"卫尉寺·武库令"职掌条注云：

《关东风俗传》云："宋孝王尝问先达司马膺之后魏、北齐赦日建金鸡事。膺之曰'按《海中星占》曰天鸡星动，必当有赦。'盖王者以鸡为赦候。"按其所设，其制始于后魏，不知起自何帝也。《隋书·刑法志》曰："北齐赦日，皆武库令设金鸡及鼓于阙门右，挝鼓千声，宣赦，释囚徒。"隋因之。牛弘《大兴记》曰："赦日建金鸡，自后魏以来常然，或云起自吕光，未之详也。"（第464页）

宋孝王和司马膺之在《北史》、《北齐书》有传，但都未见问金鸡之事。不过，《关东风俗传》的作者，正是宋孝王本人，其事当不致虚妄。况且，宋孝王向司马膺之问金鸡之事，尚见于唐、宋人史著。其中唐人丘悦所撰的《三国典略》，明确记载问金鸡事的背景，云“齐长广王湛即皇帝位于南宫，大赦改元。其日将赦，(武)库令于殿门外建金鸡。宋孝王不识其义，问于光禄大夫司马膺之。”[84]可知此事发生在武成帝太宁元年(561)即位之时。

据前引《关东风俗传》和《大兴记》，赦日树金鸡之事，起源于北魏，惟北魏史传未见具体实例，但《北史》卷52《齐河间王孝琬传》云：

> 初魏世谣言：“河南种谷河北生，白杨树头金鸡鸣。”(祖)珽以说曰：“河南河北，河间也，金鸡鸣，孝琬将建金鸡而大赦。”帝颇惑之。(第1878页)

可知北齐确有大赦树金鸡之仪式。由于大赦德音都是皇帝专属恩德，因此，树金鸡遂成为皇权的象征。周初有童谣曰：“白杨树头金鸡鸣，只有阿舅无外甥。”(《隋书·五行志一》，第638页)周静帝属隋氏之甥，既逊位而崩，诸舅强盛。童谣中以“金鸡鸣”暗指杨氏当王。又唐中宗即位肆赦，金鸡竿折，亦被视为对中宗不祥的讯息(《新唐书·五行志一》，第883页)。

赦日为何要树金鸡，据司马膺之的解说，是缘于天鸡星之故，天鸡星动则人主当赦。然而，“鸡”与“赦”之间，为何产生关联呢？

鸡最重要的性质，就是“主候时”，据《风俗通义》卷8“雄鸡”条云：

> 俗说鸡鸣将旦，为人起居。……《青史子书》曰：鸡者，东方之牲也。岁终更始，辨秩东作，万物触户而出，故以鸡祀祭也。[85]

由于鸡主候时，魏晋南北朝遂出现“天鸡”的传说。梁朝任昉《述异记》卷下云：

> 东南有桃都山，上有大树，名曰桃都枝，相去三千里，上有天鸡，日初出照此木，天鸡则鸣，天下鸡皆随之鸣。

天亮时天鸡先啼，天下鸡跟着啼，代表新的一天的开始；同样的，天鸡星也是伺

---

[84] (唐)丘悦撰，杜德桥、赵超辑校：《三国典略辑校》，台北：东大图书公司1998年版，第144页。此事尚见于唐朝封演《封氏闻见记》卷3和宋朝孔平仲《谈苑》卷4。

[85] (汉)应劭撰，吴树平校释：《风俗通义校释》，天津：天津古籍出版社1980年版，第312页。

候时机变化的，它一动代表将要大赦，万民更始。

除了候时以外，鸡也是一种阳鸟。据宗懔《荆楚岁时记》“正月一日鸡鸣而起”条引《周易纬通卦验》，云：

> 鸡，阳鸟也，以为人候四时，使人得以翘首结带正衣裳也。[86]

又《艺文类聚》卷91引《春秋说题辞》，云：

> 鸡为积阳，南方之象。火阳精物，炎上，故阳出鸡鸣，以类相感也。[87]

可知鸡属阳鸟。人君治国德刑兼用，阴阳相济，刑杀属阴，赦恩属阳，因此，天“鸡”星以及赦日树金“鸡”，应当都是为配合大赦这种阳德之故，其实，前述天鸡啼正是代表夜尽天亮，何尝不是阴尽阳兴之意呢。

赦仪的第二部分是勒集百官父老囚徒听赦。皇帝宣赦的地点，唐代前期经常是在太极宫的承天门，唐代后期主要是御大明宫的丹凤门。[88] 不管是前期后期，齐集聆听赦书宣读的，除了囚徒以外，尚包括百官、父老等。《唐六典》卷6“刑部·刑部郎中员外郎”职掌条，云：

> 凡国有赦宥之事，先集囚徒于阙下，命卫尉树金鸡，待宣制讫，乃释之。(第192页)

可知大赦当日负责勒集囚徒的，是刑部郎中员外郎的职务。史载唐敬宗宝历元年(825)正月辛亥南郊大赦的状况，云：

> 先是鄠县令崔发坐误辱中官下狱，是日，与诸囚陈于金鸡竿下俟释放。忽有内官五十余人，环发而殴之，发破面折齿，台吏以席蔽之，方免，有诏复系于台中，宰相救之，方释。(《旧唐书·敬宗纪》，第513页)

据《资治通鉴》卷243可知崔发是被下御史台狱，大赦当日，与诸囚立金鸡竿下俟释放，崔发被殴后，敬宗释放余囚，仍将崔发还系狱中。这是大赦当日勒集

---

[86] (隋)宗懔撰，宋金龙校注：《荆楚岁时记》，太原：山西人民出版社1987年版，第2页。

[87] (唐)欧阳询等编：《艺文类聚》，上海：上海古籍出版社1981年版，第1583页。

[88] 参看日本学者中村裕一：《唐代制敕研究》，第五章：《唐代文献にみえる制敕传达》，第881—895页。

囚徒听赦的具体例证。

除了勒集囚徒听赦以外，百官父老也会在大赦当日出席。唐太宗贞观十七年(643)四月丙戌立皇太子大赦，史称：

> 是日，帝御承天门楼，大陈仗卫。文武百辟列于外，京邑士女重叠而观者，皇城街悉满。当道中树金鸡，大赦天下。[89]

又贞观二十三年(649)三月辛酉大赦，史称：

> 百官及京邑士庶并列于显道门外，见系囚千余人咸北面。[90]

又唐高宗永淳二年(683)十一月改元弘道大赦的状况，云：

> (高宗)将宣赦书，上欲亲御则天门，气逆不能上马，遂召百姓于殿前宣之。礼毕，上问侍臣曰："民庶喜否?"曰："百姓蒙赦，无不感悦。"(《旧唐书·高宗纪》，第111—112页)

可见皇帝宣布大赦时，不独囚徒，连百官和京城士女都会同时参与典礼。大赦是皇帝重大的恩德，皇帝为求行惠无偏，因此，不仅对囚徒免刑开释，亦对百官恩赐"泛阶"，甚至对百姓免租税逋欠等。皇帝大赦既是惠及万民，所以，宣赦之时，京畿百官、父老、囚徒等，都齐集听赦。

百官、父老、囚徒齐集后，挝鼓千声，宣赦释囚，然后就是仪式的最后部分——争夺金鸡。据前引《新唐书·百官志三》"少府监·中尚署令"职掌条所记，可知树金鸡之竹竿长七丈，竿上置彩盘，盘四周以绛绳维系，盘中置金鸡，鸡高四尺，以黄金饰首，鸡口衔绛幡，长七尺。宣赦讫，长安的少年就缘绛绳而上，争夺鸡首及绛幡，若夺得鸡首者，朝廷以钱购回，或许是由于鸡首是黄金装饰之故。前引王建诗句中"日照彩盘高百尺，飞仙争上取金鸡"，正是描述争夺金鸡的情形。唐代赦仪大体为后世沿袭，兹以宋代的状况作为参照，按《宋史·礼志》"御楼宣赦"条云：

> 少府监立鸡竿于楼东南隅，竿末伎人四面缘绳争上，取鸡口所衔绛

---

[89] 《册府元龟》卷84"帝王部·赦宥三"，第7a页。

[90] 同上书，第10a页。

幡,获者即与之。(第2274页)

争夺鸡首或绛幡的目的是什么?自古以来,鸡都有辟邪的作用,据《风俗通义》卷8"雄鸡"条云:

> 今人卒得鬼刺痱悟,杀雄鸡以傅其心上。病贼风者作鸡散治之,东门鸡头可以治蛊。由是言之,鸡主以御死辟恶也。(第312页)

又《宋书·礼志一》云:

> 旧时岁旦,常设苇茭桃梗,磔鸡于宫及百寺门,以禳恶气。……故何晏禳祭议据鸡牲供禳衅之事,磔鸡宜起于魏也。(第342页)

可见鸡有御死禳恶气的作用,长安少年缘绳争夺鸡首的目的,应当是为了辟邪禳恶以图吉利。其实,这种习俗在北齐已见端倪,按封演《封氏闻见记》卷4"金鸡"条云:

> 北齐每有赦宥,则于阊阖门前树金鸡,三日而止。万人竞就金鸡柱下取少土,云佩之日利,数日间遂成坑,所司亦不禁约。

可知北齐时已有在金鸡柱下取土佩戴以图吉利的习俗,发展至唐代,遂有缘绳争夺鸡首的活动。

简单而言,赦日树置金鸡,原因是鸡有"候时"和"阳鸟"的性质,与恩赦这种阳德恰好符合。另外,整个大赦仪式的过程,其实具有浓厚的公开展示性质。首先,赦日所树金鸡置于七丈长竿之上,明显是让京师的百姓可以清楚地观看,而挝鼓千声然后释放囚徒,除了让人"目睹"以外,也可以"闻知"有赦。皇帝宣赦的场合,出席者不仅囚徒,还包括百官和长安父老。赦后长安少年的争夺金鸡,更俨然是节日的游艺活动。

综合本章,可以归纳以下各点:

第一,北朝近二百多年间,鲜少为了国家祭典而赦宥,反观唐代,因吉礼而赦的次数颇多,其中尤以郊祀大赦最为频繁。唐代吉礼恩赦以盛唐时期所占比例最高,迨至安史乱后,皇帝因祭典而赦的次数不但减少,而且,越来越单一化地集中在郊祀礼。郊祀礼具有宣示王朝正统的作用,盖皇帝是人间与天地沟通的唯一代表,他亲自主持祀天祭祖的礼仪,直接与昊天上帝和祖先沟通,无疑重申天命和祖灵的庇佑,这对于新君而言,特别具有政治意义。

第二,践祚与恩赦、改元的关系,大致可以归纳为三种类型,第一种是践祚,立即大赦,逾年改元;第二种是践祚,立即大赦并改元;第三种是践祚后,一律在二十七日服丧期后才颁布大赦。第一种类型的践祚,一般是正常的、和平的状况,通常是父死子继传承帝位。新君登基之日,大赦天下,逾年正月改新年号,这番程序被认为是合乎礼的。新君践祚是国家隆重庆典,大赦以及伴随而来的赏赐,自然是为了与万民同庆。另一方面,践祚大赦亦具有除旧布新,与民更始,展示新的统治于焉开始的意味。第二种类型是新君即位之前,往往经过一番政变厮杀,或是篡夺前朝、或是弑杀先君、或是废黜人主,新君在激烈的斗争下登基,因此,践祚大赦虽然仍带有与民同庆除旧布新的意味,但更重要的,毋宁是因为争夺帝位,造成集团间互相厮杀,刀光剑影,在主要竞争对手被铲除后,有必要借大赦来缩小打击面,纾缓肃杀的气氛。新君即位,为了否定前朝或先君的统治,并尽早昭告世人新统治的开创,遂在即位大赦时,一并改新年号。唐代在代宗以前,仍维持北朝的两种类型。自代宗开新例以后,除了德宗例外,新君践祚大赦一律都在二十七日服丧期以后颁布。

第三,皇帝内禅一般分为两种类型,第一种是自愿内禅,第二种是被迫逊位,前者仍能颁降大赦德音,后者则否。第一种类型由于是出于皇帝意愿,所以逊位后仍保有"皇帝"名号,只是在皇帝前加上"太上"或"天元"而已。太上皇帝掌握万机大政,所以仍然能以太上皇帝的名义,继续颁降大赦德音。第二种类型是非出于皇帝意愿,是被政变夺权,不得已而禅位。由于是被迫逊位,所以,逊位后已经失去政治权力,其称号是"太上皇"。太上皇既高居无为,不统天下,自然无法再颁降大赦德音了。

第四,北朝很少因册立太子而肆赦,而唐代在安史乱前经常因立储而大赦,中唐以降则不多见,甚至连太子都没有册立。北魏经常因皇(长)子生而大赦,因册立太子而赦则很少,究其原因,可能是由于北魏不重嫡庶,只要是长子就笃定是太子,因而只要是皇子生则储贰有寄,册立太子只是一个形式而已,所以皇子生要大赦与兆民同庆,立太子时反而不必要了。北齐和北周由于长期君权不稳,连带太子地位低落,因太子喜庆而赦的次数很少,北周首例立太子大赦,就是武帝诛除权臣宇文护以后。

唐代立储与恩赦的关系,明显可以"安史之乱"作为分界线。在前期立储的时候,皇帝经常颁降恩赦,而且常常是效力最强的大赦,不仅如此,甚至有时是连带改元,明显要彰显太子的地位,使其顺利践位。至于后期,皇帝立储而肆赦的情况并不多见,纵使有恩赦,亦是效力较弱的恩降,甚至穆宗以降,皇帝往往任令储位虚悬。究其原因,应是中唐以前太子逼宫频繁,造成君父对太子的猜防,并不希望储君威望过高。另一方面,自德宗朝宦官掌神策军后,人君受制家奴,皇位继承一任宦官决定,储君的册立已经失去意义,为了立储而肆赦遂不复再见。

第五,唐代加尊号的制度确立于武后和玄宗朝,安史乱后为之一变。武后朝和玄宗朝加尊号次数频繁,尊号名称都非常冗长,而且带有浓厚佛教和道教的色彩。肃宗朝以降皇帝大抵只有一次加尊号,尊号名称较为简短,而且名称恢复浓厚儒家的气息,强调作为君主所应当具备的典范德性,所以用字以"圣"、"孝"、"文"、"武"最为常见。整个加尊号的过程,显示皇帝得到天命、祖灵和百官的同意和支持,所加尊号遂深具权威性。皇帝顺天应民加上一个标榜自身具备人君典范的称号,其用意自然是为了"尊君",加强皇帝的权威。

第六,赦日树金鸡的大赦仪式,其过程不仅让京师百姓闻知和观赏,也允许百姓充分参与。整个仪式,完全展示在公众面前,究其原因,大赦是皇帝重大的恩德,自然希望让万民瞩目,四海闻知,如此方能达到颁布恩赦的政治目的。

第七,恩赦具有极佳的宣示效果。吉礼的举行主要是重申天命和祖灵的庇佑,具有宣示王朝正统的意义。嘉礼的举行含有宣示新君始政以及加强皇帝(或储君)权威的作用。不过,要落实皇帝的目的,必有待于大赦的颁布。大赦的礼仪在公众面前展示,一方面可以让人民"看到";另一方面,恩赦包含了免罪和恩赏,可以让人民实质上"得到"人君雨露,"感到"浩荡皇恩,从而才会"知道"礼仪的进行,达到诉求的目的。若不假借恩赦,无从传达全国,普及万民。职是之故,国家重大典礼,例必有赦,并非无因。

第三章　大赦的内容和效力

恩赦包含大赦、曲赦、降罪、录囚等具有赦宥意义的恩典，其中以大赦的数量最多，往往占了一半以上。皇帝大赦涵盖哪些对象？其受惠的程度又如何？试以唐德宗建中五年(784)正月一日的《奉天改兴元元年赦》(以下简称《兴元赦书》)为范例，作一说明：

> 可大赦天下，改建中五年为兴元元年。自正月一日(昧爽)以前，大辟罪已下，罪无轻重，已发觉、未发觉，已结竟、未结竟，系囚见徒，常赦所不免者，咸赦除之。天下左降官，即与量移近处。已经量移者，更与量移。流人已配隶，罚镇效力，并缘罪犯，与诸使驱使官人，并于州县安置。及得罪人家口，未许归者，一切放还。内外文武官三品已上，赐爵一级；四品已下，各加一阶，仍并赐勋两转。
>
> 其除陌及税间架、竹、木、茶、漆、榷酒钱等诸色名目，悉宜停罢。京畿之内……宜特减放今年夏税之半。
>
> 敢有以赦前事相告言者，以其罪罪之。亡命山泽，挟藏军器，百日不首，复罪如初。赦书日行五百里，布告遐迩，咸使闻知。[①]

这是一篇非常具有代表性的赦书，它不仅清楚规定了大赦生效的时间、法定的要求、不适用赦免之犯罪、违抗赦令的法律责任等，更重要的是，它具备中国赦恩该有的元素：对罪囚的赦宥、对官人的赏赐、对百姓减免租税的恩惠等，整篇赦书包含了宥罪和恩赐两部分，充分显示中国大赦的特色。本章主要从对罪囚的赦宥、对官人的赏赐、对百姓的恩惠等三方面，检讨大赦这样浩荡皇恩的内涵。

---

① 《唐大诏令集》卷5。

对于罪囚的赦宥方面,《唐律》有严密的规范,第一节主要以《唐律》为基础,探讨相关的问题。7世纪编纂而成的《唐律》,可谓集古代以来法律与法理之大成,内容成熟且完备,宋代以降的刑律,大抵皆以《唐律》为蓝本增补而成。因此,检讨《唐律》中对于赦罪的相关规范,可以进一步掌握传统中国法典对于类似问题的一贯态度。

大赦不仅使罪囚受惠,官人也会得到皇帝赐予的各种恩惠,或赐爵,或加阶,即使遭贬谪的左降官吏,往往因大赦而蒙恩"量移"。"量移"乃唐代特殊的制度,攸关官人的宠辱,与大赦关系密切。第二节将检讨量移制的源起、量移制的条件以及左降官和流人等不同身份的量移。

中国的大赦除了宽宥囚徒和赏赐官人外,对于广大百姓也经常放免租税,有时甚至连民间公私债务也一并免除。皇帝的恩惠干预到民间的私债,以今天的角度看来,多少有点不可思议,此亦中国大赦的一大特色。大赦如何影响民间私债?而民间又如何对应呢?这将是第三节将要检讨的问题。

据前章的统计,有唐一代的恩赦,共计四百五十三次,仅大赦一项,就有一百八十多次,这么频繁的大赦德音,究竟如何传达到天下百姓?其贯彻的程度又如何?这是第四节将要检讨的问题。

第一节　唐律对于大赦的规范

一、大赦生效时间

大赦攸关人命,其发生效力的时点必须明确订定,不得有任何争议,否则,死生顿时逆转。据上引《兴元赦书》,明白揭示生效时间是自"兴元元年正月一日昧爽以前",即赦书颁布日的昧爽时刻。其实,大赦的时点在《唐律》中是有清楚规定的。按《唐律·名例律》"略和诱人等赦后故蔽匿"条(总35)云:

> 《疏》议曰:赦书原罪,皆据制书出日,昧爽以前,并从赦免。(第94页)

所谓"昧爽",据《说文解字》释曰:"旦明也",即夜尽将明、初晓尚暗之时,简单而言，就是现代人所谓的黎明。选择“昧爽”作为大赦生效的时点，应当是为了配合阴阳的消长。日为阳，夜为阴，昧爽是从黑暗迎向光明的一刻，正是由阴而阳的转变，是故“昧爽”除了是夜尽将明之时，也是阴阳交替之际，符合大赦是将人犯自刑杀宽宥重生的阳德性质。

将“昧爽”订为大赦生效的时点，最早见于《晋武帝即位改元大赦诏》，而为南北朝所承袭。[②] 不过，虽然《唐律》有如此规定，而唐代绝大多数的赦书也的确符合规定，但是，还是有少数的赦书例外。譬如武德九年(626)六月四日“玄武门之变”后，当天下午高祖颁诏大赦天下，赦诏却是写作“自武德九年六月四日‘申时’以前，罪无轻重，已发露、未发露，系囚见徒，悉从原免”[③]，申时即下午三时至五时。高祖(或许是李世民)以赦诏颁布的时辰申时作为大赦生效的时点，可能是因为事变后，情势急迫，必须立即颁降大赦，绥靖乱局。又唐隆元年(710)六月二十四日，太平公主和临淄王隆基发动政变，诛韦后党，相王旦即位，是为睿宗。睿宗下诏大赦，而大赦生效时点则订在颁诏日的“辰时”，即上午七时至九时。[④] 可知在事态紧迫的状况下所颁布的大赦，其生效时点就未必是在昧爽了。

二、赦罪的范围

大赦的范围究竟涵盖哪些罪犯呢？包括前引《兴元赦书》在内的唐代赦书，往往注明“大辟罪已下，罪无轻重，已发觉、未发觉，已结竟、未结竟，系囚见徒，咸赦除之”。所谓“已发觉、未发觉，已结竟、未结竟，系囚见徒”，涵盖了自

---

② 参看拙著：《魏晋南朝恩赦制度的探讨》，第105—106页。《文馆词林》卷670收录有题为(晋)张华所撰《魏高贵乡公大赦诏》一篇，赦文云：“其大赦天下。自谋反大逆以下，已发觉、未发觉，系囚见徒，坐过谪罚，禁锢夺劳，在今年月日昧爽以前，皆赦除之。”大赦以“昧爽”为生效时点，似乎以此为最早。然而，赦书有若干难明之处，首先，赦书题为《魏高贵乡公大赦诏》，明显有误。赦书中有“晋王相国，嗣业承绪”之语，考司马氏为晋王者，最早为司马昭，但为晋王之时间并非魏高贵乡公曹髦之世，而是高贵乡公被弑后的魏元帝(陈留王)咸熙元年三月。司马昭死于咸熙二年八月，子司马炎绍继晋王爵位。魏元帝时期的大赦只有咸熙二年五月和九月二次，从赦书“嗣业承绪”之语：《文馆词林》所收当为魏元帝咸熙二年九月赦书，非高贵乡公大赦。此外，《魏高贵乡公大赦诏》中某些用语，似乎不像是魏晋的赦书的格式，譬如“已发觉、未发觉”之语，并不见于两晋赦书。至于后半段更有“赦书到后百日不自出，复罪如初。敢以赦前事相告言，皆以其罪罪之。主者具为诏，普告天下，咸使闻知，称朕意焉。”这类用语，更非今传两晋南北朝赦书所有，俨然是唐代赦书的格式。这篇究竟是否真正曹魏时期的赦诏，不无可疑。

③ 《册府元龟》卷83“帝王部·赦宥二”，第32a页。

④ 《册府元龟》卷84“帝王部·赦宥三”，第24a页。

犯罪发生到结案判刑各个阶段中所有的罪犯。唐代赦书中“已发觉、未发觉，已结竟、未结竟，系囚见徒”等法律惯语，源于南北朝时期。《后魏孝文帝（太和十九年）祭圜丘大赦诏》已有“已发觉、未发觉”之语。[5] 至后周时，“已发觉、未发觉”改写作“已发露、未发露”，这应当是为了避后周闵帝宇文觉的讳，隋代赦书仍沿用“已发露、未发露”，唐代又改回“已发觉、未发觉”。至于南朝方面，最早看到“已发觉、未发觉”用语的，是梁武帝天监十年（511）的《冬至郊禋赦诏》[6]，晚于后魏孝文帝之时，不知是否效法北朝？至于“已结竟、未结竟”之语，今传北朝赦诏似乎未见，前引梁武帝天监十年的《冬至郊禋赦诏》则有“已结竟”一语。另一篇不详年月的梁武帝《新移南郊亲祠赦诏》中[7]，则清楚看到“已发觉、未发觉，已结竟、未结竟”之用语，隋唐赦书中“已发觉、未发觉，已结竟、未结竟，系囚见徒”等法律用语，似乎源自南朝的萧梁。

（一）未发觉和已发觉

所谓“未发觉”，是指犯罪之事实未被揭发。《唐律》中对于已发生但未发觉的案件，经赦后的处置，有清楚规定。按《唐律·斗讼律》“以赦前事相告言”条（总354）云：

> 诸以赦前事相告言者，以其罪罪之。（第442页）

事在赦前，不合告言，若有人以赦前事告者，以其所告之罪罪之，可知未发觉之犯罪，赦后一律不问。

所谓“已发觉”是指犯罪事实已被揭发，但人犯藏匿逃亡，仍未被擒获。罪犯藏匿逃亡，遇赦而出的例子，北朝以来，屡见不鲜。譬如北魏孝文帝时，外戚李凤被诬反伏诛，史称“惟凤弟道念与凤子及兄弟之子皆逃免，后遇赦乃出”（《魏书·外戚李惠传》，第1825页）。孝明帝时，崔孝芬弟孝演被诬反，孝芬等“遂见收捕，合家逃窜，遇赦乃出”（《魏书·崔孝芬传》，第1267页）。另外，兖州刺史李式坐事被收，从事汲固携式子宪逃亡，遇赦得归（《魏书·节义汲固传》，第1891页）。东魏时期，黄门郎崔悛以贪污为御史纠劾，“因逃还乡里，遇

---

⑤ 《文馆词林》卷665，第269页。
⑥ 同上书，第273页。
⑦ 同上书，第271页。

赦始出"(《北齐书·崔㥄传》,第333页)。北齐时期,崔祖螭反,行台郎孙搴受到牵连,逃亡,遇赦乃出(《北齐书·孙搴传》,第341页)。北周宣帝时,斛斯征被谮下狱,征越狱逃亡,后遇赦得免(《周书·斛斯征传》,第433页)。隋末群雄之一的窦建德,就曾"犯法亡去,会赦得归"(《旧唐书·窦建德传》,第2234页)。《唐律》规定犯罪遇赦逃亡,只要于限期内自首,便一律原免。关于遇赦自首之规定,详见下文。

（二）未结竟和已结竟

"结竟"一词,《唐律·断狱律》"狱结竟取服辩"条(总490)释作"长官同断案已判讫"。宋代为避太祖赵匡胤祖父翼祖赵敬讳,遂改"结竟"为"结正"。[8]《唐律》另有"狱成"一词,据《唐律·名例律》"除名"条(总18)释作"谓赃状露验及尚书断讫未奏者。"《疏》议进一步解释:

> 注云赃状露验者,赃谓所犯之赃,见获本物;状谓杀人之类,得状为验。虽在州县,并名狱成。"及尚书省断讫未奏者",谓刑部覆断讫,虽未经奏者,亦为狱成。(第48页)

"结竟"与"狱成"意思相若,皆指审讯定谳,结案判刑之意。

"未结竟"是指人犯已被擒获收系,案件正在审讯当中,仍未定谳。"已结竟"则是人犯业经官府审讯定谳,结案判刑,也就是最终判决确定前的阶段。[9]唐代赦诏大多申明"已结竟、未结竟",咸赦除之,即是仍在诉讼的案件,遇赦一律终止诉讼,免罪结案;已经定谳判刑的案件,则免罪释放。德宗朝有一宗已结竟却遇赦得免的案件,据《旧唐书·令狐建传》云:

> 建妻李氏,恒帅宝臣女也,建恶,将弃之,乃诬与佣教生邢士伦奸通。建召士伦榜杀之,因逐其妻。士伦母闻,不胜其痛,卒。李氏奏请按劾,诏令三司诘之。李氏及奴婢款证,被诬颇明白,建方自首伏。建会赦免坐。(第3530页)

---

⑧ 见《宋刑统》卷30"徒以上呼囚告家属罪名"条"诸狱结正"下注云"犯翼祖庙讳改为正"。

⑨ 按照唐代审判的程序,流罪以上及除名等案件,仍需上请皇帝画"闻",判决才算最后确定,刑罚可以开始执行,所以,"已结竟"属于最后判决确定前的阶段。另参看佐竹昭:《古代王权と恩赦》,第92页。

令狐建诬妻李氏与人奸通案,在证人指证下,终于水落石出,令狐建俯首伏罪。此时,案件应该是进入"已结竟"的阶段了,不过,刑罚尚未开始执行,令狐建侥幸遇赦,遂得以免坐。

(三) 系囚见徒

"系囚见徒"是指"系囚"和"见徒","囚"和"徒"的分别,据《太平御览》卷642引张斐《律序》自注云:

> 罪已定为徒,未定为囚。(第9b页)

"系囚"是指犯罪发觉后被关押狱中正在审理的狱囚,"见徒"则是指判决确定后正在服徒刑者。[10] 简单而言,就是泛指关押狱中的罪囚。"系囚见徒"之语,最早见于南朝宋文帝之世[11],至唐代有时写作"见系囚徒"或"见禁囚徒"。罪囚收系狱中,遇赦得免,可以唐代文人刘允济的状况作说明,据《旧唐书·文苑刘允济传》云:

> 天授中,为来俊臣所构,当坐死,以其母老,特许终其余年,仍留系狱。久之,会赦免,贬授大庾尉。(第5013页)

可见系狱者因赦得免。《大唐新语》中记载了一则有关"见禁囚徒"的争论,云:

> 延和中,沂州人有反者,诖误坐者四百余人,将隶于司农,未即路,系州狱。大理评事敬昭道援赦文刊而免之。时宰相切责大理:奈何免反者家口。大理卿及正等失色,引昭道以见执政,执政怒而责之。昭道曰:"赦云'见禁囚徒。'沂州反者家口并系在州狱,此即见禁也。"反复诘对,至于五六,执政无以夺之。诖误者悉免。[12]

据《大唐新语》所云,可知睿宗延和元年(712)沂州反者家口原先被配大司农,而且应当不在赦免之列,但因仍未发遣,乃暂系狱中,大理评事敬昭道以赦书明言"见禁囚徒",遂将其一并释放。

---

[10] 参看佐竹昭:《古代王权と恩赦》,第92页。

[11] 《宋书》卷5《文帝纪》,元嘉三年(426)二月乙卯条。

[12] (唐)刘肃撰,许德楠点校:《大唐新语》"持法第七",北京:中华书局1984年版,第62页。

三、刑罚的免除

(一) 大赦与主刑、从刑的关系

所谓"主刑",乃指可以独立科处之刑。唐代的主刑,即笞、杖、徒、流、死等五刑。皇帝大赦的效力很强,就上揭的《兴元赦书》,就明白宣布:"大辟罪以下,罪无轻重……咸赦除之。"大辟罪即死刑,大辟罪以下并免,也就是笞、杖、徒、流、死等主刑皆免除。不过,笞刑和杖刑由于是比较轻微的刑罚,州县衙门可以判决定谳,判决后马上执行刑罚。因此,大赦所影响到的主刑,当以徒、流、死为主。

一般而言,唐代赦书大多声明大辟罪以下,咸赦除之,不过,某些严重恶行,律有明文,纵逢恩赦,也只能免除部分主刑。譬如,造畜蛊毒以害人,是《唐律》中极严重的恶行,律文规定造畜者及教令者,一律处绞,虽遇大赦,本人和同居家口及教令人,皆流三千里。[13] 另外,杀小功尊属、从父兄姊及谋反大逆者,身虽会赦,犹流二千里。[14]

主刑虽因遇赦而免,但从刑往往不在宽宥的范围,所谓"从刑",是附加于严重主刑而科处的刑罚。某些罪行遇赦,主刑可免,但从刑不免,例如杀人应死而遇赦者,皆"移乡"千里外(关于"移乡"将详下文)。另外,官人犯罪遇赦后,主刑可免,但从刑的"除名"、"免官"、"免所居官"等处罚皆不免。"除名"是官爵悉除,与白丁无异,六载后方得依出身法任官,最为严重。"免官"是二官俱免[15],程度次之。"免所居官"则是免所居之一官,算是较轻的处罚。关于官人犯罪遇赦犹除免等规定,见《唐律·名例律》"除名"条(总18),云:

> 诸犯十恶、故杀人、反逆缘坐,狱成者,虽会赦,犹除名。即监临主守,于所监守内犯奸、盗、略人,若受财而枉法者,亦除名;狱成会赦者,免所居官。其杂犯死罪,即在禁身死,若免死别配及背死逃亡者,并除名。(第47—50页)

---

[13] 《唐律·贼盗律》"造畜蛊毒"条(总262)。

[14] 《唐律·断狱律》"闻知恩赦故犯不得赦原"条(总489)。

[15] 所谓"二官",据《唐律·名例律》"免官"条(总19):《疏》议曰:"'二官'为职事官、散官、卫官为一官,勋官为一官。此二官并免,三载之后,降先品二等叙。"

为使能对《唐律》中各种犯除名之罪，狱成会赦后的处分，有一简明的认识，可参看表3-1。

表3-1 "除名罪"狱成会赦处罚表

<table>
<tr><th colspan="2">除名之罪</th><th>狱成会赦</th></tr>
<tr><td colspan="2">1. 十恶、故杀人、反逆缘坐</td><td>除名</td></tr>
<tr><td colspan="2">2. 监守内奸、盗、略人。受财枉法</td><td>会赦免所居官。会降免官</td></tr>
<tr><td colspan="2">3. 杂犯死罪</td><td>会降免除名，依一般官当、赎刑法以折赎其刑。会赦者，仍须解现任职事官</td></tr>
<tr><td rowspan="5">五流</td><td>会赦犹流</td><td>虽会赦降，仍除名配流</td></tr>
<tr><td>不孝流</td><td>除名</td></tr>
<tr><td>反逆缘坐流</td><td>除名</td></tr>
<tr><td>子孙犯过失流</td><td>会赦免罪。会降，有官者依当赎法</td></tr>
<tr><td>加役流</td><td>杂犯会赦从原，会降依当赎法
非杂犯者，会赦降，除名、免官、免所居官不等</td></tr>
</table>

（二）大赦与徒刑

唐代徒刑分为徒一年、一年半、二年、二年半、三年等五等，基本上，徒刑不算是重刑。唐代赦书经常"大辟罪以下，罪无轻重……系囚见徒，常赦所不原者，咸赦除之"。所谓"见徒"，正如前述，是指判决确定后正在服徒刑者。可知自死罪以下到徒刑，皆获赦免。

东晋南朝之世，经常看到皇帝特诏赦免"长徒敕系"，至于北朝的大赦，也经常放免"长徒之身"。可是，有别于魏晋南北朝时期，唐代没有任何一次大赦是特别放免类似"长徒"之类的徒刑犯，为什么？这主要是由于徒刑的地位，自魏晋南北朝到隋唐有明显的转变。

众所周知，秦汉以来，徒刑取代了肉刑，与死刑（生命刑）和罚金（财产刑）成为刑罚体系中的主要刑种。《晋律》中的徒刑分为髡钳五岁刑笞二百、四岁刑、三岁刑以及二岁刑等，若恶行重大可以加重刑罚到十二年。[16] 然而，死刑过重，徒刑过轻，倘若没有介乎两者之间的刑种，那么，为了惩治严重恶行，朝廷

---

[16] 据《太平御览》卷642"刑法部八·徒作年数"引张斐《律序》云："徒加不过六，囚加不过五，累作不过十二岁。"据自注云："罪已定为徒，未定为囚。五岁徒犯一等加六岁，犯六等加罪十二岁作。"可知最高刑期为十二年。

只得加重徒刑之刑期,官衙当中自然充斥长徒久系,甚或终身之徒。朝廷鉴于“系囚猥畜”、“罪积狱繁”,为了舒缓刑狱压力,只得经常大赦,放免“长徒敕系”。[17] 如此,势必导致“刑不制罪,法不胜奸”之恶果。[18] 职是之故,为了改善死刑过重,徒刑过轻之弊端,恢复肉刑之议,便不绝于史。

反观北朝,北齐孝昭帝即位大赦诏,云:“系囚见徒,长徒之身,一切原免。”类似赦免“长徒”之处,尚见北齐武成帝、北齐后主、北周武帝等的大赦诏。不过,北朝“长徒”的刑期,大异于南朝。按《隋书·刑法志》所引《北齐律》云:

其不合远流者,男子长徒,女子配舂,并六年。(第705页)

相较于南朝的终身之徒,北朝徒刑最长只是六年而已。这当然不是由于北朝君主特别慈悲仁恕,而是北朝晚期已在徒刑与死刑之间,逐渐发展出新的刑种——流刑。爰至隋唐,流刑完全确立,自此以后,对于不至于判处死刑的严重恶行,不必再以延长徒刑的刑期来处罚,而改以流刑加以严惩。因此,充斥于南北朝刑狱中的“长徒”,不复再见,是故,唐代赦书中便不必再针对这些特殊刑徒,格外开恩了。

(三)大赦与流刑

流刑为五刑中仅次于死刑的刑种,流刑以距离首都远近而分为流二千里、二千五百里、三千里等三等,谓之“三流”,流人至配所皆服劳役一年。一旦皇帝大赦天下,尚未遣送的流人、正在途中的流人、已抵达配所的流人,将会得到什么程度的恩惠呢?

据《狱官令》第十四“流人季别一遣”条云:

诸流人季别一遣,若符在季末三十日内至者,听与后季人同遣。[19]

可知流人所犯虽已结竟,但并非立即上道,而是每季一遣。又据《唐律·名例律》“犯死罪应侍家无期亲成丁”条(总26)云:

---

[17] 东晋安帝、宋武帝、宋孝武帝、宋明帝、齐高帝、梁武帝等时期,都有类似放免“长徒敕系”的赦诏。参看拙著:《魏晋南朝恩赦制度的探讨》,第114—121页。

[18] 《晋书》卷30《刑法志》所载刘颂《复肉刑表》。

[19] 〔日〕仁井田升撰,栗劲等编译:《唐令拾遗》,长春:长春出版社1989年版:《狱官令》“流人季别一遣”(《开元七年令》、《开元二十五年令》)。

同季流人,若未上道而会赦者,得从赦原。(第70页)

可知设若犯人仍未遣送而遇大赦,而赦诏申明自"大辟罪以下,罪无轻重",皆得赦除,则流刑犯当获释放。

至于流人在道遇赦方面,《唐律·名例律》"流配人在道会赦"条(总25)云:

诸流配人在道会赦,计行程过限者,不得以赦原。有故者,不用此律。若程内至配所者,亦从赦原。逃亡者虽在程内,亦不在免限。(第68—69页)

可知流配人在道遇赦,若非行程过限[20],都可以赦原。据《疏》议曰:

假有配流二千里,准步程合四十日,若未满四十日会赦,不问已行远近,并从赦原。从上道日总计,行程有违者,即不在赦限。(第69页)

《疏》议中清楚说明,只要行程没有过限,不问已行远近,并从赦原。不过若行程之内逃亡,虽遇恩赦,不合放免。流人在道遇赦听还,北齐已有其例,《北齐孝昭帝即位大赦诏》和《北齐后主幸大明宫大赦诏》都申明"流徙边方未至前所者,宜听还"[21]。

倘若流人已抵达配所而遇大赦,是否蒙恩释放呢?按《唐律·名例律》"犯流应配"条(总24)云:

役满一年及三年,或未满会赦,即于配所从户口例,课役同百姓。(第67页)

可知流人至配所后,纵逢恩赦,最多只能免役,并且须在配所附籍,而不可归还原籍。显然流刑寓有无期徒刑之意,且具有保安处分的性质。[22]《唐律》在制裁流人时,除了强制流徙和强制劳动外,尚包括了强制移住。[23] 由于流人至配所后,纵逢恩赦,不得返回原籍,流人势必千方百计在道逗留拖延,而正因如此,

[20] 所谓"行程",据《疏》议释云:"依令(即《公式令》):'马,日七十里;驴及步人,五十里;车,三十里。'其水程,江、河、余水沿泝,程各不同。但车马及步人同行,迟速不等者,并从迟者为限。"

[21] 《文馆词林》卷666、卷667。

[22] 戴炎辉:《唐律通论》,台北:编译馆1964年版,第190页。

[23] (唐)长孙无忌等撰,刘俊文笺解:《唐律疏议笺解》,北京:中华书局1996年版,第261—263页。

法律才要规定流人每天的行程。为了使流人依行程进发,所以前揭《唐律·名例律》“流配人在道会赦”条便会明订“若程内至配所者,亦从赦原”。

流人纵逢恩赦,不得放还,除非是赦书明文宽宥或是特诏放免。此类例子,隋唐史籍俯拾可得。譬如隋炀帝大业五年(609)六月大赦,下诏“开皇以来流配,悉放还乡”(《隋书·炀帝纪》,第73页)。唐太宗武德九年(626)八月登基大赦,赦诏云“武德元年以来流配者,亦并放还”[24]。唐中宗神龙元年(705)十一月的大赦,宣布“前后流人非反逆缘坐者,并放还”[25]。对于武后以来酷吏政治所造成的刑狱冤滥,有相当的舒缓作用。肃宗宝应元年(762)三月大赦,下诏“诸色流人及效力罚镇人等,并即放还”[26]。原被流放黔中的高力士,便因这次大赦放还。[27] 可见流人往往因皇帝大赦特别宽宥而放免。值得注意的是,这类放还流配人的恩诏,多见于新君登基之时[28],似乎含有昭雪先朝政治受难者的意味。流人放免的范围,端视赦书内容而定。譬如唐高宗乾封元年(666)正月大赦,因为没有宣布长流者可以还乡,时遭流放的李义府因而忧愤而卒,至上元元年(674)八月大赦,明令长流人并放还,李义府的妻子遂得还洛阳。[29] 景龙三年(707)十一月南郊大赦,只放免杂犯流人,废太子重福遂不得归京师[30]。不过,有时纵逢恩赦,但流人孤贫无依,也是返乡无力,史称:

> 自贞元已来,衣冠得罪流放岭表者,因而物故,子孙贫悴,虽遇赦不能自还。(《旧唐书·卢钧传》,第4592页)

中唐以降,流人若逢恩赦经常可以“量移”,也就是往京师移近若干距离。关于量移的讨论,详见下文。

(四)大赦与死刑

前揭《兴元赦书》中,明白宣布“大辟罪以下,罪无轻重……系囚见徒,常赦

---

[24] 《唐大诏令集》卷2,第5页。
[25] 《册府元龟》卷84“帝王部·赦宥三”,第21b页。
[26] 《册府元龟》卷87“帝王部·赦宥六”,第29b页。
[27] 《旧唐书》卷184《宦官高力士传》,第4759页。
[28] Brain E. McKnight亦有类似的看法,参见 *The Quality Of Mercy: Amnesties And Traditional Justice*, p.68。
[29] 《旧唐书》卷82《李义府传》,第2770页。
[30] 《旧唐书》卷86《李重福传》,第2836页。

所不免者,咸赦除之"。可知除了少数常赦不免之罪,自死罪以下的罪犯,皆得放免。唐代肆赦频繁,犯死罪者判刑确定后,最终遭到明正典刑的机会究竟有多大呢?检讨这个问题以前,有必要先对唐代的审判制度稍作描述。

唐代审判机关按级别有不同管辖,县只能决笞、杖的案件,州只能决徒刑案件,流刑以上案件州县断定后须申报刑部复核,死刑案件再申报大理寺复核。流刑、死刑判决定谳后,拟奏抄上报,经皇帝裁定,以御画发日敕付外施行。[31] 经皇帝画讫,案件正式断定。但是,死刑案件断定后,仍然要经过慎重的复奏程序,刑罚才可以执行。死刑复奏制度起源于隋文帝开皇十五年(595)[32],至唐太宗时有所变革。据《贞观政要·论刑法第三十一》所载,贞观五年(631),太宗痛悔错杀大理丞张蕴古,乃下诏曰:

> 凡有死刑,虽令即决,皆须五复奏。……在京诸司奏决死囚,宜二日中五复奏,天下诸州三复奏。

可知京师执行死刑前的二日须五复奏,天下诸州须三复奏[33]。

这样的程序费时多久呢?唐代公文传递有一定的时程,按《公式令》云:

> 诸行程,马日七十里,步及驴五十里,车卅里。其水程,重船溯流,河日卅里,江卌里,余水卌五里,空船河卌里,江五十里,余水六十里。重船、空船顺流,河日一百五十里,江一百里,余水七十里。(《唐令拾遗·公式令》第四十四《开元七年令》、《开元二十五年令》)

若以距长安不远的山南东道夔州为例,夔州离京约二千四百四十三里(《旧唐书·地理志二》,第1555页),若是一般骑马的行程,文书当在三十五天内送抵长安。假设某甲在夔州犯下死罪,当场遭到逮捕并立即送衙门审理,案件以最高效率立即结竟。由于案件属死罪案件,地方判定后,需要申送中央的刑部和

---

[31] 参看(唐)李林甫等撰,陈仲夫点校:《大唐六典》卷8"门下侍中"条及卷9"中书令"条,北京:中华书局1992年版。

[32] 《隋书》卷30《刑法志》,第714页。

[33] 关于复奏的程序,据《唐令拾遗·狱官令》第六,云:"诸决大辟罪,在京者,行决之司五复奏;在外者,刑部三复奏(在京者,决前一日二复奏,决日三复奏;在外者,初日一复奏,后日再复奏。纵临时有敕,不许复奏,亦准此复奏)。若犯恶逆以上及部曲、奴婢杀主者,唯一复奏。其京城及驾在所,决囚日,尚食进蔬食,内教坊及太常寺,并停音乐。"

大理寺复核,复核确定后发回夔州执行死刑。皇帝为了加强行政效率,大理寺和刑部的作业设有一定的程限,穆宗长庆元年(821)规定:

> 凡大事,大理寺三十五日详断讫,申刑部,三十日闻奏;中事,大理寺三十日,刑部二十五日;小事,大理寺二十五日,刑部二十日。所断罪二十件以上为大,十件以上为中,十件以下为小。(《旧唐书·穆宗纪》,第489页)

假定夔州死囚案件属于"小事",大理寺和刑部共耗掉四十五天,那么,这四十五天加上长安至夔州的往来行程的七十天,合共一百一十五天。定谳后尚需三复奏,即需再耗费数天时间。整个程序前后约历时一百二十天,即四个月的时间。这四个月就是夔州死囚免于遭到处决的时间。

其实,唐代狱讼效率不高,屡遭皇帝申斥,唐高宗时便以"幽絷困滞,证逮遐广,寒暑相袭,风露交侵,淹乎年岁,成其疾苦"[34]。穆宗朝纵使订下处事程限,不过,狱讼效率不彰的弊病,依旧存在。文宗开成四年(839)便下敕,云:"京城百司及府县禁囚,动经岁月,推鞫未毕。其有绝小事者,经数个月不速穷诘。"[35]僖宗朝情况似乎更加严重,乾符二年(875)南郊赦中云:"天下刑狱,申到法寺及刑部,有经数年不得了绝。"[36]因此,若再加上狱讼迟延的时间,上述夔州死囚免遭处决的机会,又将大增。

除了程序复杂外,唐代决死囚有严格的时间限制,也就是须要"待时"而决。据《唐律·断狱律》"立春后秋分前不决死刑"条(总496)云:

> 《疏》议曰:依《狱官令》:"从立春至秋分,不得奏决死刑。"……其大祭祀及致斋、朔望、上下弦、二十四气、雨未晴、断屠月日及假日,并不得奏决死刑。其所犯虽不待时,"若于断屠月",谓正月、五月、九月。"及禁杀日",谓每月十直日:月一日、八日、十四日、十五日、十八日、二十三日、二十四日、二十八日、二十九日、三十日。虽不待时,于此月日亦不得决死

---

[34] 《唐大诏令集》卷82,第426页。
[35] 《唐会要》卷40《君上慎刑》,第842页。
[36] 《唐大诏令集》卷72,第367页。

刑。(第 571 页)

可知唐代处决死囚,受到严格的时间限制,一年只有秋分到立春的一百三十多天可以执行死刑,然而,减去属于“断屠月”的正月、九月和每月“断屠日”的“十直日”,只剩不到六十天,再扣除大祀和之前三日的“致斋日”、上弦月(初七、初八)和下弦月(二十三、二十四)、节气(寒露、霜降、立冬、小雪、大雪、冬至、小寒、大寒)、节日(冬至和腊日)[37]等,应该只剩四十多天而已。

简单描述过唐代审判的流程和行刑的限制后,那么,上述的夔州死囚在唐代的活命机会有多大呢?据第一章的统计,有唐一代二百九十年间,共大赦了一百八十五次,恩降了八十一次,那么,不论是赦免或降罪,平均约十三个月就有一次免死的恩德。所以,在上一次恩德后的第九个月犯了死罪的夔州囚犯,由于文书往来了四个月,将会因第十三个月的大赦或降罪而逃过一劫。假定每个月的死囚人数相等,则夔州死囚被处决的平均几率将是 69% [(13 个月 -4 个月)÷13 个月 ×100%]。

当然,69% 只是平均的几率,若是在盛唐这样肆赦频繁的时代,其频率将会更低。武后平均九个月一次大赦,夔州死囚的处决几率将只有 56% 而已。玄宗一生共大赦和恩降了五十次,平均十一个月就会宽宥死囚,夔州死囚的处决几率约是 64%。在开元十九年(731)四月到二十年(732)二月间,玄宗三度下诏恩降死罪,二十年十一月又大赦天下,二十个月内四下宽大之诏,究竟还有几人最终明正典刑呢?难怪史称:“是岁刑部所断,天下死罪五十八人。往时大理狱,相传鸟雀不栖,至是有鹊巢其庭树,群臣称贺,以为几致刑错。”(《新唐书·刑法志》,第 1415 页)肃宗统治七年,大赦和降罪共十八次,平均不到五个月便宽宥死囚,夔州所有的死囚恐怕都将免于一死!此外,若把前述“待时而决”的情况一并考虑,死囚遭处决的几率将会更低一点。譬如某甲碰巧是在武后长寿二年(693)九月九日加尊号大赦后的第二天犯了死罪,由于文书往来了四个月,行刑的时间势必拖延到长寿三年(694)的春天,此时,受制于待时而决的规定,他至少能活到秋分。幸运的是,长寿三年(694)五月十日,武后再加

---

[37] 据《唐六典》卷 2“吏部郎中员外郎”条注,可知冬至给假七日,腊日给假三日。

尊号，大赦天下，死囚将因而逃出生天。

诚然，以上的论述是建基在某些假设之上，臆测之处，在所难免。不过，笔者以夔州一地的死囚作例子，旨在说明在唐代狱讼程序的繁复和待时而决的限制下，再加上皇帝恩赦频繁，宣告死刑的囚犯最终遭到处决的应当不会很多。

既然唐代宣判死刑者，经常遇赦免死，朝廷为避免苦主血属复仇之事，遂有"移乡"之制。据《唐律·名例律》"杀人移乡"条（总265）云：

> 诸杀人应死会赦免者，移乡千里外。

《疏》议曰：

> 杀人应死，会赦免罪，而死家有期以上亲者，移乡千里外为户。其有特敕免死者，亦依会赦例移乡。（第341—342页）

可知杀人应死遇赦，主刑纵然可免，但若苦主家中有期以上亲者，凶手移乡千里的从刑，仍不在原免之限，属"常赦所不免"。杀人遇赦"移乡"，其法意当源出《周礼》[38]，汉代可能已有其制，晋、宋则称作"徙送"[39]，《唐律》当继承《晋律》而来。将凶手"移乡"千里，一方面固是为了防止复仇，另一方面，也具有流刑的性质，因此，若移乡者未抵配所而逃亡，罪同流徒人逃亡。[40] 不过，移乡只是千里，而且不需居作，又较流刑为轻。

四、赦免的法定要求

（一）限期自首

据前揭《兴元赦书》云："亡命山泽，挟藏军器，百日不首，复罪如初。"这样的用语，在唐代赦书随处可见。赦后限日自首的规定，刘宋之世已有其例。宋武帝永初元年（420）八月乙亥大赦，便云："其见刑罪无轻重，可悉原赦。限百日，以今为始"（《宋书·武帝纪下》，第55页）。大赦时附带百日自首期，尚见于

---

[38] 《周礼·地官·调人》云："凡和难，父之仇辟诸海外，兄弟之仇辟诸千里之外，从父兄弟之仇不同国。"

[39] 参看拙著：《魏晋南朝恩赦制度的探讨》，第123—124页。

[40] 《唐律·捕亡律》"流徒囚役限内亡"条（总459）。

齐梁时期,其中以梁武帝太清元年(547)祠南郊赦诏中云"开恩百日,各令自首,不问往罪",最为明确。[41] 北朝方面,《文馆词林》卷666所录《后魏孝庄帝诞皇子大赦诏》,有"百日不自首,复罪如初"之语,唐代赦书的用语,似乎源于北魏。

《唐律》对于大赦自首事项,见《唐律·名例律》"略和诱人等赦后故蔽匿"条(总35),云:

> 诸略、和诱人,若和同相卖;及略、和诱部曲奴婢,若嫁卖之,即知情娶买,及藏逃亡部曲奴婢;署置官过限及不应置而置,诈假官、假与人官及受假者;若诈死,私有禁物:赦书到后百日,见在不首,故蔽匿者,复罪如初。媒、保不坐。其限内事发,虽不自首,非蔽匿。即有程期者,计赦后日为坐。其因犯逃亡,经赦免罪,限外不首者,止坐其亡,不论本罪。(第93—95页)

可知某些罪行会赦仍须首出,赦书到后百日为自首期,应首出而不首出者,将受处罚。大抵而言,处罚分为三种状况:

第一,复罪如初。复罪如初是指以下七种犯罪:一、略、和诱、和同相卖良人及知情娶买;二、略、和诱、嫁卖部曲奴婢及知情娶买;三、藏逃亡部曲奴婢;四、署置官过限及不应置而置;五、诈假官、假与人官及受假者;六、诈死;七、私有禁物。这七种犯罪若在赦书到后,百日内不自首者,一律复罪如初。所谓复罪如初者,据《疏》议曰:

> "初"者,谓如犯罪之初,赃物应征及倍,悉从初犯本法。(第94—95页)

唐代赦书一般有"亡命山泽,挟藏军器,百日不首,复罪如初"之语,可知"复罪如初"的犯罪,尚包括了"亡命山泽,挟藏军器"一项。

第二,计赦后日为坐。此种处罚适用于有程限之犯罪,即公案、公使、校阅等事,皆有程限。据《疏》议曰:

---

[41] 参看拙著:《魏晋南朝恩赦制度的探讨》,第110—112页。

> 此等赦前有违,经恩不待百日,但赦出后日仍违程期者,即计赦后违日为坐。赦后并须准事给程,以为期限。(第95页)

此等事项假若赦前有违,大赦颁布之后,其罪可免,但若赦后仍违程限,即以赦后开始计算所违日数以论罪,并没有赦后百日等宽限期。

第三,“止坐其亡,不论本罪”。据《疏》议曰:

> 谓赦前犯罪,因即逃亡,会赦之后,罪皆原免,赦后百日,仍不自首,止有逃亡之坐,更不论其本罪。(第96页)

所犯若非第一种和第二种的罪行,若犯罪后逃亡,大赦之后,本罪业已原免,不过,赦书到后的百日内仍不自首,仍需科以逃亡之罪。

(二)赃物的征收

大赦虽能免除罪犯刑罚,但是,对于非法取得的赃物,仍需依法征收。按《唐律》有“六赃”之规定,即“强盗赃”、“窃盗赃”、“受财枉法赃”、“不枉法赃”、“受所监临赃”、“坐赃”等。据《唐律·名例律》“以赃入罪”条(总33)云:

> 诸以赃入罪,正赃见在者,还官、主;已费用者,死及配流勿征,余皆征之。若计庸、赁为赃者,亦勿征。会赦及降者,盗、诈、枉法犹征正赃;余赃非见在及收赎之物,限内未送者,并从赦降原。(第88—90页)

律文规定若遇大赦和降罪,前述的“强盗赃”、“窃盗赃”、“受财枉法赃”等,仍需征收赃物;至于另外的“不枉法赃”、“受所监临赃”、“坐赃”等,若其赃物已费用,则不再征收。此外,犯死罪和配流,赃物不必征收。但是,据《疏》议曰:

> 因赃断死及以赃配流,得罪既重,多破家业,赃已费用,矜其流、死,其赃不征。若未经奏画,会赦免流、死者,征赃如法。画讫会恩,即同免例。(第89页)

可知犯流、死者,若案件未经皇帝画闻而会赦免罪,征赃如法;若是画讫会赦,则不必征赃。除了赃物以外,官员非法借贷的财物和畜产,赦后仍须征收。据《唐律·名例律》“会赦应改正征收”条(总36)注云:

> 监临主守之官,私自借贷及借贷人财物、畜产之类,须征收。(第96页)

附带一提的是，犯罪可以纳铜赎罪，若期限内未送而会赦、降者，免征；若过限仍未纳，虽遇赦降，仍然征收如故。

《唐律》规定赦后仍须征赃，较诸秦汉之世，无疑是一大进步。云梦出土秦代的《法律答问》对于盗罪遇赦的规定是：

> 或以赦前盗千钱，赦后尽用之而得，论何也？毋论。[42]

赦前盗千钱而在赦后捕得，但因经过大赦，所以不会被起诉。律文中完全没有提及对受害者的赔偿或赃物的追讨等事宜，故有谓秦代是将盗罪看做危害社会的公罪而已，只对个人作处罚，却置受害者利益于不顾。[43] 盗罪遇赦，竟不追讨赃物，在汉代仍是如此，东汉王符痛斥滥赦的弊害时，便云：

> 反一门赦之，令恶人高会而夸诧，老盗服赃而过门，孝子见雠而不得讨，亡主见物而不得取，痛莫甚焉。[44]

可见到汉代仍然没有赦后征赃的规定，所以，才会"亡主见物而不得取"。《唐律》在这方面，显然是一大进步。

（三）身份的改正

皇帝大赦虽然赦罪免刑，但犯罪结果和非法状态必须予以消除，因此，法律规定某些犯罪会赦后，仍须改正征收。按《唐律·名例律》"会赦应改正征收"条（总36）云：

> 诸会赦，应改正、征收，经责簿账而不改正、征收者，各论如本犯律。（第96页）

这些应改正、征收的犯罪，据律文小注云：

> 谓以嫡为庶、以庶为嫡、违法养子、私入道、诈复除、避本业、增减年纪、侵隐园田、脱漏户口之类，须改正；监临主守之官，私自借贷及借贷人财物、畜产之类，须征收。（第96页）

---

[42] 《睡虎地秦墓竹简》，北京：文物出版社1978年版，第279页。
[43] 参看栗劲：《秦律通论》，济南：山东人民出版社1985年版，第496页。
[44] （汉）王符撰，（清）汪继培笺，彭铎校正：《潜夫论笺校正》卷16《述赦篇》，北京：中华书局1985年版，第178—179页。

可知会赦仍应改正的犯罪共有八项：一、以嫡为庶、以庶为嫡；二、违法养子；三、私入道；四、诈复除；五、避本业；六、增减年纪；七、侵隐田园；八、脱漏户口。

不过，除了“会赦应改正征收”条所列举的八项外，散见《唐律》各卷会赦应改正的犯罪尚有以下三种：第一，养贱民为子孙。所谓养贱民为子孙，据《唐律·户婚律》“养杂户等为子孙”条（总159），可知养杂户、官户、部曲及奴为子孙者，遇赦，皆正之，各还本色。第二，违律为婚。据《唐律·户婚律》“违律为婚离正”条（总194）云：

> 诸违律为婚，当条称“离之”、“正之”者，虽会赦，犹离之、正之。定而未成，亦是。（第272页）

违律为婚的具体内容，包括了同姓为婚和亲属内禁婚范围（外姻尊卑共为婚姻、娶同母异父姊妹或妻前夫之女等）（《唐律·户婚律》“同姓为婚”条）；娶逃亡有夫妇女（《唐律·户婚律》“娶逃亡妇女”条）；良贱相婚（《唐律·户婚律》“奴娶良人为妻”条）。这类违律为婚的犯罪，纵逢恩赦，刑事处罚虽可免除，但仍需强制离婚。第三，营造违令。据《唐律·杂律》“舍宅车服器物违令”条（总403）云：

> 诸营造舍宅、车服、器物及坟茔、石兽之属，于令有违者，杖一百。虽会赦，皆令改去之；坟则不改。其物可卖者，听卖。若经赦后百日，不改去及不卖者，论如律。（第488页）

唐代营造舍宅车服器物坟墓石兽等，皆有制度，若违令建造者，虽会赦，仍须改正。

敦煌判集中有一则关于遇赦身份改正的“判”，可供参考。按《文明判集》云：

> 101　奉判：黄门缪贤，先娉毛君为妇，娶经三载，便诞一男。后五年，即逢恩赦。
>
> 102　乃有西邻宋玉，追理其男，云与阿毛私通，遂生此子。依追毛问，乃承相许

103　未奸。验儿酷似缪贤，论妇状似宋玉，未知儿合归谁族？（《伯3813》）[45]

宦者缪贤娶毛氏为妻，三年后产下一男。五年后，遇赦。有宋玉者自称与毛氏相奸，追认其男。此名男孩应该归缪贤抑或宋玉呢？判词的结论认为：

110　贤既身为宦者，理绝阴阳。妻诞一男，明非己

111　胤，设令酷似，似亦何妨。（中略）

112　宋玉承奸是实，毛亦奸状分

113　明，奸罪并从赦原，生子理须归父。儿还宋玉，妇付缪贤，毛宋往来

114　即宜断绝。（《伯3813》）[46]

关于宋玉和毛氏的奸通罪，由于经赦，遂以不起诉处分。其实，就是因为适逢恩赦，宋玉才敢自承与毛氏相奸。大赦虽免除毛氏的奸罪，但违礼行为所造成的结果，仍需更正。既然缪贤是宦者，男孩自非其血胤。因此，男孩理当归还生父宋玉。

《唐律》规定遇赦限期自首以及赦后须改正征收，主要针对的是违礼的事情。大赦虽可免除因违礼所科处的刑罚，但是，违礼的状态不容持续下去，违礼的结果亦需要更正，如此，社会才能恢复原来的秩序，维持不坠。

五、不当得赦者

唐代大赦效力很强，往往罪无轻重，自大辟罪以下，咸赦除之。然而，某些情节特别严重的犯罪，虽大赦仍不得原免，这包括三种犯罪，第一种是“常赦所不免者”；第二种是“知有赦而故犯者”；第三种是“以赦前事相告言者”。

（一）常赦所不免

“常赦所不免”的犯罪，据《唐律·断狱律》第二十“赦前断罪不当”条（总488）云：

---

[45] 转引自刘俊文：《敦煌吐鲁番唐代法制文书考释》，北京：中华书局1989年版，第443页。

[46] 同上书，第444页。

其常赦所不免者,依常律。常赦所不免者,谓虽会赦,犹处死及流,若除名、免所居官及移乡者。

《疏》议曰:

“常赦所不免者”,赦书云“罪无轻重,皆赦除之”,不言常赦所不免者,亦不在免限,故云“依常律”。即:犯恶逆,仍处死;反、逆及杀从父兄姊、小功尊属、造畜蛊毒,仍流;十恶、故杀人、反逆缘坐,狱成者,犹除名;监守内奸、盗、略人、受财枉法,狱成会赦,免所居官;杀人应死,会赦移乡等是。(第566—567页)

关于“常赦所不免”的犯罪,归纳以下三点:第一,“常赦所不免”的恶行,最严重的是会赦仍处死刑,这包括了两类,一类是恶逆[47],另一类是部曲、客女、奴婢殴及谋杀若强奸主。[48] 另外,情节较轻的免死从流,此即“十恶”中的“反”、“逆”、“不睦”罪的杀从父兄姊及小功尊属、“不道”罪的造畜蛊毒等皆是。第二,若干严重罪行若已审结定谳,虽获免死免流,但从刑如除名、免所居官、移乡等,仍不可免。第三,赦书中纵使明言“罪无轻重,皆赦除之”,但若没有特别声明连“常赦所不免者”,一并免除,则仍要依律文规定的处置,更何况赦书明言“常赦所不免者,不在免限”,自然依常律规定处置。有关“常赦所不免”的进一步讨论,将见第五章《从恩赦看重罪》。

附带一提的是,一般研究《唐律》的论著,因为《唐律·断狱律》“赦前断罪不当”条提及“常赦所不免”,所以往往将“常赦”和“大赦”区别开来,以为“常赦”所赦免的是限制之外的犯罪,而“大赦”则是连常赦所不免的犯罪,也一并免除。[49] 然而,笔者以为二者不宜作如此的区别。其实,常赦本身就是大赦,只是效力较弱的大赦而已。倘若要对赦作一个区分,那么,应当区分为“大赦”和“曲赦”;“常赦”和“非常赦”。所谓“大赦”是普及全国的,相对于全国性的大

---

[47] “恶逆”包含了五种罪名,即一、殴祖父母、父母;二、谋杀祖父母、父母;三、杀伯叔父母、姑、兄姊、外祖父母;四、杀夫;五、杀夫之祖父母、父母。

[48] 《唐律·断狱律》“闻知恩赦故犯”条(总489)。

[49] 戴炎辉:《唐律通论》,第330页。钱大群:《唐律与中国现行刑法比较论》,南京:江苏人民出版社1991年版,第273—274页。

赦,就是地区性的"曲赦"。大赦又可分作"常赦"与"非常赦",假如赦书宽免的范围,但云"罪无轻重,皆赦除之",不言"常赦所不免者",就是一般的"常赦"。若赦书连"常赦所不免者",皆赦除之,或是对部分"常赦所不免"的犯罪宽免,那么,这就应称做"非常赦"。

(二) 知有赦而故犯

《唐律·断狱律》"闻知恩赦故犯"条(总489)云:"诸闻知有恩赦而故犯……皆不得以赦原。"《疏》议曰:

> "闻知有恩赦而故犯",谓赦书未出,私自闻知,而故犯罪者。(第567页)

若事前知有恩赦而故意犯法,妄图侥幸者,罪在不赦。

然而,正如第二章《恩赦与礼制》一章所述,唐代某些特定的喜庆和祭典,例必有赦,几乎是人尽皆知。在各方预见必有恩赦的背景下,难免会有不法之徒,故意劫夺杀人。这种弊害自始至终都无法避免。早在武后天册万岁元年(695),两度大赦,时为获嘉县主簿的刘知几,便上表指陈弊害,云:

> 自皇家受命,赦宥之泽可谓多矣,近则一年再降,远则再岁无遗。至若违法悖礼之徒,无赖不仁之辈,编户则寇攘为业,当官则赃贿是求,莫不公然故犯,了无疑惮。[50]

由于知有恩赦,自然造成"公然故犯,了无疑惮"。唐穆宗于元和十五年(820)正月即位,闰正月癸亥诏曰:

> 御楼敕下,远近已知。如闻奸人觊望恩赦,城外道路劫夺稍多。从御楼敕下至来月五日已前,京畿应有奸非盗贼等希恩赦故犯,情不可原,并依法处断,不在赦宥之限。其犯罪人纵属诸军诸使,亦委府县依法科断。[51]

翌年的长庆元年(821)七月丁酉,穆宗加尊号大赦,诏曰:

> 御楼敕下,远近已知,切虑奸人觊望恩赦。从御楼敕下至今月十八日

---

[50] 《唐会要》卷40《论赦宥》,第853页。
[51] 《册府元龟》卷65"帝王部·发号令四",第1a页。

> 以前，京畿应有奸盗希恩故犯，并准法处分。使犯罪人纵属诸军诸使，亦任府县依法科断。[52]

奸人知有恩赦，竟致劫夺罪案增多，可见虽有闻知恩赦故犯不原的律文，但是，赦宥恩泽既多，希恩故犯的情事，实难禁绝。

职是之故，后来，皇帝在恩诏中对于可能是闻知有赦而故犯者，加以排除。正如《恩赦与礼制》一章所述，皇帝郊庙准备时间往往长达三个月，各方必然知晓将有郊庙大典，希恩故犯者在所难免，武宗会昌五年(845)正月郊庙大赦诏中，便声明"九月二十九日降郊礼敕后流贬人不在此例"。将降郊礼敕至郊礼赦之间三个多月的严重犯罪，一律排除在外。宣宗大中元年(847)正月和僖宗乾符二年(875)正月的郊庙赦，都作出类似的处分。

（三）以赦前事相告言

唐代皇帝颁布大赦时，一般都在赦书最后部分申明"敢以赦前事相告言者，以其罪罪之"之语，前揭《兴元赦书》便是最佳例子。考《唐律》对于赦前事，也是明令禁止。关于禁告赦前事的规定，见《唐律·斗讼律》"以赦前事相告言"条(总354)，云：

> 诸以赦前事相告言者，以其罪罪之。官司受而为理者，以故入人罪论。至死者，各加役流。若事须追究者，不用此律(追究，谓婚姻、良贱、赦限外蔽匿，应改正征收及追见赃之类)。

《疏》议曰：

> "以赦前事相告言者"，谓事应会赦，始是赦前之事，不合告言；若常赦所不免，仍得依旧言告。(第442页)

可知事在赦前，不合告言。若有人以赦前事告者，以其所告之罪罪之，若所告是死罪，则处以"加役流"的刑罚。唐代为了禁告赦前事，其处罚不可谓不重。不过，并非所有犯罪经赦后都不得告言，所谓"赦前事"，乃指应赦之事，若所犯属"常赦所不免"的罪行，仍可追究。此外，据律注及疏议所云，某些犯罪应改

---

[52] 《册府元龟》卷65"帝王部·发号令四"，第1B页。

正、征收及追讨赃物等，仍得追究。

所犯在赦前，赦后可否纠举，自汉代以来即有不少争议，西汉平帝曾下诏禁告赦前事，违者以不道论（《汉书·平帝纪》，第348页）。十六国羌族的姚苌就曾"除妖谤之言及赦前奸秽，有相劾举者，皆以其罪罪之"（《晋书·姚苌载记》，第2972页）。《唐律》禁告赦前事，违者"以其罪罪之"的规定，未知是否源自姚苌？北齐文宣帝高洋天保九年（558）大赦诏，有"敢以赦前事相告言者，以其罪罪之"之语[53]，唐代赦书中的用语，应当承继北齐而来。皇帝虽不时申明禁告赦前事，但是，官司举奏赦前之事，似乎从未止歇。北周明帝鉴于官司屡有举奏赦前事，乃于武成元年（559）五月下诏禁止，曰：

> 比屡有纠发官司赦前事。此虽意在疾恶，但先王制肆眚之道，令天下自新，若又推问，自新何由哉。如此之徒，有司勿为推究。惟库厩仓廪与海内所共，汉帝有云"朕为天下守财耳"。若有侵盗公家财畜钱粟者，魏朝之事，年月既远，一不须问。自周有天下以来，虽经赦宥，而事迹可知者，有司宜即推穷。得实之日，但免其罪，征备如法。（《周书·明帝纪》，第57页）

明帝虽一方面申明禁告赦前事，但另一方面，对于侵盗公家财畜钱粟者，仍许有司穷治，若所犯属实，只须依法征收侵盗之物即可，朝廷的目的似乎旨在充实仓廪而不在除恶。《唐律》"以赦前事相告言"条中"应改正征收及追见赃之类"的规定，可能是受北周的影响。

恩赦是让世人荡涤宿恶，不只已发现的犯罪，甚至连已发生的恶行亦获得赦免。因此，赦前事理当不能追究。此外，恩赦之目的为救济司法之穷，减轻刑狱负担，若允许告赦前事，不仅有损皇恩，更使法案积压，刑狱淹滞。所以，法律禁告赦前事，无疑是一种进步。唐代是否确实遵守法律的规定呢？据《旧唐书·狄仁杰附狄兼谟传》云：

> 开成初，度支左藏库妄破渍污缣帛等赃罪，文宗以事在赦前不理。（第2896页）

---

[53] 《文馆词林》卷670，第386页。

文宗以事在赦前而不追究官吏的赃罪,显然恪守刑律。但是,也有不遵守的例子。开元初,韦安石被贬一案,足以说明。按《旧唐书·韦安石传》云:

> 安石初在蒲州时,太常卿姜皎有所请托,安石拒之,皎大怒。开元二年,皎弟晦为御史中丞,以安石等作相时,同受中宗遗制,宗楚客、韦温削除相王辅政之辞,安石不能正其事,令侍御史洪子舆举劾之。子舆以事经赦令,固称不可。监察御史郭震希皎等意,越次奏之。(第2957页)

韦安石被劾奏之事,发生在大赦之前,按理不应论处,但是,最终却因此被玄宗贬为沔州别驾。类似例子也发生在德宗朝,时尚书左丞薛邕以赃罪下狱,三司使于邵以为邕犯在赦前,奏出之,结果,薛邕还是被贬为连山尉,而于邵竟因失旨,也被贬为桂州长史(《旧唐书·于邵传》,第3766页)。可见皇帝往往因个人好恶而随意破坏法律,追究赦前的犯罪。

皇帝经常宣示禁告赦前事,其实适足说明官司仍经常纠举赦前事。为何人们会习于纠告赦前事?

宋神宗时,鉴于官员经常举奏赦前事,乃下诏"其内外言事、按察官,毋得依前举劾",时为知谏院的司马光乃上疏,云:

> 按察之官,以赦前事兴起狱讼,禁之诚为大善。至于言事之官,事体稍异。何则?御史之职,本以绳按百僚,纠擿隐伏。奸邪之状,固非一日所为。国家素尚宽仁,数下赦令,或一岁之间至于再三,若赦前之事皆不得言,则其可言者无几矣。万一有奸邪之臣,朝廷不知,误加进用,御史欲言则违今日之诏,若其不言,则陛下何从知之。臣恐因此言者得以借口偷安,奸邪得以放心不惧。此乃人臣之至幸,非国家之长利也。请追改前诏,刊去"言事"两字。(《宋史·刑法志三》,第5028页)

以法而言,禁告赦前事乃合理的规定,然而,由于皇帝肆赦频繁,官员很难避免不告赦前事,否则,真是"可言者无几矣"。司马光的议论或许可以解释无法禁绝举奏赦前事的原因了。

六、赦前断罪不当

赦前断罪不当,赦后应如何处置呢?据《唐律·断狱律》"赦前断罪不当"

条(总488)云:

> 诸赦前断罪不当者,若处轻为重,宜改从轻;处重为轻,即依轻法。其常赦所不免者依常律;即赦书定罪名合从轻者,又不得引律比附入重。违者各以故、失论。(第566—567页)

从律疏可知会赦改判,依以下三个原则:第一,赦前处轻为重者,改判从轻,然后据赦原免。例如,斗杀凡人,误断为杀缌麻尊长,即从杂犯死罪误断为十恶死罪,若大赦中明令十恶不原,这里便需改正为杂犯死罪,准予蒙恩免死移乡。第二,赦前处重为轻,只要非常赦所不原的罪行,则一律予以赦免。例如,所犯虽为十恶,但并非常赦不免之罪,那么,所判不必改正,迳行赦免便可。第三,若处重为轻,而其所犯属常赦不免者,则仍需改判为重。不过,假如赦书所定罪名从轻,则不得引律比附入重。据《疏》议的说明和所引《贞观九年三月十六日赦书》为例证,可知赦书既云"谋叛已上道",不在赦例,那么,谋叛未上道则在原免之限,法官不能以律文处以严刑。

第二节 大赦与量移

前引德宗《兴元赦书》中,云:"天下左降官,即与量移近处。已经量移者,更与量移。"唐代赦书提及"量移"之处,俯拾可见。不仅赦书,即唐人诗文亦经常出现"量移"一词,譬如白居易《自题》一诗云:"功名宿昔人多许,宠辱斯须自不知。一旦失恩先左降,三年随例未量移。"韩愈有《从潮州量移袁州张韶州端公以诗相贺因酬之》诗一首,柳宗元也有《送薛判官量移序》一文。简单而言,所谓"量移",是指左降官员以及诸色流人,得以向首都移近若干里程,乃唐代特殊的制度。[54] 量移之制,始于何时?什么状况下才得以量移?一旦准予量移时,左降官和流人又会得到什么程度的恩惠呢?

---

[54] 近代最早探讨唐代量移制的,应是日本学者岛善高:《唐代量移考》,收入《东洋法史探究——岛田正郎博士颂寿纪念论集》,东京:汲古书院1987年版。岛善高氏对唐代量移制度作了简要论述。另外,亦可参看拙作:《唐代量移试探》,收入中国唐代学会、"国立"中正大学中文系、历史系合编:《第五届唐代文化学术研讨会论文集》,高雄:丽文文化事业2001年版。

一、量移的创制

考量移之制，首见于玄宗开元十一年(723)，据是年十一月南郊大赦诏云：

> 其左贬官，非逆人五服内亲，及犯赃贿名教者，所司勘责奏闻，量移近处。[55]

这是量移制度最早的记载。[56] 唐代赦书但凡提到量移，大都是左降官和流人并称，如玄宗开元二十七年(739)《册尊号赦》云：

> 左降官并诸色流人，并稍量移近处。[57]

宪宗元和七年(812)《册皇太子赦》云：

> 天下应犯死罪，非杀人者，递减一等。左降官、流人并与量移。[58]

可见量移的对象并非只有左降官，亦包括一般犯了流刑的罪人。何以量移同时适用于左降与流刑呢？这主要是两者的处罚方式，有其相似之处：都是以上都长安为基准，将人驱逐到偏远的不毛之乡。[59] 职是之故，"量移"便应运而生——就是把这些被驱逐之人迁转到较接近首都的地方。

二、量移的条件

左降官和流人在什么条件下，可以获得皇帝准予量移的恩典呢？开元十八年(730)正月丁巳，玄宗迎气于东郊，事后大赦，诏云：

> 其左降官及流移配隶，安置罚镇效力之类，并宜量移近处……流人及左降官考满载满，丁忧服满者，亦准例稍予量移。[60]

这里可以看出左降官和流人得以量移的机会大致有两种：第一，遇到皇帝的大

---

[55] 《册府元龟》卷 85"帝王部·赦宥四"，第 9b 页。
[56] ［日］岛善高：《唐代量移考》，第 213 页。
[57] 《册府元龟》卷 86"帝王部·赦宥五"，第 2a 页。
[58] 《文苑英华》卷 432，第 2b 页。
[59] 参看拙作：《唐代量移试探》。
[60] 《册府元龟》卷 85"帝王部·赦宥四"，第 17b 页。

赦,特别恩准量移近处,这种是不定期的方式;第二,左降官经过一定的考课,流人经过一定的年限,亦准例量移,这种是常态性定期的方式。

自开元十一年(723)以降的大赦,经常附带量移的恩惠。这种额外的恩典,并不是每次大赦都会施予,而量移的程度,也因个别大赦而有所差异,譬如前引玄宗开元十一年大赦,申明"其左贬官,非逆人五服内亲,及犯赃贿名教者,所司勘责奏闻,量移近处"。犯赃贿名教的就不得量移。穆宗长庆元年(821)正月南郊改元大赦,赦诏云:"其左降官及流人,如所坐之罪本因犯赃,到任及所配处未经二年者,不在量移。"[61]文宗大和元年(827)二月乙巳《改元大赦诏》则恩准"左降官量移近处,已经量移者,更与量移"[62]。敬宗朝李绅得以量移的故事,便充分看出量移的程度,端视皇帝当时赦书的内容。敬宗初立,李绅遭李逢吉构陷,外贬端州司马,宝历元年(825)四月敬宗加尊号并改元,大赦天下,史称:

> 逢吉定赦书节文,不欲(李)绅量移,但云左降官已经量移者与量移,不言左降官与量移。韦处厚复上疏论之,语在处厚传。帝特追赦书,添节文云"左降官与量移",绅方移为江州长史。(《旧唐书·李绅传》,第4499页)

可知李逢吉在赦书中故意少写了"左降官与量移"之句,险些造成李绅以及大批左降官不得量移,幸赖韦处厚仗义执言,敬宗才在赦书追加"左降官与量移"之句。

除了皇帝大赦以外,左降官考满以及流人载满,也得以量移近处。不过,到底是经过几考几载,才可以量移呢?德宗贞元六年(790)十一月的南郊大赦,云:"左降官经三考,流人配隶效力之类,经三周年者,普与量移。"[63]清楚看到左降官经三考、流人经三载,准予量移。唐代通常一年一考,所以,左降官和流人都是以三年为度。然而,三年量移之规定,到宪宗朝有了改变。元和十二年(817)七月乙酉敕云:

---

[61] 《文苑英华》卷426,第5b页。
[62] 《唐大诏令集》卷5,第26页。
[63] 《册府元龟》卷89"帝王部·赦宥八",第13a页。

自今以后，左降官及责授正员官等，并从到任后经五考满，许量移。今日以前左降官等，及量移未复资官，亦宜准此处分。[64]

宪宗把左降官量移的标准，从三考增加为五考，并且溯及“今日以前左降官等”，难怪遭左降江州司马的白居易，有“三年随例未量移”之叹。[65] 敕书虽无提及流人部分，但流人量移的标准，应该也是从三载提高为五载。

三、流人的量移

唐代赦书提及量移，固然大多是左降官和流人并称，但是，有关流人量移的细节，语焉不详，甚至流人量移的具体事例，也并不多见。因此，只能就有限资料，略作说明。

唐代流刑寓有无期徒刑之意，且具有保安处分的性质，所以，流人终身不得返乡，除非“若流移人身丧，家口虽经附籍，三年内愿还者，放还”[66]。即流移者本身死亡，其配流家口才得以放还。宪宗元和八年（813）正月，刑部侍郎王播奏曰：

> “臣又见比年边城犯流者，多是胥徒小吏，或是斗打轻刑，据罪可原，在边无益。伏请自今以后，流人及先流人等，准格例，满六年后，并许放还。冀抵法者足以悛惩，满岁者绝其愁怨。”从之。[67]

可知元和八年以后，流人到配所满六年后，准予放还。这是唐代流刑之一大变革。

敬宗长庆四年（824）四月，刑部就流人和左降官的量移，作出新的建议，云：

> 准其年三月三日起请，准制：“以流贬量移，轻重相悬。贬则降秩而

---

[64] 《唐会要》卷41“左降官及流人”，第862页。

[65] 白居易于元和十年被贬为江州司马，《自题》诗作于元和十三年。参看（唐）白居易撰，朱金城笺校：《白居易集笺校》，上海：上海古籍出版社1988年版，第1069页。若按照三考量移的旧办法，白居易应可于元和十三年量移，但元和十二年将三考提高为五考，遂有此叹。

[66] 《唐律·名例律》“犯流应配”条（总24）。

[67] 《唐会要》卷41“左降官及流人”，第861—862页。

已，流为摈死之刑。部寺论理，条件闻奏。”今谨详赦文，流为减死，贬乃降资。量移者却限年数，流放者便议归还。准今年三月赦文，放还人其中有犯赃死及诸色免死配流者。如去上都五千里外，量移校近处。如去上都五千里以下者，则约一千里内，与量移近处。如经一度两度（“两度”疑为衍文）移，六年未满者，更与量移，亦以一千里为限。如经三度两度（“两度”疑为衍文）量移，如本罪不是减死者，请准制放还。如左降官未复资遇恩，满五考者，请准元和十二年九月敕，与量移。……制可之。[68]

这段奏议大致可归纳为几点：第一，由于左降官和流人都以五年为度，但左降可能只是犯微过贬官，而流人往往是减死从流，二者所犯，轻重可能相当悬殊，因此，皇帝要求刑部和大理商议二者量移事项。第二，刑部对于流人量移作出以下处分：若去长安五千里外的流人，准予量移近处；五千里以内者，准予量移千里以内。如已经一度量移，但未满六年放还期限，则仍予量移；若已经三度量移，而本罪不是减死者，则予以放还。第三，左降官满五考者，依旧准予量移。

宣宗大中四年（850）五月，御史台奏：

起请赦书节文，流人该恩，例须磨勘文书，虽曰放还，尚为拘绊。其人经三度量移者，赦书后，委所在长吏子细检勘，无可疑者，便任东西。[69]

可知经三度量移后，流人便得自由，就此亦可印证前引长庆四年四月刑部奏议中的“三度两度”，当作“三度”解。

流人量移究竟可以量移多远呢？流人遇赦量移的例子，两唐书中只见宋浑一例而已。[70] 按宋浑为开元名相宋璟之子，天宝九年（750），坐赃被流岭南道高要郡，后遇赦，量移江南东道东阳郡。高要郡距上都四千三百三十五里，东阳郡距上都三千九百九十五里，移近了三百四十里，并不算多。[71] 由于只此一例，无法作太多的申论。不过，中唐以后的量移，往往有千里以上的。据前引

[68] 《唐会要》卷41“左降官及流人”，第863—864页。
[69] 同上书，第865页。
[70] 《旧唐书》卷96《宋璟传附子浑传》，第3036页。
[71] 各州县距长安的远近，主要是根据《元和郡县志》、《旧唐书·地理志》、《新唐书·地理志》计算。

敬宗朝刑部的建议,距上都五千里以内者,可以量移一千里。宣宗大中元年(847)正月南郊大赦,云"诸色流贬人,先有敕云纵逢恩赦不在量移限,自去年五月五日赦文后,已经量移者,五千里外更与量移千里;三千里外者,更与量移五百里。"[72]亦是五百里到千里之间。

四、左降官的量移

左降官遇赦量移的事例,两唐书中共得四十四人次,远比流人量移来得丰富,现将唐代左降官量移事例,列于表3-2。

若考察这四十四人次的量移事例,发现有三十八人次量移后,是离开了原先任所所属的道。譬如,玄宗朝齐澣自高州良德县丞量移为常州刺史,高州属岭南道,常州属江南东道。肃、代朝的李揆自袁州长史量移为歙州刺史,袁州属江南西道,歙州属江南东道。懿宗朝刘瞻被贬为康州刺史,后量移为虢州刺史,康州属岭南道,虢州属河南道。可见大部分左降官量移后,新任所与原来的贬所并不会在同一道。

另外,有三十六人次量移事例,的确是移近了京师,像白居易自江州司马量移为忠州刺史,江州距长安二千七百六十里,忠州距长安二千二百二十二里,移近了约五百里。不过,量移后移近了首都千里以上的例子似乎更多,譬如卢杞在兴元元年(784)七月自新州司马量移为吉州长史,新州距长安五千零四十一里,吉州距长安三千六百零五里,移近了约一千四百里。李吉甫原被贬为明州长史,明州距离长安三千八百零五里,量移为忠州刺史,忠州距长安二千二百二十二里,移近了约一千六百里。可见,量移的里数虽然不一,但常常有量移千里以上的。

再者,在这四十四人次的量移事例中,官人量移后除了较接近首都外,其官品是否亦有所超升呢?试以卢杞的案例来说明,卢杞被贬为新州司马,后量移为吉州长史,新州属下州,下州司马为从六品上[74],吉州属上州,上州长史为从五品上,跳升了四级;后来再度量移为澧州别驾,澧州属上州,别驾为从四品

---

[72] 《文苑英华》卷430,第2b页。

[74] 州县官员的品阶是根据《新唐书》卷49下《百官四下》。

表 3-2　唐代左降官量移表

编号	姓名	被贬时间	贬所	所属道	离京（里）	职务	量移时间	量移地	所属道	离京（里）	职务	出处
1.	齐澣	开元 17.7	良德·下	岭南	6262	丞	开元 22?	常州·紧	江南东	2845	刺史	旧 190 中 鉴 213
2.	王忠嗣	天宝 6.11	汉阳郡下	淮南	2384	太守	天宝 7	汉东郡下	山南东	1388	太守	旧 103
3.	崔器	天宝 9.2	不详	岭南		不详	天宝 13	京兆府			司录	旧 115
4.	李宗晖*	天宝 11	涪川中下	黔中	4335	长史	天宝 13?	卢阳中下	黔中	3211	长史	旧 86
5.	韩洪*	天宝 11	不详			不详	天宝 13?	华州·辅	关内	180	长史	旧 98
6.	张镒	乾元初	抚州·上	江南西	3350	司户	不详	晋陵·望	江南东	2845	令	旧 125
7.	李揆	上元 2.2	袁州·上	江南西	3180	长史	宝应初	歙州·上	江南东	4805	刺史	旧 10、126 诏 57
8.	卢杞*	建中 4.12	新州·下	岭南	5041	司马	兴元 1.7	吉州·上	江南西	3605	长史	
9.							贞元 1.1	澧州·上	山南东	1893	别驾	旧 12、85
10.	白志贞	建中 4.12	恩州·下	岭南	6500	司马	兴元 1.7	开州·下	山南西	1460	别驾	旧 135
11.	李吉甫*	贞元 8?	明州·上	江南东	3805	长史	贞元 9	忠州·下	山南东	2222	刺史	旧 139、148
12.	李实*	贞元 21.2	通州·上	山南西	1576	长史	贞元 21.2	虢州·望	河南	430	长史?	旧 14、135
13.	马总	贞元中	泉州·上	江南东	5695	别驾	元和前				恩王傅	旧 157
14.							元和初	虔州·上	江南西	4125	刺史	旧 157
15.	韩泰	永贞 1.11	虔州·上	江南西	4125	司马	元和 10.3	漳州·下	江南东	6450	刺史	
16.							长庆 1.3	郴州·上	江南西	3275	刺史	旧 14、16、135
17.	韩晔	永贞 1.11	饶州·上	江南西	3130	司马	元和 10.3	汀州·下	江南东	6295	刺史	
18.							长庆 1.3	永州·中	江南西	3155	刺史	旧 14、15、135
19.	陈谏	永贞 1.11	台州·上	江南东	4177	司马	元和 10.3	封州·下	岭南	4510	刺史	
20.			循州·下	岭南	4610	刺史	长庆 1.3	道州·中	江南西	3415	刺史	旧 14、15、135
21.	柳宗元	永贞 1.11	永州·中	江南西	3155	司马	元和 10.3	柳州·下	岭南	5470	刺史	旧 14、15、160
22.	刘禹锡	永贞 1.11	朗州·下	江南西	2159	司马	元和 10.3	播州·下	黔中	4450	刺史	
23.								连州·下	江南西	3665	刺史	旧 14、15、160
24.	韩愈	贞元 19	阳山中下	江南西	3665	令	元和 1	江陵府	山南东	1730	法曹参军	
25.		元和 14.1	潮州·下	岭南	5625	刺史	元和 1	袁州·上	江南西	3180	刺史	旧 160
26.	南承嗣*	元和 2	永州·中	江南西	3155	刺史	元和 4	澧州·上	山南东	1893	刺史	文 578
27.	杨于陵	元和 11.4	郴州·中	江南西	3300	刺史	元和 13?				原王傅	旧 15、114

（续表）

编号	姓名	被贬时间	贬所	所属道	离京（里）	职务	量移时间	量移地	所属道	离京（里）	职务	出处
28.	孟简*	元和15.3	吉州·上	江南西	3605	司马	长庆1.4	睦州·上	江南东	3715	刺史	
29.							长庆2	常州·紧	江南东	2845	刺史	旧16、163
30.	元稹	元和5.2	江陵府	山南东	1730	士曹参军	元和11?	通州·上	山南西	1576	司马	旧166
31.	白居易*	元和10.8	江州·上	江南西	2760	司马	元和13冬	忠州·下	山南东	2222	刺史	旧166
32.	张仲方	元和12.3	遂州·中	剑南	2020	司马	元和13?	复州·上	山南东	1680	司马	旧171
33.	令狐楚	元和15.6	衡州·上	江南西	2950	刺史	长庆1.4	郢州·上	山南东	1385	刺史	旧172
34.	卢昂	不详	万州·下	山南东	2624	司户	长庆1	虢州·望	河南	430	司户	文657
35.	李绅	长庆1.4	端州·下	岭南	4335	司马	宝历1.4	江州·上	山南西	2760	长史	旧17上、173 新142、181
36.	李宗闵*	大和9.8	潮州·下	岭南	5625	司户	开成1.4	衢州·上	江南东	4095	司马	
37.							开成3.2	杭州·上	江南东	3400	刺史	旧17下、176
38.	李德裕	大和9.4	袁州·上	江南西	3180	长史	开成1.3	滁州·上	淮南	2564	刺史	旧17下、174
39.	董昌龄	大和中	溆州·下	黔中	3048	司户	大和8	硖州·下	山东南	1888	刺史	旧176
40.	魏暮	会昌中	信州·中	江南西	3630	长史	宣宗即位	郢州·上	山南东	1385	刺史	旧176
41.	李烨⑬	大中2	蒙州·下	岭南	5100	尉	大中13	郴县·上	江南西	3275	尉	附注1
42.	杨严	咸通9.10	邵州·下	江南西	2884	刺史	不详				吉王傅	旧19上、177
43.	刘瞻	咸通11.9	康州·下	岭南	4255	刺史	不详	虢州·望	河南	430	刺史	旧177
44.	张裼	咸通13.5	封州·下	岭南	4385	司马	咸通末				太子宾客	旧19上、178

旧：旧唐书　新：新唐书　鉴：资治通鉴　文：全唐文

*：遇赦量移者

⑬ 李烨的贬所，据《旧唐书》卷174作“象州立山尉”，然据李浚：《唐故郴县尉赵郡李君墓志铭》（收入周绍良编：《唐代墓志汇编》，上海：上海古籍出版社1992年版，第2390—2391页），以及陈寅恪：《李德裕贬死年月及归葬传说辨正》（收入陈寅恪著：《金明馆丛稿二编》，上海：上海古籍出版社1981年版），可知当为“蒙州立山尉”。据《新旧书·地理志》，蒙州属岭南道，距长安五千一百里。另据志文云“今皇帝嗣位之岁，御丹凤肆赦，诏移郴县尉。”又烨卒于大中十四年夏六月，可知量移时间，应是懿宗大中十三年十月。

下，这次卢杞又跳升了三级。又如李吉甫从明州长史量移忠州刺史，明州属上州，长史为从五品上，忠州属下州，刺史为正四品下，跳升了五级。又如，李绅从端州司马量移江州长史，端州属下州，司马为从六品上，江州属上州，长史为从五品上，跳升了四级。有些案例是量移后职务没有变动，如南承嗣在元和四年(809)自永州刺史量移为澧州刺史，不过，虽同为刺史，但永州为中州，刺史为正四品下，澧州属上州，刺史为从三品，还是升了两级。简单而言，量移后左降官的品阶多少都会有所调升。

第三节　大赦与民间的债务

一、放免欠负官物

前引《兴元赦书》云：

> 其除陌及税间架、竹、木、茶、漆、榷酒钱等诸色名目，悉宜停罢。京畿之内……宜特减放今年夏税之半。

大赦既是人君非常之惠，为了普天同庆，行惠无偏，皇帝自不应只对囚徒免罪，也应对天下万民施恩布德。因此，大赦往往附带免除百姓租税之类的恩惠。类似《兴元赦书》减放租税之事，在唐代大赦时，屡见不鲜。譬如宪宗改元元和大赦诏云："京畿诸县，今年十二月苗钱及榷酒钱，并宜放免，地税率每斗量放二升。"[75]穆宗长庆元年(821)正月南郊改元大赦，下诏："天下百姓，今年夏税，每贯放一百五十文。"[76]

除了减放当年租税外，值得注意的是，皇帝经常借大赦之机放免百姓欠负之官物，如宪宗元和四年(809)三月己酉《亢旱抚恤百姓德音》云：

> 畿内在城诸色所由人户欠负，从贞元十一年以后至贞元十五年终，主保逃亡，摊征保人，并保人又逃亡，及身在贫穷非家业见存、奸猾延引者，

[75] 《唐大诏令集》卷5，第25页。
[76] 《唐大诏令集》卷70，第358页。

所欠钱物斛斗柴草等项，亦宜放免。[77]

这是在一定条件下，放免人民积欠朝廷贞元十一年（795）至十五年（799）的债务。

百姓欠负朝廷债务，《唐律》中明定处罚方式，按《唐律·杂律》"负债违契不偿"条（总398）《疏》议云：

负债者，谓非出举之物，依令合理者，或欠负公私财物，乃违约乖期不偿者，一匹以上，违二十日笞二十，二十日加一等，罪止杖六十。"三十匹加二等"，谓负三十匹物，违二十日，笞四十；百日不偿，合杖八十。"百匹又加三等"，谓负百匹之物，违契满二十日，杖七十；百日不偿，合徒一年。各令备偿。若更延日，及经恩不偿者，皆依判断及恩后之日，科罪如初。（第485页）

《唐律》所规范的是"负债"，即无利息的借贷，若违约不偿者，律有罚则，最高处以徒一年之刑。假若会赦，其罚虽可免，但债务仍需清偿，若仍不清偿，其处罚是自赦后之日计算。所以，除非恩赦附带免债之恩德，否则，对无力偿还欠债的百姓而言，所谓恩赦不过是一纸虚文而已。

元和四年（809），白居易《奏阌乡县禁囚状——虢州阌乡湖城等县禁囚事宜》，便沉痛地指出：

右，伏闻前件县狱中有囚数十人，并积年禁系，其妻儿皆乞于道路，以供狱粮。其中有身禁多年，妻已改嫁者；身死狱中，取其男收禁者。云是度支转运下囚，禁在县狱，欠负官物，无可填陪。一禁其身，虽死不放。前后两遇恩赦，今春又降德音。皆云节文不该，至今依旧囚禁。臣伏以罪坐之刑，无重于死。故杀人者罪止于死，坐赃者身死不征。今前件囚等，欠负官钱，诚合填纳。然以贫穷孤独，唯各一身，债无纳期，禁无休日，至使夫见在而妻嫁，父已死而子囚。自古罪人，未闻此苦。行路见者，皆为痛伤。[78]

---

[77] 《文苑英华》卷435，第6a页。

[78] 《白居易集笺校》卷59"奏状二"，第3355页。

阌乡县所禁囚，由于欠负官物，无力偿还，因此，纵逢恩赦，仍然遭到禁系狱中。杀人者遇赦尚蒙宽宥，欠负官物竟致"债无纳期，禁无休日"，甚至"父死子囚"，其惩处较诸杀人罪犹有过之，完全不合情理。阌乡囚徒应非个别现象，因此，白居易以为"臣兼恐度支盐铁使下诸州县禁囚更有如此者"，请求皇帝慎重处理此事。

为了解决百姓欠负官物，长期遭到禁系的噩运，文宗大和八年（834）二月曾下诏，云：

> 应度支户部盐铁积欠钱物，或囚系多年，资产已尽；或本身沦殁，展转难征；簿书之中，虚有名数；囹圄之下，常积滞冤。言念于斯，所当矜恤。其度支户部盐铁应有悬欠，委本司具可征放数条闻奏，不得容有奸滥。[79]

显然文宗要慎重处理百姓因欠负官物而遭禁系的问题。同年十二月，文宗终于下诏禁止对于欠负官物者囚系，云：

> 如欠负官钱，情非巨蠹，责保填纳，不要禁系。[80]

有时除了下诏禁止囚系久负官钱者外，也会展延债务偿还的期限。唐代皇帝为了体恤黎民百姓，经常在农事歉收时，下诏停征一切公私债负。这种恩惠始自唐初，如高祖武德六年（623）《劝农诏》云：

> 其有公私债负，及追征输送所至处，且勿施行。[81]

开元二十三年（735）五月《缓逋赋诏》云：

> 如闻关辅蚕麦，虽稍胜常年，百姓所收，才得自给，若无优假，还虑艰弊……其公私旧债，亦宜停征。[82]

文宗开成三年（839）正月《淄青蝗旱赈恤德音》云：

> 应遭蝗虫及旱损州县乡村百姓，公私债负，一切停征，至麦熟，即任依

---

[79] 《唐大诏令集》卷10《疾愈德音》，第59页。
[80] 《唐大诏令集》卷86《曲赦京畿德音》，第442页。
[81] 《全唐文》卷2。
[82] 《册府元龟》卷147"帝王部·恤下二"，第12a页。

前征理，及准私约计会。[83]

这类停征的恩德，并非免除百姓的债务，只是暂停征收，俟麦熟后还是要依原定的数额和方式偿还。[84]

不管是禁止囚系欠债百姓，抑或展延偿债期限，百姓的债务压力仍是没有丝毫减轻，较为彻底的办法就是下诏免除欠债。前引元和四年(809)三月的德音，免除了贞元十一年(795)至十五年(799)的欠债。元和六年(811)十月，宪宗又下诏放免元和五年以前诸色逋租(《旧唐书·宪宗纪上》，第438页)，或许正是对上引白居易奏议的回应。类似放免百姓积年旧债，在晚唐其他大赦中经常看到。譬如穆宗长庆元年(821)正月南郊大赦，放免元和十三年(818)以前欠负诸色钱物斛斗。[85] 文宗开成元年(836)正月大赦，并放免大和五年(831)以前诸色欠负。[86] 放免积年欠债，固然嘉惠百姓，但所放债务因年代久远，百姓大多早已缴纳，因而受惠者应当不多。

二、免除民间私债

唐宪宗元和十四年(819)七月二十三日《上尊号赦》云：

> 应在城内有私债经十年以上，本主及原保人死亡，又无资产可征理者，并宜放免。[87]

这是唐朝首见大赦附带免除民间私债的记载。唐代皇帝大赦时，往往连带减放百姓租税，但恩赦竟然干涉民间私人债务，的确相当奇特，此亦中国恩赦之一大特色。皇帝免除民间私人债务之事，可上溯至北魏晚期，据《魏书·孝庄帝纪》云：

> (永安二年(529)八月)诏诸有公私债负，一钱以上巨万以还，悉皆禁断，不得征责。(第263页)

---

[83] 《文苑英华》卷436，第1b页。
[84] 参看罗彤华：《唐代民间借贷之研究》(台北：台湾大学历史学研究所博士论文，1996)，第298页。
[85] 《文苑英华》卷426《长庆元年正月三日南郊改元赦文》，第6b页。
[86] 《唐大诏令集》卷5《改元开成赦》，第27页。
[87] 《文苑英华》卷422，第11a页。

可惜孝庄帝免债之详情,不得而知。

前引《唐律·杂律》"负债违契不偿"条(总398)关于债务的规范,只是针对"负债",即无利息的借贷而已。对于收取利息的借贷,唐代称作"出举"、"举债"、"举息"、"举钱"。对于这类的借贷,法律并不干涉,按《杂令》云:

诸公私以财物出举者,任依私契,官不为理。每月取利,不得过六分。积日虽多,不得过一倍。若官物及公廨,本利停讫,每计过五十日不送尽者,余本生利如初,不得更过一倍。家资尽者,役身折酬。役通取户内男口,又不得回利为本(其放财物为粟麦者,亦不得回利为本及过一倍)。若违法积利、契外掣夺及非出息之债者,官为理。收质者,非对物主不得辄卖。若计利过本不赎,听告市司对卖,有剩还之。如负债者逃,保人代偿。(《开元二十五年令》)[88]

对于收取利息的借贷,官方秉持的原则是"任依私契,官不为理",即一切权利义务,一凭双方契约规定,官方并不干涉。所谓"官不为理",主要是官方不介入民间的债务,即令债务人违约不偿,官方也不会协助债权人讨回欠债。官方对于借贷双方,只作出最基本的规范和保障而已。对于债务人保障,最重要的就是对利息的上限作出规定,即月息6%(年息为72%),而且,禁止复利计息,累计利息与本金相等、本利合计超过本金一倍,停止计息。另外,若债权人违约扣押债务人家资,则官方将会介入。对于债权人所订的保障,则是可以依契约扣押债务人的家资,如果债务人逃亡,债务将由保人代偿。

原则上,朝廷对于民间的借贷,维持不干涉的原则,非不得已,绝不介入。因此,不准地方衙门替债权人收系禁锢债务人,如懿宗咸通八年(867)五月丙辰德音云:

如闻府县禁人,或缘私债及锢身监禁,遂无计营生,须有条流,俾其存济。自今日以前,应百姓举欠人债,如无物产抵当,及身无职任请俸,所在州县及诸军司,须宽与期限,切不得禁锢校料,令其失业。[89]

---

[88] 《唐令拾遗·杂令》,第十七"公私以财物出举"条。

[89] 《唐大诏令集》卷86,第446页。

然而，正如前述，皇帝有时考虑到农事歉收，遂下诏停征一切公私债负，不只百姓所欠官方债务暂停征收，也影响到民间私人的借贷。皇帝一纸诏令，要求私人债务暂停征收，对于债务人固然是一大恩惠，但对于债权人的权益无疑构成侵害。债权人为了减低相关风险，因此，在契约中往往订下因应条款。吐鲁番出土的《唐乾封元年(666)郑海石举银钱契》就订明"公私债负停征，此物不在停限"[90]。显然是为了防止一旦皇帝停征债务而造成损失。

停征债负，对于民间的借贷已经构成干扰，可是，中唐以后，皇帝不时在大赦中附带免除民间私债。如前引唐宪宗元和十四年《加尊号赦》云：

> 应在城内有私债经十年以上，本主及原保人死亡，又无资产可征理者，并宜放免。[91]

据赦文准予放免的私债，条件颇为严格：第一，范围只有京城一处；第二，债务已达十年以上；第三，债务人和保人死亡；第四，债务人已无资产可征。其实，纵然朝廷没有免除债务，债权人在这样的状况下，究竟还能继续收到多少的债款，不无疑问。可是，官方在毫无补偿下，一纸文书就免除债务，对债权人的权益无疑是一大侵害。这是"官"方干扰损害"民"间的经济秩序。敬宗朝又有类似的免债德政，宝历元年(825)四月册尊号赦文云：

> 应京城内有私债经十年已上，曾出利过本两倍，本主及原保人死亡，并无家产者，宜令台府勿为征理。[92]

敬宗免债的条件同于宪宗朝，不过，从节文中"曾出利过本两倍"之语，可知民间借贷所取利息违反了朝廷的规定。

不管朝廷免债的条件有多严格，或者是对于债权人所造成的损害又是多么轻微，但官方类似的"恩惠"，对于债权人的权益总是一种侵害，为了保障本身的利益，民间的借贷契约遂发展出相关的排除条款。在敦煌出土的吐蕃和归义军的各类契约中，尤其是借贷类的契约，经常都订明排除恩赦免债的条

---

[90] 《吐鲁番出土文书》，北京：文物出版社 1985 年版，第六册：《阿斯塔那四号墓文书》。
[91] 《文苑英华》卷 422，第 11a 页。
[92] 《文苑英华》卷 423，第 2b 页。

款。如《酉年(829?)下部落百姓曹茂晟便豆契》[93]云：

如有东西，一仰保人代还。中间或有恩赦，不在免限。(《斯 1475 背》)

类似的条款见于同类的契约中，如《寅年(834?)丝绵部落百姓阴海清便麦粟契》(伯 3444p1、伯 3491p2)、《寅年(834?)上部落百姓赵明明便豆契》(《伯 3444 背》)。

不仅借贷契约，其他诸如租佃契约、买卖人口契约，都有类似恩赦排除条款的[94]，尤其是买卖土地宅舍契约最多，譬如《唐乾宁四年(897)平康乡百姓张义全卖舍契(习字)》云：

或有恩敕赦书行下，亦不在论理之限。(《斯 3877》背)

《后唐清泰三年(936)百姓杨忽律哺卖舍契》(《斯 1285》)亦云"中间如遇恩敕大赦流行，亦不许论理"。值得注意的是，唐代皇帝的赦书，只有免除债务的恩德，对于民间的买卖行为不应构成任何损害，何以连买卖的契约都有恩赦排除条款呢？其实，这些附带恩赦排除条款的所谓买卖契约，都是以买卖契约作伪装的借贷契约，并非真正的买卖行为。债权人为了逃避官方对于利率等的限制，便会要求债务人以买卖的方式，将土地宅舍转让作为抵债。因此，债权人

---

[93] 敦煌出土各类契约名称和释文，皆据沙知：《敦煌契约文书辑校》，江苏：江苏古籍出版社 1998 年版。

[94] 租佃契约：
《唐天复四年(904)神沙乡百姓僧令狐法性出租土地契(稿)》(《伯 3155》背)
买卖人口契约：
《丙子年(916)赤心乡百姓阿吴卖儿契》(《斯 3977》背)
《宋淳化二年(991)押衙韩愿定卖妮子契》(《斯 1946》)
买卖宅舍契约：
《唐天复二年(902)赤心乡百姓曹大行回换舍地契》(《斯 3877》背三)
《唐天复九年(909)己巳洪润乡百姓安力子卖地契》(《斯 3877》背)
《后唐清泰三年(936)百姓杨忽律哺卖舍契》(《斯 1285》)
《甲辰年(944)洪池乡百姓安员进卖舍契》(《北乃》76)
《后周显德三年(956)兵马使张骨子买舍契》(《伯 3331》)
《后周显德四年(957)敦煌乡百姓吴盈顺卖地契》(《伯 3649》背)
《宋开宝九年(976)莫高乡百姓郑丑挞卖宅舍契》(《北生 25》背)
《宋太平兴国七年(982)赤心乡百姓吕住盈阿鸾兄弟卖地契》(《斯 1298》)
《书仪——李家卖舍契》(《斯 5700》册子)

为了防止皇帝大赦损害到权益，遂在买卖契约中也附带了恩赦排除条款。

借贷契约中的恩赦排除条款，固然是具有保障债权人的目的，不过，恩赦与排除条款二者，究竟何者效力较强呢？敦煌文书中恰好有一宗这样的纠纷。《乙亥年(915?)金银匠翟信子等三人状》[55]：

金银匠翟信子、曹灰灰、吴神奴等三人状
右信子等三人，去甲戌年缘无年粮
种子，遂于都头高康子面上寄
取麦参硕，到当年秋断作陆硕。
其陆硕内填还纳壹硕贰斗，亥
年断作玖硕陆斗，于丙子年秋填
还内(纳)柒硕陆斗，更余残两硕。今年
阿起大慈大悲，放其大赦，矜割旧年
宿债，其他家乘两硕，不肯矜放。今信子
依理有屈，伏望阿郎仁慈，特赐
公凭，裁下处分。
(判词)
其翟信子等三人，若是宿债，
其两硕矜放者。(《北剑九八》)

翟信子等三人于甲戌年向高康子借得麦三硕，当年秋天本利已达六硕，其时偿还一硕二斗。乙亥年本利累积到九硕六斗，丙子年偿还了七硕六斗，尚余二硕。丁丑年适逢大赦，“矜割旧年宿债”，但高康子不肯放免剩余二硕的债务，翟信子等遂具状申诉。最后，判决翟信子三人不需偿还二硕的债务。从诉状所交待的债务偿还状况，可知翟信子借麦三硕，前后共偿还了八硕八斗，就利率而言，超过官方规定的月息6%，而且，也违反了不得“回利为本”的原则。此外，翟信子等人与高康子所订的契约，是否附带恩赦排除条款，不得而知，然以敦煌借贷的习惯来看，应该是附有这个条款的，否则，高康子也不敢不遵守大

[55] 从状文内容判断，应作“丁丑年”为是。

赦的规定。丁亥大赦放免宿债,债权人拒绝放免,最后,判决债务人不必清偿债务。似乎看到朝廷政令的效力,仍是高于民间的私约。

晚唐的大赦是否经常附带免除民间债务,由于史文有阙,暂不得而知。至于五代时期,朝廷免除民间私债之事,则时常发生。如梁末帝贞明六年(920)四月丁亥制:"其有私放远年债负生利过倍,自违格条,所在州县,不在更与征理之限。"(《旧五代史·梁书·梁末帝纪》,第142页)晋高祖天福六年(941)八月,大赦云:"私下债负征利及一倍者并放。"(《旧五代史·晋书·晋高祖纪》,第1053页)宋代大赦免债之事,更是平常。据宋代洪迈《容斋随笔》卷9"赦放债负"条云:

> 淳熙十六年二月登极赦:"凡民间所欠债负,不以久近多少,一切除放。"遂有方出钱旬日,未得一息,而并本尽失之者,人不以为便。何澹为谏大夫,尝论其事,遂令只偿本钱,小人无义,几至喧噪。绍熙五年七月覃赦,乃只为蠲三年以前者。按晋高祖天福六年八月,赦云:"私下债负取利及一倍者并放。"此为最得。又云:"天福五年终以前,残税并放。"而今时所放官物,常是以前二年为断,则民已输纳,无及于惠矣。唯民间房赁欠负,则从一年以前皆免。比之区区五代,翻有所不若也。[96]

据洪迈所论,可知光宗淳熙十六年(1189)的登极大赦,竟导致债权人连本金都要不回来。因此,洪迈以为晋高祖天福六年(941)八月大赦中"私下债负取利及一倍者并放"的规定,最为得宜。"出钱旬日,未得一息,而并本尽失之者",可见大赦免债对债权人权益构成重大的侵害,从中也显示契约中的恩赦排除条款看来敌不过皇权的威力。另外,洪迈也以为朝廷经常放免百姓所欠官物,固是一大德政,惟所放常是二年以前官物,百姓多已输纳,真正受惠者不多。

唐代对于民间的借贷行为,大抵采用不干涉的原则,因此,《杂令》中明白宣示"任依私契,官不为理"。其实,所谓"官不为理",就是官方只对利息以及查扣债务人资产等事项,作出简单规范,其他借贷双方的负担和风险,官方不会干涉,纵使债务人拒绝清偿欠债,债权人不能要求官方处罚债务人,更别说

[96] (宋)洪迈:《容斋随笔》(新点校本),上海:上海古籍出版社1978年版,第515—516页。

要求官方协助讨回欠债。这样的"官不为理"与其说给予民间充分的自由，不如说官方没有给予民间借贷契约应有的尊重以及法律地位。民间私人借贷因为失去了法律奥援，成为纯粹私人的约定，因而敦煌出土的唐宋契约中，往往都有"官有政法，人从私契"之惯用语[97]，这样的用语显示出政法和私约是平行的，私契不会发展为政法，政法也不会干涉私人契约的内容，自然亦不会保障契约的履行了。民间私人借贷由于不受尊重和保护，皇帝立意良善的恩德，不经意地就侵犯到私人的领域，损害到债权人的权益。前引洪迈《容斋随笔》的意见，只是认为皇帝不应把民间私债一概免除，倒并没有反对皇恩干涉到民间的借贷行为，可见时人对于"公""私"领域，仍未完全清楚地分别开来。私人权益没有受到应有重视，或许正足以解释何以唐代刑法典成熟，但民法典却不发达的原因。[98]

第四节　大赦的贯彻与落实

据前章的统计，有唐一代的恩赦，共计四百五十三次，单只大赦一项，就有一百八十多次，这么频繁的大赦德音，是如何传达到天下百姓？其贯彻的程度又如何？

包括前引《兴元赦书》的唐代赦书，通常都在最后申明"赦书日行五百里，布告遐迩，咸使闻知"。皇帝在首都宣布大赦，京师的百官父老都能透过观赏"树金鸡"的赦仪而得知。至于全国其他地区，自然需要透过赦书的传送，以宣达浩荡皇恩。因为大赦攸关众多人命，所以，赦书传送速度有严格要求，一般都注明"日行五百里"。唐代赦书日行程限，可能源起于北齐。考北齐文宣帝天保九年(558)四月十九日大赦诏中，有"赦书日行七百里"的规定。[99]按前引

---

[97] "官有政法，人从私契"之语，在敦煌吐鲁番出土的契约中经常看到，譬如前引的《唐乾封元年(666)郑海石举银钱契》、《丙子年(916)赤心乡百姓阿吴卖儿契》、《唐天复二年(902)赤心乡百姓曹大行回换舍地契》等皆有此语。

[98] 《唐律》之立法，大体是以义务为本位，迥异于以权利为本位的罗马法，因此，以权利关系为中心的民法典遂迟迟不能出现。参看黄源盛：《中国传统法制与思想》、《唐律中的礼教法律思想》，台北：五南图书 1998 年版，第 197—198 页。

[99] 《文馆词林》卷 670，第 386 页。

唐开元《公式令》对于一般文书的水陆马步递送程限,有清楚规范,云:

诸行程,马日七十里,步及驴五十里,车卅里。其水程,重船溯流,河日卅里,江卌里,余水卌五里,空船河卌里,江五十里,余水六十里。重船、空船顺流,河日一百五十里,江一百里,余水七十里。[100]

可见赦书日行五百里之速度,远超一般文书。然而,实际的状况与规定落差甚大。以山南东道的夔州和江南西道的连州为例,赦书只日行一百多里而已。至于淮南道的和州与江南东道的苏州,由于位处长江下游,交通较为便捷,得以日行四百多里,但与"日行五百里"的规定,仍是不符。[101] 不过,若退一步来看,赦书传达的速度,较诸一般文书,无疑是相当快捷的。

赦书传送的速度,各地快慢不一,大赦生效的时间,当以接到赦书的时间开始。赦书的内容除了免除罪犯刑罚以外,尚包含放免百姓租税之类的恩惠,譬如前引《兴元赦书》云:"其除陌及税间架、竹、木、茶、漆、榷酒钱等诸色名目,悉宜停罢。京畿之内……宜特减放今年夏税之半。"赦书的内容往往与百姓息息相关,那么,百姓如何得知如此浩荡皇恩呢?这方面或许可以从地方迎接赦书的礼仪来考察。按《大唐开元礼》卷130《嘉礼·皇帝遣使诣诸州宣赦书》云:

应集之官以次入,就位立定。持案者进使者前,使者取赦书,持案者退复位。使者称有制,刺史以下皆再拜,宣赦讫,又再拜,舞蹈,又再拜。本司释囚。(第6a页)

文宗朝来到中国的日本高僧圆仁,在开成五年(840)三月时,身处山东半岛的登州,亲眼目睹迎接新天子唐武宗诏书的礼仪:

州判官、录事等,县令、主簿等,兵马使、军将、军中、行官、百姓、僧尼、道士各依职类,列在庭东边,向西而立。……令衙官披诏书。其二人着绿衫。更有衙官两人互替读,声大似本国申政之声。诏书四五纸许。读申

[100] 《唐令拾遗·公式令》,第四十四(《开元七年令》、《开元二十五年令》)。

[101] 参看日本学者中村裕一:《唐代制敕研究》,第910—925页。

稍久，诸人不坐。读诏书了，使君已下诸人再拜。……军将唱："好去。"一时唱诺。官人、诸军、僧道、百姓于此散去。[102]

或疑此篇即武宗登极大赦诏书。[103] 但假若是大赦赦书，整个迎接赦书的仪式，不应遗漏了一批重要的对象——囚徒。所以，这篇未必是武宗的登极大赦。但不管如何，内容包含了减免租税等恩惠的赦书，应当也是透过这样的方式公开宣读传达，使百姓知晓。

皇帝大赦施恩，自然希望万民普沾雨露，对于赦令之贯彻执行，相当重视。那么，大赦是否真能落实执行呢？答案大致上是肯定的。譬如前面引述过的武后天册万岁元年(695)，刘知几的上奏，云：

自皇家受命，赦宥之泽可谓多矣，近则一年再降，远则再岁无遗。至若违法悖礼之徒，无赖不仁之辈，编户则寇攘为业，当官则赃贿是求，莫不公然故犯，了无疑惮。设使身婴桎梏，迹窘狴牢，而元日之朝，指期天泽；重阳之节，伫降皇恩。如期忖度，咸果释免。[104]

又或是武宗朝所看到的"郊礼日近，狱囚数多，案款已成，多有翻覆"。(《旧唐书·武宗纪》，第602页)官民敢"公然故犯"，狱囚敢"多有翻覆"，当然是因为大赦有落实执行的原故。

恩赦大致应当是有落实的，不过，是否每次大赦都能彻底执行呢？皇帝京城宣赦，有时地方官吏阳奉阴违，徒使恩泽流于空文。譬如武后朝的酷吏来俊臣，史称"每有赦令，俊臣必先遣狱卒尽杀重囚，然后宣示"(《旧唐书·酷吏来俊臣传》，第4838页)。又贞元二十一年(805)，京师旱，有诏蠲畿内逋租，但京兆尹李实"诏征之，百姓大困，官吏多遭罚"(《旧唐书·李实传》，第3732页)。中晚唐时期，经常看到地方不守赦令的记载。元和三年(808)，皇甫湜在"贤良方正直言极谏科"对策中，便直陈：

---

[102] 〔日〕圆仁撰，白化文等校注：《入唐求法巡礼行记校注》卷2，石家庄：花山文艺出版社1992年版，第226—227页。

[103] 日本学者小野胜年氏：《入唐求法巡礼行記の研究》卷2，东京：铃木学术财团1966年版，第68页，注10。

[104] 《唐会要》卷40"论赦宥"，第853—854页。

臣伏见赦令节文，周备纤悉，空文虚声，溢于视听，如实功厚惠，未有分寸及于苍生。圣德不宣，王泽不流。[105]

赦令恩惠，竟然流于“空文虚声”，完全违背了大赦的美意。这种现象在晚唐似乎更是变本加厉，皇帝不得不在赦书中屡次申斥。敬宗宝历元年(825)正月南郊大赦，曰：

比者法令悬科，彰示大信，法既无守，人何适从？赦命不行，因循成俗，诞告四方为虚设，开施庶政为空文。……颁宣未几，废格已多，或职司惰慢，而不能用命，或诏命才行，而下已不守，以此求理，不亦难乎！其元和已来诏书，并长庆四年三月三日赦令，委废不行，事在朕躬者，谏臣极言得失，无有所隐。[106]

懿宗咸通八年(867)五月丙辰德音云：

去年德音赦令，条流事件极多，贵其普及生灵，惠沾寰宇，尚闻所在未尽施行，今重举明，俾无留滞。[107]

皇帝固然希望泽被万民，但导致赦命流于空文，皇帝本身也难逃责任。文宗开成元年(836)正月改元大赦，全放京兆一年租赋，又停四节进奉，因而人心大悦。赦后，文宗召见宰臣，史称：

(宰相李石)对曰：“赦书须内置一本，陛下时省览之。十道黜陟使发日，付与公事根本，令与长吏详择施行，方尽利害之要。”石以从前德音虽降，人君不能守，奸吏从而违之，故有内置之奏以讽之。(《旧唐书·李石传》，第4485页)

赦恩无法落实的原因，多少由于皇帝自身就没有严遵，奸吏更是趁机违背赦令。因此，李石建议于禁中置赦书一本，以便人君时常省览，提醒曾对万民承诺过的恩惠。

---

[105] 皇甫湜：《皇甫持正文集》(四部丛刊本)卷3，台北：商务印书馆1979年版。
[106] 《文苑英华》卷427，第3a页。
[107] 同上书，卷441，第9a页。

落实赦恩的另一种方式，就是设法让人民知晓赦恩的内容。懿宗咸通七年(866)十一月十日，因复安南而大赦天下，赦书中提到：

> 赦书到后，各委本道全写录于县门牓示。但缘事理繁细，纸数颇多，减放矜蠲，头项埋没，乡村百姓，无因得知。宜令所在长吏细详，各据所在百姓合得免科段，一一竖项作小榜，于要路晓谕，令百姓知悉。[108]

类似的做法亦见于懿宗咸通八年(867)五月丙辰的德音，云：

> 仍录前后德音赦条，于乡村分明榜示，不得违越。仍委所在长吏，严立条制，专加觉察，抑禁所施，在防奸蠹。[109]

懿宗深感恩赦无法贯彻，乃下令各地将赦书全文张贴于县门，另外，所在长吏将当地应免课税事项，书于小木片上，然后竖于各地要路，使百姓知晓。这样的做法，其目的自然是希望将赦恩穿透州县，直达乡村。

据前引《旧唐书·李石传》，文宗朝以前赦恩无法贯彻的原因，多少是出在皇帝个人身上，但是，懿宗朝以降，赦恩无法落实已经非关皇帝个人意愿。随着藩镇的构兵和民乱的蜂起，帝国逐渐崩解，皇权日趋弱化，代表皇权的赦恩自然无法有效的贯彻了，僖宗朝的大赦最足以说明。僖宗乾符二年(875)正月南郊大赦，按赦文云：

> 其咸通十一年以前，百姓积欠两税斛斗，及青苗榷酒钱，并税草职田糠䴹等，征收不得，空繁簿书。前年十一月十二日赦令，已令蠲放，至今尚未了绝。(中略)朝廷大弊，在于令不行。只如经水旱州，三降敕命，不许将逃亡规摊见在人户；遭灾水旱处，有于见在户两倍征或至三倍。[110]

可见朝廷不是没有体恤百姓，已经大赦放免的欠税，但经过两个月，却是“尚未了绝”。朝廷已三度下敕严禁水旱州摊逃，但恩旨根本没有落实执行，地方官吏照样摊逃，造成见在户的税收竟至两三倍！

赦令不行反映的是皇权的弱化，而皇权的衰弱所暴露的又绝非赦令不行

---

[108] 《唐大诏令集》卷86，第445页。
[109] 同上书，第446页。
[110] 《唐大诏令集》卷72，第365页。

而已。一年以前的乾符元年(874)正月,僖宗登基之初,鉴于上一年关东旱灾,所在皆饥,但州县督责欠税甚急,使得百姓"虽撤屋伐木,雇妻鬻子,止可供所由酒食之费,未得至于府库也。或租税之外,更有他徭"(《资治通鉴》卷252"(唐)僖宗乾符元年正月丁亥"条,第8169页)。僖宗乃停征地方所欠残税。然而,结果却是"有司竟不能行,徒为空文而已"(《资治通鉴》卷252"(唐)僖宗乾符元年正月丁亥"条,第8169页)。

从晚唐赦令不行的现象看来,皇帝的威权已日趋衰落,至僖宗朝三下敕令,依旧无法禁止官员擁逃,可见皇帝敕令已出不了长安,皇权之低落,可见一斑。这也标示大唐帝国正在逐渐解体。

综合本章所论,可归纳以下各点:

第一,本章主要整理唐代律令中有关恩赦的规范。皇帝大赦是将业已绳之于法的罪犯,免刑纵放,赦与法之间,势必产生若干扞格之处,因而,国家的律令实有必要规范皇帝的恩赦。

大体而言,唐代律令对于皇帝大赦的规范颇为严密,譬如大赦生效的时间,规定在赦书颁布日的"昧爽"时刻。赦免的范围,一般包括了"已发觉、未发觉,已结竟、未结竟"等,即涵盖了自犯罪发生到结案判刑各个阶段中所有的罪犯。假如已经判刑确定,并且已经宣告或正在执行中的刑罚,也都会因大赦而获得程度不定的宽宥。徒刑算是较轻微的刑罚,一般都会因大赦而放免。流刑犯若未发遣或程内在道,都因大赦而得到放免。但是,已经抵达配所的流刑犯,虽遇赦仍不可返回原籍,但玄宗朝以后可以"量移"。死刑犯方面,由于唐代审判手续以及"待时而决"的限制,再加上频繁的大赦,最终恐怕有超过三成的死囚会逃过一劫。

唐律对于犯罪经赦后,有不少法定要求,诸如大赦虽免除犯罪的刑责,但仍须限期自首,原来违反礼制的状态必须改正或征收。大赦效力固然强大,但仍有某些犯罪,律有明文,不当得赦,这些包括了"告言赦前事"、"闻知有赦而故犯"、"常赦所不免"等犯罪。假若赦前断罪不当,需依法更正,以免造成冤假错案。

第二,大赦除了宽免罪犯以外,对于官人或赐爵,或加阶,不过,最值得注意的是准予左降官"量移"。量移之制创始于开元十一年(723),其对象除了左降官外,尚包括诸色流人。中唐以降,皇帝大赦经常附带准予左降官和流人量移的恩惠,但除了大赦以外,左降官经三考、流人经三载仍得量移,宪宗朝以后改为五考和五载。量移的里程从数百里到千里不等,而绝大多数的例子,都是移近了首都长安。特别的是,左降官一旦准予量移,往往移往新的道任官,其官品多少都有调升。

第三,唐代大赦除了给予罪囚和官人恩典以外,当然不会忽略芸芸百姓。恩赦经常附带减免租税外,也会放免百姓欠负官物,否则,欠债者很可能遭到收系囚禁,"债无纳期,禁无休日",甚至"父死子囚"。除此之外,让人瞩目的是,大赦居然连民间私人的债务也一并免除。唐代民间的借贷在律令中没有得到应有的尊重,一概都是"官不为理"。民间的契约中经常看到"官有政法,人从私契"的惯用语,在在都看到官法与私契间,似乎两不相干。唐宋的大赦经常放免民间的私债,此一现象正是反映出民间的契约没有获得足够的法律地位,民间经济活动缺乏保障。公私领域没有厘清,个人权益受到皇帝率意的侵害。也就难怪中国民法较为不发达了。

第四,大赦属于皇帝个人的恩德,其恩典内容又如此丰富,皇帝自然希望天下万民雨露均沾、行惠无偏。因此,赦书都以极高速度传递全国,昭告万民。大体上,恩赦应当有落实执行的,但是,越到后来,恩赦越难以贯彻。自懿宗朝以降,由于藩镇构兵和民乱蜂起,皇权越益衰落,对全国的统治越来越力不从心,僖宗朝三度下敕禁止官吏摊逃,居然"事竟不行",可知浩荡皇恩已经成为一纸空文了。

第五,从皇权的角度来看,恩赦的法制化,即是将皇帝这项专属恩德纳入规范,使皇权受到一定的制约,在皇帝制度的发展上,确是可喜的现象。换个角度来看,恩赦的法制化对于皇帝的统治其实也是有利的。法律规定遇赦限期自首,赦后违礼的状态要改正,恶逆、反、逆等"亏损名教、毁裂冠冕"的重罪,明订"常赦不免",在在都是为了防止大赦破坏国家和社会的秩序,维护礼的安定。这对于皇帝的统治当然是有利的。

当然,皇权始终是最高、最后的[111],而恩赦又是皇帝个人专属的恩德,因此,尽管唐代律令对恩赦作出一定的规范,但仍是无法将其完全法制化。随着专制皇权的日趋高张,大赦不仅越不受法制的约束,反而更肆意破坏法制。玄宗朝恩准流人量移,正是违反法律中流人终身不得返乡的规定。对于"常赦所不免"者,经常赦除,无疑是对法律的践踏。唐末宋初,屡次看到皇帝大赦免除民间的私债,何尝不是反映出唐宋之际,独裁政治逐渐形成[112],高张的皇权公然侵害民间的经济活动。

---

[111] 关于唐律中的皇权,可参看高明士:《论唐律中的皇权》,收入《庆祝韩国盘先生八十华诞纪念论文集——中国古代社会研究》,厦门:厦门大学出版社 1998 年版。

[112] 关于唐宋之际独裁政治的形成,可参看邱添生:《唐宋变革期的政治与社会》,台北:文津 1999 年版,有精要的论述。

第四章　曲赦、降罪、录囚的检讨

恩赦包含大赦、曲赦、降罪、录囚等具有赦宥意义的措施，其中以大赦的效力最强，施恩范围最广，有关大赦的内容和效力，已见前章，本章旨在探讨大赦以外的其他恩德——曲赦、降罪、录囚等。

北朝隋唐的恩赦中，大赦固然所占比例最高，但曲赦、降罪、录囚次数亦不在少数，北魏恩赦一百三十四次中，曲赦、降罪、录囚约占了37%。唐代恩赦四百五十三次，曲赦、降罪、录囚约占57%，超过一半。可见恩赦虽仍以大赦为主体，但曲赦等的比例已显著升高，其中降罪和录囚的增幅相当可观，恩赦的内涵显然已经有所改变。各类恩赦比例的变化，是否代表皇帝对恩典态度的改变？这样的改变又代表什么意义？本章将对曲赦、降罪、录囚分别讨论，考察这些恩德次数增加所显示的意义。

第一节　北朝隋唐的曲赦

"曲赦"一词，最早见于晋武帝时期①，乃指对于特定区域的赦免。北朝隋唐时期，北魏与唐代曲赦次数甚多，北魏一百三十四次恩赦，曲赦占了三十五次，约28%；唐代四百五十三次恩赦，曲赦七十四次，占16%。皇帝经常针对什么地域颁布曲赦？又为什么经常要对这些地域施恩呢？以下将对北魏与唐代的曲赦作一分析。

一、北魏的曲赦

北魏一百三十四次恩赦，曲赦占了三十五次，约28%。试看表4-1。

---

① 泰始五年(269)五月辛卯朔，"曲赦"交趾、九真、日南五岁刑。见《晋书》卷3《武帝纪》。

表 4-1　北魏曲赦地域分布表

地域 ＼ 帝号 次数	道武	明元	太武	文成	献文	孝文	宣武	孝明	孝庄	前废	后废	孝武	总计
京师	1			5	3	9		1	1				20
司州		1						3					4
关陇			1			3	1	3					8
河北			1			1	1						3
山东								1					1
其他						5	1						6

按：有时一次曲赦包括几个地区，所以本表总次数会超过三十五次

北魏史上的曲赦，以孝文一朝次数居冠，共十八次，占了总数的一半。若就曲赦的地域而言，以京师最多，共二十次；其次是关陇地区，共八次。值得注意的是，这二十次曲赦京师绝大部分发生在文成、献文、孝文三帝时期，而三帝十七次曲赦“京师”，有十六次是在太和十七年(493)迁都以前发生的，可知这里的“京师”是指平城而非洛阳。对京师罪犯的特别优遇，其实尚不止此。例如，孝文帝太和四年(480)六月，将平城籍坊二狱诸囚，“随轻重决遣，以赴耕耘之业”；九月诏遣侍臣诣廷尉狱及平城其他监狱，“饥寒者给以衣食，桎梏者代以轻锁”(《魏书·高祖纪上》，第 149 页)。

元魏王朝为何经常对首都施恩？或以为曲赦骤然增多之时，正好是在屡次制定律令期间，鲜卑族民对儒家气息越来越浓厚的法律产生某种不适应性，朝廷遂以曲赦方式加以解决。② 然而，若对照元魏历次修律和文成以来曲赦京师的时间③，二者的相关性并不显著。笔者认为文成帝以来经常曲赦京师，与政局动荡、皇权不稳有关。

太武帝于正平二年(452)为中常侍宗爱所弑，重臣源贺、陆丽诛宗爱，迎皇孙浚继位，即文成帝。文成即位一年内，陆续诛除宗室诸王及异己权臣。④ 另

---

② 严耀中：《北魏前期政治制度》，长春：吉林教育出版社 1990 年版，第 128—135 页。

③ 元魏历次改订律令的大致时间，可参看程树德：《九朝律考》卷 5《后魏律考上》，北京：中华书局 1963 年版，第 345—350 页。

④ 文成帝先诛除皇叔广阳王建和临淮王谭，继而以“巫蛊”罪杀了司徒古弼和太尉张黎，二人皆先王重臣。长乐王拓跋寿乐和长孙渴侯虽有拥戴之功，但最终以跋扈争权而被赐死。

一方面,在登基的二三年间,屡次强调本身的天命法统,如兴安二年(453)八月借口苑内获方寸玉印。不久,又亲至平城东南道坛受符箓,借助道教仪式以示得天命。再过一年,文成帝奉世祖、恭宗神主于太庙,无疑是强调自身是继承这一法统而来的。附表一编号25、26、28等赦宥,都与此有关。

和平六年(465)五月,文成帝崩,太子弘继位,是为献文帝。献文帝即位时丞相乙浑专权擅杀,和平六年九月的曲赦京师,很可能是乙浑为了缓和京师的肃杀气氛而颁布的。乙浑在次年二月遭文明太后冯氏定策捕杀,三月献文比照前例,登受图箓,曲赦京师。附表一编号37、39的曲赦,都在这种背景下颁布。献文帝崩于延兴六年(476)六月,献文之死,或疑太后所为。[5] 三个月后的曲赦京师(编号49),怀疑亦是因此而颁布的。可知附表一编号25、26、28、37、39、49等多次曲赦都应当从政治斗争的角度理解,斗争的背后多少牵涉皇帝与"代人集团"的复杂关系。

道武帝至太武帝时,以鲜卑勋贵为主体逐渐构成所谓的"代人集团"[6],举凡在军事和政务上都扮演重要角色。道武、太武乃一代雄主,挟着赫赫武功,"代人集团"自是居于辅助从属的地位。不过,太武被弑后,"代人集团"逐渐有主导朝政的态势。文成以下的政争,"代人集团"都扮演主导或主演的角色,有时是拥立新君,如源贺拥立文成帝;有时则是专断朝纲,如献文初年的乙浑。文成至孝文初年,政潮汹涌,在列次政争中,拓跋宗室和"代人集团"其实很难置身事外,所以不管政变的最后胜利者是谁,在屠戮政敌后,都有必要对京师作出赦宥,既缩小打击面,缓和肃杀气氛,亦让"代人集团"更始维新,积极支持当今的君主。职是之故,文成等三帝经常曲赦京师,多少含有拉拢"代人集团"的意味。

---

⑤　按《魏书》卷105之3《天象志》记载献文帝"迫于太后,传位太子"。又云:"是时,献文不悟,至六月暴崩,实有鸩毒之祸焉。"(第2412—2413页);又卷13《文成文明皇后传》云:"太后行不正,内宠李弈,显祖因事诛之,太后不得意。显祖暴崩,时言太后为之也。"(第328页);可知献文帝之禅位与暴崩皆出自太后阴谋。

⑥　所谓"代人集团",据康乐氏所下的定义是:这个集团形成于四世纪末的平城及邻近地区,至五世纪初仍陆续有所扩充:其成员绝大多数为北亚游牧民族,然而也包括少数的汉人及其他少数民族。自拓跋珪定都平城后,他们即以代人之身份活跃于中国北方的政治军事舞台上。云代地区是他们唯一家乡,这是他们与同居于平城王畿的汉人不同之处:放弃部落组织而为编户,则是他们与领民酋长及其部落民之间的最大差异。参看康乐氏著:《从西郊到南郊——国家祭典与北魏政治》,第64—67页。

太和八年(484),文明太后推行班禄制,官员其他非分收入遭到禁绝,嗣后官员越仰赖君主的俸禄,越受制于人君的喜怒,君主越能驾驭文武百官,君权更是越趋巩固。因此,笔者以为在班禄制以前,经常看到曲赦京师以拉拢代人勋贵的举动,在班禄制后,皇权提振,为此而曲赦京师,变得稀罕了。

除了政争以外,太和以降多次曲赦京师,皆与灾荒有关。太和二年(478)四月和太和四年(480)六月二次曲赦京师,是因平城发生严重旱灾,直到夏天方降澍雨,因而颁赦。附表一编号57、61二次曲赦的原因,史文有阙,不过,相信亦是因这二场旱灾严重而接续施恩京畿。其实,一直以来,京师"游食者众"的问题,似乎始终未能解决。早在太武帝时期,高允便曾指出:"是时多禁封良田,又京师游食者众"(《魏书·高允传》,第1069页)。孝文帝太和十一年(487),京都大饥,韩麒麟表陈时务,云:"今京师民庶,不田者多,游食之口,三分居二……今秋京都遇旱,谷价踊贵"(《魏书·韩麒麟传》,第1332页)。京师人口众多,游食者众,若遇久旱不雨,皇帝或减膳,或开仓赈恤,或断食粟之兽粮。不过,统治者最常使用的对应措施,就是刑狱上作一定的恩宥。皇帝曲法施恩,固然因为"凶俭之年,民轻违犯"(《魏书·高闾传》,第1206页),不得不赦,但更重要的是,一旦亢旱,往往归因于刑狱冤滥,如宣武帝景明四年(503)四月,以"今不雨十旬,意者其有冤狱乎?尚书鞫京师见囚,务尽听察之理"(《魏书·世宗纪》,第196页)。旱灾与刑狱连上关系,自然是两汉以来儒家天人感应的思想在起作用。有关刑狱与旱灾的关系,将在探讨录囚制时进一步讨论。

孝明之世是北魏另一个经常曲赦的时期,其原因当是由于"六镇之乱"及其引发的动乱。特别的是,这段期间的曲赦,大多集中于关陇地区。

关陇地区自北魏初年太武帝灭赫连夏以来就是民乱不止、动荡不安的地区。关陇地区匈奴、氐、羌、卢水胡等杂居,民族复杂,动乱似乎一直炽盛,或是卢水胡盖吴反(太武帝太平真君六年);或是武都氐反(孝文帝延兴四年);或是秦州羌吕苟儿反(宣武帝正始三年)。正光五年(524),"六镇之乱"爆发,长期不靖的关陇地区亦一一起事。正光五年(524)四月,高平酋长胡琛反,自称高平王,攻镇以应拔陵;六月,南北二秦城民莫折念生、张长命等相继据城反。同年十二月，继高平和南北秦州反后，汾州正平、平阳山胡亦反叛。相较于河北的乱事，朝廷似乎对关陇的乱事更为关切和戒惧。终孝明之世，有五次因关陇乱事而赦。

正光五年(524)九月，魏廷派齐王萧宝夤率众征讨关陇乱事。次年元月，萧宝夤大败莫折念生于黑水，但到四月，却在泾州遭万俟丑奴重创，“于时五万之师，一时溃散”[⑦]。附表一编号110的曲赦，当与此有关。孝昌三年(527)元月，万俟丑奴再创萧宝夤，宝夤“收散兵万余人”，退回长安。魏在关陇的主力，经此役折损十之八九，关陇震动，潼关告急，魏廷宣布曲赦关西。二月，潼关失陷。十月，萧宝夤在外遭挫败，内受猜防下叛魏，国号齐，魏再度曲赦恒农以西。汾州山胡方面，以刘蠡升势力最大，连下蒲子和西河郡，汾水流域，特别是西岸的平阳、正平。终孝明之世，乱事未曾稍息，所以曲赦这带就有三起之多。

大抵而言，正光五年以来，孝明帝屡屡施恩关陇地区，固然是因为这带乱事一发不可收拾，但另一方面，自北魏迁都洛阳后，关陇地区的不靖，无疑较诸河北的乱事，更叫朝廷寝食难安。

二、唐代的曲赦

有唐一代，曲赦可考者七十四次，占唐代四百五十三次恩赦的16%。若就曲赦颁布的时间来分析，初唐曲赦了三十六次、盛唐曲赦了二十五次、中唐曲赦了六次、晚唐曲赦了七次，从这个简单的统计，可以看出唐代的曲赦有超过80%是发生在初唐和盛唐时期。为了能更清楚掌握朝廷对特定地域的恩典，笔者将朝廷对个别地区的降罪，也就是“曲降”一并纳入统计。若将曲赦和曲降这类对特定地域的赦宥一并统计，共得九十四例，分别是初唐四十四次、盛唐二十八次、中唐八次、晚唐十四次。这个统计与单独计算曲赦的结果，相差不远，初唐和盛唐占了约77%，可以说唐朝对于地区性的赦宥，大抵都发生在初唐和盛唐时期。若对于这九十四例作区域性的分析，可以看出朝廷经常格外施恩的地区，以京畿占最多，约有四十一例，其次是河南道的二十例、河东道

---

⑦　(北魏)杨炫之著，范祥雍校注：《洛阳伽蓝记校注》卷4《城西·法云寺》条，上海：上海古籍出版社1958年版，第203页。

的十例、河北道的九例。见表4-2。

表4-2 唐代曲赦地域分布表

时期＼次数＼地域	京畿道	关内道	陇右道	河南道	河东道	河北道	剑南道	江南道	岭南道	其他
初唐	20	3	3	8	6	1			1	2
盛唐	8			11	4	4		1		
中唐	6					2				
晚唐	7	2		1		2	2			
总计	41	5	3	20	10	9	2	1	1	2

唐代的曲赦和曲降，不论在时间上和地域上，都有高度集中的现象，这应当如何解释呢？笔者以为当从这些地区性恩典颁布的背景，加以检讨。唐代曲赦、曲降颁布的背景，大略有两类，第一类是战争，第二类是巡幸。前者集中在初唐，后者则初唐和盛唐皆有，但盛唐以后则不复再见。

（一）战争与曲赦、曲降

初唐颁布曲赦和曲降的背景，大多与战争有关，所谓战争包括了两种性质，第一种是建国统一战争，主要发生在高祖朝；第二种是统一以后，为了恢复天下秩序，建构世界帝国所发动的战争，主要发生在太宗朝和高宗朝。

每当李渊武力削平各地群雄，继之而来的就是曲赦新占领地，施恩百姓。从李渊肆赦的状况，大略可看出李唐定天下的方略和过程。李唐建国之初，所控制的地区约略只是太原以南至关中地区，其时群雄并起，势力较强的有河北的窦建德、洛阳的王世充、江陵的萧铣、淮南的杜伏威、陇右的薛举、河西的李轨、马邑的刘武周。李渊的地盘不大，兵力不多，若与窦建德等相较，其实颇有不如。但是，李渊在太原起兵后，速据关中，夺取隋朝的政治军事核心地带，具备削平群雄的雄厚本钱。

李渊据有关中后，首先全力攻灭薛举和李轨，尽据关陇河西，免除后顾之忧；继而出兵山西，败刘武周，重夺太原重地。附表二编号46、47、48、49的曲赦，都与武德二三年的用兵西北有关。不过，直到武德四年（621）二月，唐朝仍鉴于“朔方黎元,逆命日久,今虽归附,仍怀反侧”[⑧],遂再度赦免石岭以北的地区(附表二编号53)。当西北二方大致底定后,唐朝兵锋乃指向关东,武德四年五月和六月,先后破灭盘踞洛阳的王世充以及河北的窦建德,附表二编号55、56的曲赦山东和河南,都是在这一背景下颁布。唐朝消灭了窦建德和王世充后,大致掌控了中原地区,天下粗定,具备了大赦的条件,遂于武德四年七月,大赦天下,这是高祖践祚以后的第一次大赦。这次大赦的效力很强,赦书申明“流徙边方未达前所,及常赦所不免者,皆赦除之”[⑨]。然而,不久高祖又欲配迁窦、王余党于远恶地,幸而为朝臣孙伏伽所谏止。[⑩]

唐军平定中原后,乃命李孝恭、李靖率军向南方用兵。武德四年(621)年底,唐朝借助已经归顺的杜伏威,平定淮南,尽有江东。然而,武德五年(622)中,杜伏威遭留置长安不返,杜的部将辅公祏遂在武德六年(623)八月据丹阳反。唐派李孝恭、李靖、李世勣自西南北三路讨伐,武德七年(624)四月,唐军攻入丹阳,辅公祏兵败被杀。李唐平定天下的大业,于焉大体完成,高祖再次的大赦天下(附表二编号62)。值得一提的是,这次大赦除了因平定辅公祏外,也是因为颁定武德新律令。高祖鉴于隋律“微文曲致,览者惑其深浅;异例同科,用者殊其轻重。遂使奸吏巧诋,任情与夺,愚民妄触,动陷罗网”(《旧唐书·刑法志》,第2134页)。乃令群臣以“宽简”为原则,重修律令。武德律令大体依据开皇律令而成[⑪],于武德七年(624)四月一日颁行,所以,四月一日之大赦,既为了平定辅公祏,亦因为新律令颁行,“维新之典,义存洗涤”[⑫]。

随着统一战争的完成,太宗朝因征战而赦的次数锐减,总共只有五次而已

---

⑧ 《册府元龟》卷83“帝王部·赦宥二”,第27a页。

⑨ 这篇赦书收录于《册府元龟》卷83“帝王部·赦宥二”和《唐大诏令集》卷123“政事门”,不过,以《文馆词林》卷669所录最完整。司马光似乎也未曾看到这篇完整的赦诏,见《资治通鉴》卷189“(唐)高祖武德四年七月丁卯”条考异。

⑩ 《旧唐书》卷75《孙伏伽传》,第2636页。

⑪ 参看高明士:《论武德到贞观律令制度的成立——唐朝立国政策的研究之二》,《汉学研究》11卷1期(台北,1993)。

⑫ 《册府元龟》卷83“帝王部·赦宥二”、《唐大诏令集》卷123“政事门”皆有收录《平辅公祏赦》,但内容只陈述平辅公祏,未见律令颁行一事。《文馆词林》卷669所录赦文,则多出“又律令初定,始命颁行,惟新之典,义存洗涤”之语,可知此次大赦的原因与律令颁行亦有关系。此外,关于高祖颁律令的时间,《旧唐书》、《新唐书》的《高祖纪》以及《资治通鉴》卷190皆作武德七年四月一日,但是,《旧唐书·刑法志》、《册府元龟》卷612则作五月,今据《文馆词林》所收赦书,可知四月一日为是。

(附表二编号74、75、91、94、101),分别是贞观三年(629)和四年(630)因用兵突厥,十四年(640)因用兵高昌,二十年(646)因用兵朝鲜半岛。这五次的赦宥,正反映太宗不同阶段的对外扩张。

太宗即位之初经历了“渭水之耻”,不管是为一雪自身耻辱,抑或是彻底解决北疆的威胁,与突厥决一雌雄已是不可避免。贞观三年(629),唐朝趁草原频年大雪,六畜多死,颉利可汗“用度不给,复重敛诸部”,以致“下不堪命,内外多叛”(《旧唐书·突厥上》,第5159页),遂命李靖、李世勣统军十万远征大漠,并曲赦突厥。贞观四年(630),唐军大破东突厥,俘颉利可汗,唐朝北疆的心腹大患,彻底解除,太宗为此大赦天下。贞观十三年(639),太宗为控制西域以保障中国与中亚诸国贸易道路的畅通,乃命侯君集率军讨伐曲氏高昌。次年,唐军攻灭高昌,以其地置西州,又置安西都护府留兵镇之。附表二编号91的曲赦高昌大辟罪以下,就是这种背景下颁布的。贞观十六年(642),下诏“在京及诸州死罪囚徒,配西州为户,流人未达前所者,徙防西州”(《旧唐书·太宗纪》,第54页),有迁徙罪囚实边的用意。至于贞观二十年(646)的曲赦并州,肇因于太宗对辽东的用兵。隋炀帝为了恢复中国的“天下秩序”,三度征讨高句丽,终致国破身亡。至唐朝,高句丽国主仍没有朝贡中国。贞观十九年(645)初,太宗自感国力充盈,以“方隅大定,唯此未平”(《资治通鉴》卷197“(唐)太宗贞观十九年三月丁亥”条,第6218页),亦在“天下秩序”的心态作祟下,亲率十万大军征伐高句丽。最后,亦步上炀帝后尘,铩羽而回。因并州是太宗征辽回来驻跸之地,遂曲赦并州。

隋唐多次讨伐高句丽无功,一方面是由于“关中本位政策”,武力重心偏于西北一隅,去东北之高句丽甚远;另一方面,农历八九月到来年的二三月间为朝鲜半岛寒冻时期,六七月则属雨季,都不适宜作战,因而,中国从陆路渡鸭绿江伐高句丽,必须把握仅有的两三个月,速战速决。一旦高句丽沉着坚守,战况胶持,中国便胜算尽失。[13] 高宗朝改变策略,显庆五年(660),唐朝先攻灭朝鲜半岛南端的百济。唐得百济,使唐军对高句丽可以南北夹攻,是最终克定高

---

⑬ 参看陈寅恪:《唐代政治史述论稿》,上海:上海古籍出版社1981年版,第140页。

句丽的关键,因此,唐室不只在八月曲赦当地,甚至在十一月宣布大赦天下。两度因平百济而赦,可知此事对唐朝经营辽东的重要性。总章元年(668),唐与新罗联军南北夹攻,终于消灭高句丽,并于其故都平壤设安东都护府。中国与高句丽攻战七十多年,炀帝为之亡国,太宗为之丧师,好不容易克竟全功,却未见任何赦宥以示庆贺,未知是否史文有阙?

中国为了恢复传统的天下秩序,不惜对域外的政权展开一波波的征讨。不过,特别的是,中国在展开征讨时,或是在征讨底定后,必然对该地区施以恩赦,中国皇帝的恩赦无疑是一种统治的宣示,尤其对新征服区而言,中国首度展示统治的手段,可能并非军事占领或是将其改编为中国郡县,而是"罪无轻重、咸赦除之"的浩荡皇恩。

(二) 巡幸与曲赦、曲降

初唐和盛唐曲赦、曲降特多,除了与征战有关外,与太宗朝以降君主经常巡幸也有莫大关系。自太宗以迄玄宗天宝末,唐代君主前后因为巡幸而三十五度施恩特定地区。

隋炀帝到处巡幸,为历史上闻名,炀帝巡幸的范围,遍及帝国每一角落,或是幸江南,或是入东都,或是祀北岳,或是巡河西。而且,炀帝巡幸排场的盛大,也是史上仅见。唐代君主巡幸的排场,远不及炀帝的铺张。至于巡幸的区域,不外两个,一是长安附近,一是往来两京之间。唐代君主经常巡幸长安或河南一带,就是造成曲赦和曲降主要集中在京畿和河南的原因。唐代君主巡幸长安一带,有时是巡幸岐陇二州(贞观四年(630)十月),有时是冬天到长安近郊的温泉(开元三年(715)十月、十二月)。然而,更引人瞩目的,是唐代君主经常往来于两京之间,初唐和盛唐不少的曲赦,都是在这种时机下颁布的。

唐代皇帝经常离开长安,行幸东都,始于太宗朝,太宗曾三度行幸洛阳,高宗更多达七次,武则天建周称帝十六年间,只有两年时间是住在长安,其余皆在东都。高宗以降,皇帝经常巡幸洛阳,主要是经济因素。原来,关中一带生产力日渐耗竭,但长安政府要负担的官僚机构和兵费的开支,却日益膨胀,朝廷对江南的物资供应仰赖日深。江南征收到的大批粮食物资,固然可经过大运河运抵洛阳,但是,洛阳至陕州间三百里的黄河河道,水急滩险,船只经过三门峡底柱时,"多风波覆溺之患,其失尝十七八"(《新唐书·食货志三》,第1365页)。因而,首都的粮食供应很不稳定。高宗以降,这种情况日趋恶化,一旦关中歉收,皇帝以及文武官员常有就食东都的窘境,所以高宗以下君主多次行幸东都。君主经常往来两京之间,沿途郡县疲于供应,因此,对这些深受滋扰的地区屡下宽大之诏,自属必然。

玄宗一生曾五次行幸洛阳,前后共住了九年多。玄宗最后一次幸东都是开元二十二年(734)正月,至开元二十四年(736)十月才回长安,一住就是两年多。开元二十四年以降,不只玄宗不再行幸洛阳,唐代君主亦鲜少驾幸东都,所以,自此以后,已很少看到因往来两京间,对沿途郡县赦宥降罪了。何以开元二十四年以后,皇帝不再移驾东都呢?这主要是关中的漕运供应明显改善。

开元二十一年(733),宰相裴耀卿着手改革两京间的漕运,裴耀卿的办法,简单而言就是沿线建粮仓,分段运输,减少船只沿途滞留,既增加效率,又避免粮食遭到窃盗。此后三年间,运米至长安太仓达七百万石,是贞观、永徽时期的十倍,运费反而节省了三十万贯。裴耀卿的改革,解决了长安缺粮的难题,嗣后,玄宗不必再移驾东都,唐代亦没有再看到"逐粮天子"。皇帝不必经常移驾东都,自然,因巡幸而肆赦的机会就大为降低,玄宗朝以后,很少再看到皇帝因巡幸而赦宥了。

附带一提的是,玄宗朝对漕运的改革,固然解决了长安粮食供应的难题,使李唐君臣不必就食东都,然而,玄宗不再巡幸东都,却造成朝廷对于东北防务的疏忽,最后,终于因为对东北防线的危机感不足,而爆发了"安史之乱"。[14]凑巧的是,亦在开元二十四年(736),贤相张九龄遭贬逐,奸臣李林甫受到重用,可谓大唐政治由盛而衰的分水岭。[15] 李林甫受到玄宗的重用,专相十八

---

⑭ 全汉升:《评普利白兰克(Edwin G. Pulleyblank):安禄山叛乱的背景(*The Background of the Rebellion of An Lu-shan*)》,《清华学报》新1-2(新竹,1957)。后收入全汉升著:《中国经济史论丛》,香港:新亚研究所1972年版,第809页。

⑮ 此一治乱观点唐人早已提出,宪宗朝的崔群,便以为"人皆以天宝十五年禄山自范阳起兵,是理乱分时,臣以为开元二十四年罢贤相张九龄,专任奸臣李林甫,理乱自此已分矣"(《旧唐书》卷159(崔群传),第4189页)。原文作"开元二十年",但张九龄罢相当在开元二十四年,今改正。

年[16]，导致唐代政治日益腐败。天宝三载(744)，玄宗尝对高力士曰：

> 我不出长安且十年，海内无事，朕将吐纳导引，以天下事付林甫，若何？(《新唐书·高力士传》，第5859页)

玄宗的话很有意思，它刚巧点出了大唐政治由盛而衰，甚至最后祸起范阳的两项因素——"不出长安"和"以天下事付林甫"二事。

除了京畿和河南外，另一个经常肆赦的地区是河东，主要是并州一带，共有十次。高祖朝多番曲赦并州，是因为入据关中后，太原根据地为刘武周所袭，武德三年(620)，平刘武周后，乃两度曲赦河东。太原自北朝以来就是军事重镇，关陇政权赖以震慑东夏，抗御突厥。唐代除了以洛阳为东都外，亦以太原为北都，太宗、高宗、玄宗都曾先后巡幸北都。

综合而言，北魏共曲赦三十五次，约占恩赦的28%，其中曲赦京师占了二十次，笔者以为除了客观的社会经济原因外，最主要的是因政争频繁，在诛除政敌后施恩京师，除了缓和紧张气氛外，亦希望争取"代人集团"的支持。除了曲赦京师外，曲赦关陇的次数亦不少，若再加上因关陇事务而颁布的大赦，则北魏针对关陇的赦宥其实不少。北魏经常施恩关陇，最主要是因为这里的民乱不息，动荡不安所致。六镇之乱时，秦泾之乱事更是一发不可收拾。此外，北魏迁都河南的洛阳后，关陇民乱较诸河北民乱更威胁到首都的安危，故需不时颁降宽大之诏以作绥靖。

唐代对于地区的赦降共得九十四例，主要都发生在初唐和盛唐(共72次)，而颁布的区域集中在京畿和河南(共61次)，至于颁布的时机大多与战争和君主巡幸有关。战争主要是高祖朝的开国战争和太宗高宗朝的扩张战争。除了因为战争外，初唐和盛唐的君主经常巡幸京畿一带以及往来两京之间，亦是造成曲赦频繁以及高度集中京畿和河南的主要原因。皇帝经常巡幸洛阳，

---

[16] 李林甫受到明皇重用，或谓由于皇帝"在位多载，倦于万机"(《旧唐书》卷106《李林甫传》，第3238页)。但实质上，玄宗对军国大政一直都是严加掌控，李林甫的专相毋宁是玄宗需要一位善于体察君上意旨的人，来继续执行自己所定的大政方针，以便巩固和发展开元以来的成果。参看袁英光、王界云：《略论有关"安史之乱"的几个问题》，《新疆大学学报(哲社版)》1990:3(乌鲁木齐，1990)。谷川道雄氏便以为李林甫专权的意义，其实只是君主独裁制透过宰相专权的形式来表现而已。参看谷川道雄氏著：《关于所谓李林甫专政》，收入中国唐代学会编：《第二届国际唐代学术会议论文集》，台北：文津1993年版。

肇因于长安粮食供应短缺,天子需要率领百官就食东都。开元二十一年(733),裴耀卿改革漕运,解决了长安缺粮的窘境,唐代君主再也不必逐粮东都。因此,巡幸的机会大减,为了巡幸而颁布的曲赦,在玄宗朝以后,不复再见。

第二节 降罪的探讨——兼论流刑、决杖

北魏一百三十一次恩赦中,降罪只有三次,可说微不足道。然而,东魏、北齐、西魏、北周时期,一百零五次恩赦中,降罪共有二十七次,比例超过四分之一。唐代四百五十三次恩赦中,降罪共有八十三次,占总数的18%,可知自北朝末期以来,降罪已经成为皇帝经常颁布的恩典了。笔者以为,这样的现象与刑罚体系的变迁有着密切的关系。

晋代常刑有三:死刑、髡刑(徒刑)、赎刑。死刑分枭、斩、弃市;髡刑分五岁刑、四岁刑、三岁刑、二岁刑四等。南朝律令沿袭晋代,刑罚体系大致维持死刑、徒刑、赎刑等三类。假若皇帝宣布恩降一等,则五岁刑降为四岁刑,可是死刑虽有三,但整体算一等,所以,死刑将降为徒刑最重一级,即五岁刑,自死刑降为五岁刑,其宽降程度显然过大。如果死刑不降,则有人不沐皇恩,有失普天同庆、雨露均沾的美意。要解决这个困局,必有待“流刑”的产生。

据《魏书·刑罚志》所引《贼律》云:

> 谋杀人而发觉者流,从者五岁刑;已伤及杀而还苏者死,从者流;已杀者斩,从而加功者死,不加者流。(第2882页)

又所引《法例律》云:

> 诸犯死罪,若祖父母、父母年七十已上,无成人子孙,旁无期亲者,具状上请。流者鞭笞,留养其亲,终则从流。不在原赦之例。(第2885页)

据前引《魏律》之条文,可知北魏确有流刑之制,而且,明显看出流刑是刑罚体系中的正刑而非代刑。但北魏流刑详情,暂不得而知。北齐、北周之世,新的“五刑”体系——杖刑、鞭刑、徒刑(北齐作刑罪)、流刑、死刑逐渐成立。北齐的

流刑，据《隋书·刑法志》云：

> 谓论犯可死，原情可降，鞭笞各一百，髡之，投于边裔，以为兵卒。未有道里之差。（第705页）

其意是把本来该判处死刑者，以其情可悯，遂降为流刑，颇有古代“流宥五刑”之遗意。只是，北齐流刑未有道里之差，隋唐的流刑，当是来自北周之制。据《隋书·刑法志》所载北周的流刑，云：

> 流刑五，流卫服，去皇畿二千五百里者，鞭一百，笞六十。流要服，去皇畿三千里者，鞭一百，笞七十。流荒服，去皇畿三千五百里者，鞭一百，笞八十。流镇服，去皇畿四千里者，鞭一百，笞九十。流蕃服，去皇畿四千五百里者，鞭一百，笞一百。（第707—708页）

北周国土狭小，根本不存在把人犯流“去皇畿四千五百里者”的条件，只是北周模仿《周礼》而强将流刑分等。但是，北周将流刑分作若干等级，直接影响到隋唐乃至后世流刑的设计。

死刑与徒刑之间，刑度相差悬殊，流刑的产生适足以解决此一难题。是故，皇帝遇事施恩，除了大赦一途外，尚有恩降可供选择。一般恩降的情形，通常是流徒各降一等，甚或流徒以下皆免，但死刑多降为流，死刑降为徒刑者不多。降死从流，人犯既得以重生，又不至于宽减过度，引起非议。所以，北齐、北周的恩降比例大幅增加。恩降有时是“死罪降至流，流罪降至五岁刑，已下悉从原免”[17]。有时是“其犯死者宜降从流，流以下各降一等”[18]。有时又作“死以下，一岁刑以上，各降本罪一等；百鞭以下，悉原免之”[19]。至于南朝，由于没有流刑，恩降只偶一为之，并不普遍。

流刑在隋唐时代进一步的确立。隋代分流刑为流一千里、一千五百里、二千里三等。唐代在隋律的基础上，将流刑分为流二千里、二千五百里、三千里三等，是唐代笞杖徒流死的五刑中，仅次于死刑的刑种。唐代乃大一统帝国，

---

[17] 《文馆词林》卷665《北齐孝昭帝（皇建二年）郊祀恩降诏》，第275页。

[18] 北周孝闵帝元年（557）八月诏。见《周书》卷3《孝闵帝纪》，第49页。

[19] 北周武帝保定元年（561）七月诏。见《周书》卷3《武帝纪上》，第65页。

建立二千里至三千里的三等流刑，远较北周符合实际状况。新五刑的体制，因流刑的完备而正式确立。唐代笞杖徒流死的新五刑确立，直接影响到皇帝恩降的颁布。

唐代前后恩降了八十三次，分别是初唐十六次、盛唐二十五次、中唐十八次、晚唐二十四次。唐代恩降罪囚，高祖朝已有其例。唐代恩降的盛行，当始自太宗、高宗时期，太宗和高宗各有八次和七次。降罪处置的差异性甚大，并非死流徒杖笞等五刑各降一等，初唐较常见的是死降从流、流降从徒、徒降为杖，杖以下则完全放免（如附表二编号102、117、132、133）。盛唐二十五次恩降，其实都发生在玄宗朝，共有二十四次，居唐代之冠。玄宗朝的恩降，有别于初唐的慎重，虽然仍有流罪降徒的例子，但流罪已下放免的次数甚多，至于徒降笞的例子已经没有，大抵徒以下一律放免。这样的模式一直沿袭到唐末。不过，有一点要注意的是，综观唐代八十二次的恩降，降罪的程度或有深浅，但死罪绝大部分都是降为流，死降为徒或以下的则极少。为何唐代恩降，死罪都只降为流呢？按《唐律·名例律》"流刑三"条（总4）《疏议》曰：

> 书云："流宥五刑。"谓不忍刑杀，宥之于远也。又曰："五流有宅，五宅三居。"大罪投之四裔，或流之于海外，次九州之外，次中国之外。（第5页）

可知唐代流刑寓有《尚书》"流宥五刑"的古意，君主不忍刑杀，乃将死罪流于远方，流刑原来就是为了原宥死刑而产生。从《唐律》的说明，更清楚地看到恩降与流刑的关系。

玄宗朝的恩降，有两点值得注意：第一，死罪降流，多是配流岭南远恶处；第二，配流岭南远恶处以前，往往先决杖刑。

唐代流刑配流远恶之处，始自太宗朝，史称贞观十四年（640），"又制流罪三等，不限以里数，量配边恶之州"（《旧唐书·刑法志》，第2140页）。而将死罪免死配流到岭南之地，则始见于景云二年（711）八月，睿宗将谋杀人、造伪头首者"免死配流岭南"[20]。至玄宗朝,开始经常性的免死罪配流岭南。譬如,开元二十年(732)二月、二十一年(733)五月、二十四年(736)四月、二十六年(738)正月等,都曾经减死配流岭南。

至于减死配流,决杖一顿的新规定,始见于开元三年(715)十二月乙丑的恩降,云:

> 其犯斯刑者(大辟),宜决一百,配流远恶处;其犯杖配流者,宜免杖依前配流,已决及流三千里者,节级稍移近处,二千五百里以下并宜配徒以殿。[21]

开元八年(720)九月丙寅的恩降,又云:

> 其京城内犯罪人等,时令按覆,其中造伪头首及谋杀人断死者,决一百配流岭南恶处,杂断罪死者,决一顿,免死配流远处,杂犯流移者,各减一等,杖罪以下并免。[22]

又开元二十四年(736)四月丁丑的降罪,云:

> 天下见禁囚,犯十恶死罪及造伪头首劫杀人,先决六十,长流岭南远恶处。自外死罪,先决一顿,并流岭南。流罪情状重者决六十,轻者决一顿,决讫并放。[23]

从开元八年和二十四年的规定,看到犯了十恶死罪或造伪头首等严重罪行者,在决杖一百或六十以后,得以减死长流岭南;至于一般死罪,则先"决一顿",配流岭南。"决(杖)一顿",究竟是多少?据《刑部式》,决杖分为"与一顿杖",即决四十;"至到与一顿杖",决六十;"重杖一顿",决六十。另外,《刑部式》不载杖数的"痛杖一顿",亦比照"至到与一顿",就是决六十。[24] 因此,玄宗朝杂犯

---

[20] 睿宗景云二年八月乙卯,大赦天下。谋杀人,造伪头首者,并免死配流岭南,官典取受者特免放(《册府元龟》卷84"帝王部·赦宥三",第25b页)。

[21] 《册府元龟》卷85"帝王部·赦宥四",第5a页。

[22] 《册府元龟》卷85"帝王部·赦宥四",第5b页。

[23] 《册府元龟》卷85"帝王部·赦宥四",第25b页。

[24] 按《唐会要》卷39《议刑轻重》云:"宝应元年九月八日,刑部大理奏:'准式:制敕处分与一顿杖者,决四十:至到与一顿及重杖一顿,并决六十。无文至死者,为准式处分。又制敕或有令决痛杖一顿者,式文既不载杖数,请准至到与一顿决六十,并不至死。'敕旨,依。"可知决一顿,即杖四十。

死罪者，往往决杖四十，然后配流岭南，杖刑和流刑成了死刑的替代刑。

玄宗频频恩降死罪，其实反映了他对死刑的观点。自古帝王皆恶闻刑杀，刑罚措而不用，匹美成康[25]，更是帝王向慕的境界。玄宗自即位之初，对死刑似乎就特别在意。[26] 据《唐六典》卷6“尚书刑部”“凡决大辟罪皆于市”条李林甫注云：

> 古者，决大辟罪皆于市。自今上临御以来无其刑，但存其文耳。

可知玄宗自登极以来，便恶闻刑杀。开元二十五年(737)正月，玄宗制曰：

> 朕猥集休运，多谢哲王，然而哀矜之情，小大必慎。自临寰宇，子育黎烝，未尝行极刑，起大狱。上玄降鉴，应以祥和，思协平邦之典，致之仁寿之域。自今有犯死刑，除十恶罪，宜令中书门下与法官详所犯轻重，具状奏闻。(《旧唐书·玄宗纪下》，第207页)

又《册府元龟》卷612“刑法部·定律令”所载天宝四载(745)《宽徒刑配诸军效力敕》云：

> 刑之所设，将以闲邪，法不在严，贵于知禁。朕自临万国，向逾三纪，思弘王道之化，实务好生之德，比者应犯极法，皆令免死配流，所以市无刑人，狱无冤系。(第13b页)

玄宗朝频繁的降死配流，加上不时的大赦天下，死刑纵有宣告，但真正执行者，恐怕数量有限。据说开元“二十年间，号称治平，衣食富足，人罕犯法，是岁刑部所断，天下死罪五十八人。往时大理狱，相传鸟雀不栖，至是有鹊巢其庭树，群臣称贺，以为几致刑错”(《新唐书·刑法志》，第1415页)。玄宗自夸“未尝行极刑”，可能略有溢美，但死刑犯的执行应当是很稀罕。以其他方式取代绞斩的执行，从而制造“市无刑人”的治平气象，正是登极以来的一贯政策。

死刑犯往往蒙恩免死配流，那么，皇帝最终想废除死刑，那就不足为奇了。天宝六载(747)正月戊子，玄宗在南郊大赦中宣布：

---

[25] 据《史记·周本纪》云：“成康之际，天下安宁，刑措四十余年不用”(第134页)。

[26] 关于唐玄宗对死刑的废止，可参看曾我部静雄：《唐の玄宗の死刑廃止について》，收入曾我部静雄著：《中国律令史の研究》，东京：吉川弘文馆1971年版，第83—93页。

朕承大道之训，务好生之德，施令约法，已去极刑。议罪执文，犹存旧目。既措而不用，亦恶闻其名。自今以后，断绞斩刑者，宜除削此条，仍令法官约近例详定处分。[27]

可知玄宗先是不执行死刑，进而削除绞斩的刑名，这是中国历史上首见废除死刑的记载。据《资治通鉴》卷215“（唐）玄宗天宝六载正月戊子条”云：

又令削绞、斩条。上慕好生之名，故令应绞斩者皆重杖流岭南，其实有司率杖杀之。（第6876页）

从《通鉴》的记载，可知玄宗削除绞斩之刑后，凡应绞斩者，皆重杖配流岭南。决杖和配流，基本上是玄宗开元以来恩降免死的替代刑，如今，只是正式以决杖和配流取代死刑而已。从史料所见，的确看到此时犯死刑者代以决杖的记载，据《旧唐书》卷9下《玄宗纪下》云：

天宝八载四月，咸宁太守赵奉璋决杖而死。……五月戊子，南海太守刘巨鳞坐赃，决死之。（第223页）

假若了解开元以来的恩降，对于玄宗最后作出废除死刑的决定，其实并不会感到意外。死刑被废除，那么，恩降的频率自然骤降，自天宝六载（747）七月降罪后，下一次降罪要到天宝十四载（755）了[28]。

玄宗经常恩降免死，甚至废除死刑，真的是宽宥囚徒吗？据《资治通鉴》的说法，结果是“其实有司率杖杀之”。另外，在肃宗乾元二年（759）六月，刑部上奏曰：

谨按五刑，笞、杖、徒、流、死是也。今准敕，除削绞死，唯有四刑。每定罪，须降死刑，不免还计斩绞。敕律互用，法理难明。又应决重杖之人，令式先无分析，京城知是蠹害，决者多死，外州见流岭南，决不至死。决有两种，法开二门。[29]

---

[27] 《册府元龟》卷86《南郊推恩制》，第11a页。

[28] 不过，让人不解的是，天宝十四载（755）八月两度恩降，仍有降死罪之事，是否此时曾恢复死刑？见《新唐书》卷5《玄宗纪》，第50页。

[29] 《唐会要》卷39《议刑轻重》，第830页。

原先是以决重杖和配流取代死刑，孰料，京城决重杖者多死，可见，名为宽宥，其实杀人，死刑虽废而存。况且，五刑改为四刑，却未见皇帝指示修订《唐律》，致使法司亦感“法理难明”。最后，肃宗下旨，“斩绞刑宜依格律处分”，宣布正式恢复死刑。

简单而言，流刑的产生造成恩降的频繁，回过头来，恩降的频繁，又导致死刑的废除。这里可以看出刑罚和恩赦间的互为影响。

第三节 录(虑)囚制

录囚之制[30]，源起汉代，据《续汉书·百官志》云：

> 诸州常以八月巡行所部郡国，录囚徒。

检录所部囚徒，原为刺史常规和定期的职务。但东汉开始，有些皇帝也会临时检录罪囚，史称光武帝“留心庶狱，常临朝听讼，躬决疑事”（《晋书·刑法志》，第917页）。光武帝临朝听讼，似乎是秦汉以来人君录囚之首例，除了光武帝以外，明帝、和帝、安帝都曾审录罪囚。[31] 君主亲自审录罪囚，目的自然是为了展示人君重视刑狱，防止冤滥，原先并无恩免赦宥的含义。汉代定期性以及临时性的录囚，都为后世沿袭。据《晋书·武帝纪》云：

> （泰始五年春正月丙申）帝临听讼观录囚徒，多所原遣。（第58页）

皇帝不但亲自听讼，更对罪囚多所原遣，“录囚”成为大赦以外，人君另外的一项恩德，录囚制性质为之一变。唐代录囚之制，当沿于此。[32] 本节所论录囚亦指这类皇帝临时性之恩典。

东晋南北朝之世，君主不时有录囚徒之记载，例如，东晋元帝太兴元年

---

[30] 汉唐录囚之制，清人沈家本有初步的整理论述，参看沈家本著：《历代赦考》卷12，收入《历代刑法考》。日本学者岛善高：《唐代虑囚考》，收入《滝川政次郎博士米寿纪念论集——律令制の诸问题》，东京：汲古书院1984年版，岛善高氏对唐代录囚制有一简要的考察，本节所论颇受其启发。

[31] 明帝录囚事见《晋书》卷30《刑法志》，第919页。和帝、安帝录囚事见（晋）袁宏撰，周天游校注：《后汉纪校注》，天津：天津古籍出版社1987年版，《和帝纪上》、《安帝纪上》。

[32] 沈家本：《历代刑法考》，第793页。

(318)四月,亲览庶狱,录讯囚徒(《晋书·元帝纪》,第154页)。萧齐世祖"留心法令,数讯囚徒"(《南齐书·孔稚珪传》,第835页);陈文帝"留心刑政,亲览狱讼"(《隋书·刑法志》,第703页)。不过,相对而言,北朝的君主似乎更加关心狱讼。北魏孝文帝曾三度录囚徒,或"轻者皆免之",或"降本罪二等决遣之"[33];宣武帝更先后五度录囚。延昌元年(512)四月乙酉,大赦改元,"诏立理诉殿、申讼车,以尽冤穷之理"(《魏书·世宗纪》,第212页)。此后,宣武帝曾三度御申讼车[34],亲理冤讼。孝明帝、孝静帝、北齐废帝、北周武帝都曾先后录囚(可参看附表一)。粗略来看,北朝君主录囚的次数似较南朝君主为多,不过,与南朝相仿的是,并不是每次录囚都具有宽宥的性质。爰至隋代,史称文帝"每季亲录囚徒"(《隋书·刑法志》,第712页),文帝是否真的每季都录囚,暂不得而知,但是,文帝统治期间曾七度省录囚徒,在隋代以前还没有任何一位君主可以比拟,这可见文帝重视刑狱。但是,文帝录囚与北周武帝的情况相若,都没有对囚徒有任何的宽免。

唐代承继了北朝君主重视刑狱的作风,录囚次数频繁,前后约一百零一次,可谓前无古人。有趣的是,《旧唐书》一律作"录囚",而《新唐书》《本纪》则全部写作"虑囚",《刑法志》则作"录囚"。据颜师古对"录囚"的解释,云:

> 省录之,知其情状有冤滞与不也。今云虑囚,本录声之去者耳,音力具反。而近俗不晓其意,讹其文遂为思虑之虑,失其源矣。[35]

可知本应作"录",但因读音,竟误作"虑"。但沈家本以为从字源来讲,当作"虑"而不当作"录"。[36]《旧唐书》写作"录囚",是沿用古典称呼;欧阳修写作"虑囚",应是由于唐人流行写作"虑囚"之故。[37]唐代除了写作"录囚"、"虑囚"

---

[33] 这三次分别是太和四年闰七月、太和十七年四月、太和二十年八月,参看《魏书》卷7上、7下《孝文帝纪》。

[34] 关于"申讼车"之制度,其详情不得而知。不过,孝明帝之世,胡太后临朝,史称"先是,太后敕造申讼车,时御焉,出自云龙大司马门,从宫西北,入自千秋门,以纳冤讼"(《魏书》卷13《胡太后传》,第338页)。似乎申讼车是一部在京城巡回,专门接受百姓诉冤的专车。

[35] 《汉书》卷71《隽不疑传》,第3037页。

[36] 沈家本:《寄簃文存》卷4《释虑囚》,收入沈家本著:《历代刑法考》,第2154—2155页。

[37] 《唐律·名例律》第十八"除名"条(总18)有"会虑减罪"之句,《贼盗律》第五十二"盗经断后三犯"条(总299)亦有"其未断经降虑者,不入三犯之限"之句,可知"虑囚"一语,已为唐人习用。

外,在后半期有时作"疏理"、"疏决"、"理囚"等。[38]

唐代皇帝不定时但经常性的审录囚徒的传统,在高祖朝逐渐形成,高祖在位九年便八度录囚。高祖不只录囚次数多,录囚后或有所宽宥,例如,武德四年(621)录囚,"以人因乱冒法者众,盗非劫伤其主及征人逃亡、官吏枉法,皆原之"(《新唐书·刑法志》,第1408页)。武德八年(625)录囚,亦"多所原宥"(《旧唐书·高祖纪》,第15页)。皇帝经常审录囚徒并加以宽宥的作风,在太宗朝进一步确立,太宗鉴于"天下法吏舞文,尤留意于刑政,每亲录囚徒"[39]。太宗继承了高祖经常审录囚徒的作风,曾十三度录囚。太宗朝最有名的一次录囚,发生在贞观六年(632)十二月。据《新唐书》卷52《刑法志》云:

(太宗)亲录囚徒,悯死罪者三百九十人,纵之还家,期以明年秋即刑;及期,囚皆诣朝堂,无后者,太宗嘉其诚信,悉原之。[40]

这次"纵囚"在唐代被视为太宗仁德的表现。太宗贞观二十一年(647)正月曾下诏云:

无识之徒,自陷刑宪,宜顺阳和,特申恩虑。诸司见禁囚,并宜将过,详其轻重。自此以后,每视朝,录禁囚二百人,太宗亲自案问,降死至流,流降入徒,徒降入杖,杖者并放。[41]

录囚制经高祖和太宗朝以后,乃成为人君经常性的恩典。

为何君主要经常审录囚徒呢?简单而言,就是为了防止刑狱的"冤滞"。据《初学记》卷20"囚第十"所引《唐中宗孝和虑囚制》云:

朕情存革务,志在惩愆,欲申作解之恩,虑开徼幸之路,非所以纳人轨物,垂裕后昆。既属阳和之辰,宜敦耕稼之业。三农启候,方陈敬爱之规,百姓为心,爰轸泣辜之念,将申虑降,再释狴牢。庶无滞禁之冤,仍示小惩

---

[38] 岛善高氏:《唐代虑囚考》,第647页。

[39] 《太平御览》卷652《刑法部十八》所引《唐书》,第3044页。

[40] 关于所纵囚徒的数目,《旧唐书·太宗纪》作二百九十人,但《通典》卷170"刑法八·宽恕"、《唐会要》卷40"君上恤刑"、《新唐书·刑法志》、《资治通鉴》卷194"(唐)太宗贞观七年九月"条等,皆作三百九十人。

[41] 《册府元龟》卷84"帝王部·赦宥三",第8b页。但"特申恩虑"句,《册府元龟》卷58"帝王部·勤政"作"时申恩惠"(第9a页)。

之戒。其都城之内，见禁囚徒，朕特亲虑。仍令所司具为条例闻奏。（第492页）

又据唐文宗开成四年（839）五月《疏决禁囚敕》云：

> 京城百司及府县系囚，动经岁月，推鞫未毕，其有绝小事者，经数个月，不速穷诘，延至暑时，盖由官吏因循，致兹留狱，炎蒸在候，冤滞难免。[42]

可知人君录囚，遇冤滥者，固可加以昭雪；对于久系狱中之罪囚，亦可趁机尽速决遣。不过，皇帝希望刑狱"无滞禁之冤"，并非录囚的最终目的。

中国自汉代以来，阴阳五行思想盛行，阴阳思想对于司法刑狱最显著的影响，就是认为刑狱冤滞会伤害天地之和气，造成阴阳不调，四时失序。特别是旱灾发生，皇帝通常会联想到刑狱的冤滥和淹滞。例如，北魏宣武帝时忧心"淹狱久讼，动延时序，百姓怨嗟，方成困弊"（《魏书·世宗纪》，第193页）。孝明帝鉴于久旱，令尚书"厘恤狱犴，察其淹枉，简量轻重，随事以闻，无使一人怨嗟，增伤和气"（《魏书·肃宗纪》，第224页）。唐太宗贞观十七年（643）亦以久旱，以为"今州县狱讼，常有冤滞者，是以上天隆鉴，延及兆庶，宜令覆囚，使至州县科简刑狱，以申枉屈"[43]。德宗贞元十三年（797）以"农事方兴，时雨犹少，言念囚系，虑有滞冤"[44]。文宗开成四年五月，便以为"炎蒸在候，冤滞难免"。狱讼与时序的关系，史乘俯拾皆是，兹不赘言。[45] 为何旱灾而不是其他的灾异，经常会与刑狱扯上关系？试看《新唐书·五行志》的说法：

> 雨，少阴之气，其气毁则不雨。少阴者，金也，金为刑、为兵，刑不辜，兵不戢，则金气毁，故常为旱。（第915页）

刑狱属金，刑狱冤滞则金气毁，依五行相生之说，金生水，金气毁则少阴之气毁，是故不雨。皇帝录囚的目的，与其说是单纯的关心狱讼，不如说是唯恐刑狱冤滞，造成四时失序，农事不登。

---

[42] 《唐会要》卷40"君上恤刑"，第842页。

[43] 《册府元龟》卷144"帝王部·弭灾二"，第4b页。

[44] 《唐会要》卷40《君上慎恤》，第841—842页。

[45] 有关刑罚与阴阳、季节的关系，可参看西田太一郎著：《中国刑法史研究》，东京：岩波书店1974年版，第九章，《刑罚与阴阳·季节》。

那么,唐代旱灾与录囚的关系有多密切呢?粗略统计,唐代一百零一次的录囚中,约有五十四次是明显因旱灾而举行的。因旱灾而疏决罪囚,自初唐以来便屡见不鲜,太宗贞观三年(629)三月和六月,都因旱而录囚。开元三年(715)五月,玄宗因旱而下诏录囚,诏曰:

> 眷兹灾旱,倍切忧勤,将理政不明邪?冤囚有滞邪?疪疠道长邪?阴阳气隔邪?……天下见禁囚徒中,或以痛自诬者,令长官审加详覆,疑有冤滥,随事案理。㊻

又据唐穆宗长庆二年(822)十二月己亥诏曰:

> 自冬已来,甚少雨雪,农耕方始,灾旱是虞,虑有冤滞,感伤和气。宜委御史台大理寺及府县长吏,自录囚徒,仍速决遣。㊼

又唐文宗太和八年(834)六月丁酉诏曰:

> 时属亢阳,虑有冤系。应诸州府囚徒,各委所在长吏疏理处分,务从宽降。㊽

可见亢阳灾旱,必是狱有冤滞,人君乃亲自或委由臣下审录囚徒,庶几阴阳调和,雨雪顺时。

录囚的范围究竟包括哪些区域?是否只有京畿抑或全国性呢?这个问题不能一概而论,端看实际需要而定。皇帝下令录囚,往往是基于灾荒,特别是旱灾的缘故,那么,录囚的范围大多是针对灾区,譬如,永徽五年(654)六月,河北大水,高宗遣使录囚,范围自然是只有河北水灾地区。贞元十一年(795)五月,京师旱,德宗令中书门下录囚,范围当然是以京师为限。长庆三年(823)三月,淮南、浙东西、江南、宣歙旱,穆宗遣使理系囚,范围应该也是不离灾区。不过,有时候可能因为灾情严重,录囚范围可能是遍及全国。如总章二年(669)二月戊辰,高宗以岁旱亲录囚徒,"其天下见禁囚委当州长官虑之"㊾。文宗太

㊻ 《册府元龟》卷144"帝王部·弭灾二",第10a页。
㊼ 《册府元龟》卷145"帝王部·弭灾三",第1a页。
㊽ 同上书,第6a页。
㊾ 《册府元龟》卷144"帝王部·弭灾二",第6b页。

和八年(834)六月丁酉,因旱灾而下诏"应诸州府囚徒,各委所在长吏,疏理处分"[50]。除此以外,唐代很多次的录囚,并无明白指出范围,个人臆测,这些录囚的范围很可能只是针对京师而已。皇帝经常下诏审录京师囚徒,其原因固然是亢旱的灾区本来就是京师一带,但另一方面,与京师治安败坏也难脱干系。按文宗太和三年(829)三月《递减京师禁囚敕》云:

> 京畿之内,万类聚居,触刑章者,多于天下。加以百役牵应,由是致咎。若干一一不恕,则杀戮滋多。[51]

首都乃品流复杂、诸色人等聚集之地,加以徭役较其他地区繁重,因而,误触刑网者自然比其他地区都要多。人君对于京师格外的施恩,实属必要,是故君主录囚的范围往往集中在京师,这也可以解释为何唐代曲赦京师次数特多的原因。

唐代前期录囚经常是皇帝亲自主持,前述太宗"每视朝,录禁囚二百人,太宗亲自案问"。高宗录囚亦是亲自临问,不尽者令皇太子录之。[52]当然,如果录囚的区域是京畿以外,皇帝必然委由地方州县长官或按察使、覆囚使、观察使、宣慰使、疏决囚徒使等使者协助。[53]及至玄宗开元七年(719)五月初一,因为日蚀,玄宗令中书门下录囚,这是唐代首见臣下代表皇帝省录京师囚徒。自此以后,玄宗朝的录囚经常是由中书门下代理。玄宗以后,受命委托录囚的,除了宰相以外,尚包括大理卿、御史中丞、刑部侍郎等三法司。

录囚既是君主临时性的恩典,其施恩的程度,深浅不一。前述贞观六年(632)十二月的录囚,最后结果是全部放免。玄宗开元二年(714)六月,因大明宫成而录囚,最后徒以下囚皆蒙放免。宣宗朝有一次关于录囚的争议,可以看出录囚的具体实况。大中元年(847)二月癸未,宣宗以京师旱,命中书侍郎、同平章事卢商与御史中丞封敖疏理京城系囚,据《资治通鉴》卷248"(唐)宣宗大

---

[50] 《册府元龟》卷145"帝王部·弭灾三",第6a页。

[51] 《唐会要》卷40《君上慎恤》,第843页。

[52] 龙朔三年(663)二月庚戌,诏曰"天德施生,阳和在节,言念幽圄,载恻分宵。虽复每有哀矜,犹恐未免枉滥,在京系囚应流死者,每日将二十人过。"于是亲自临问,多所原宥,不尽者令皇太子录之。见《旧唐书》卷4《高宗纪》,第84页。

[53] 岛善高氏:《唐代虑囚考》,第651—656页。

中元年二月癸未”条云：

> 大理卿马植奏称：“卢商等务行宽宥，凡抵极法，一切免死。彼官典犯赃及故杀人，平日大赦所不免，今因疏理而原之，使贪吏无所惩畏，死者衔冤无告，恐非所以消旱灾、致和气也……乞再加裁定。”诏两省五品以上议之……左谏议大夫张鹭等上言：“陛下以旱理系囚，虑有冤滞。今所原死罪，无冤可雪，恐凶险侥幸之徒常思水旱为灾，宜如马植所奏。”诏从之，皆论如法。（第8028—8029页）

从这件录囚个案，可以看出几项要点：第一，这次录囚是由宰相和御史中丞处理，大理卿原先并无参与。第二，恩典的程度端看主事者的态度，即使官典犯赃及故杀人等大赦不免之罪，都可以一并免死，可见录囚施恩的程度，有时甚至超过大赦。第三，卢商等的处置引起大理卿的抗议，宣宗乃下诏两省五品以上官员共同商议，参与录囚的官员大为扩充。第四，皇帝听从大理卿的意见，推翻了卢商原来的恩宥。卢商因为误纵死罪，旋被出为武昌节度使。

综合而言，录囚制起源于汉代，及至西晋初，逐渐成为皇帝恩赦的其中一种。录囚制发展到唐代，成为皇帝经常施行的一项恩德，唐代前后录囚约一百零一次，初期由皇帝亲录京师囚徒，后来多委由臣下代理，至于其他地方，则委由使者以及地方首长审录。录囚的目的，固然是为了防止刑狱冤滞，但最终目的是恐惧因冤滞而导致阴阳失和，亢旱不雨。君主录囚后，对于罪囚或降或免，因而，录囚制可视为皇帝恩赦的其中一环。

皇帝亲自听讼，审录囚徒，理冤消滞，固然是代表皇帝重视刑狱，勤政爱民的表现。然而，司法审判需要专业的法律知识，人君未必一一具备，每定一狱，便成一例，畸轻畸重，贻祸无穷。[54] 故此，对于隋文帝、唐太宗经常亲录囚徒的作风，除了称颂其重视刑狱外，也必须考量其作为可能侵害司法的运作。玄宗朝以降，君主委由臣下录囚之事例渐多，所委派者也是以刑部、大理院、御史台等三法司居多，这毋宁是一种合理和正确的转变。另外，录囚原先的精神是细

---

[54] 参看沈家本：《历代刑法考》，第794页。

察刑狱,务使无冤无滞,然而,皇帝下诏录囚时,往往指示多所原宥,导致原宥成为最高指标,纵使无冤可雪,臣下也只好为了宽宥而宽宥,宣宗卢商录囚的例子,正是最佳的说明。如此,却扭曲了录囚原来的精神。唐律对于人君大赦的规范,颇为周严。恩赦制度发展到唐代,有更加趋于法制化的现象(详见第三章)。大赦的相关规定形之于法,对于君主的恩赦权,多少是一种约束。然而,相对于大赦的法制化,录囚制就显得毫无规范可言。君主施恩的对象和程度,完全存乎一心,对于罪囚或降或赦,甚而不当得赦者,亦复放免,效力有时更胜大赦。君主在录囚制下似乎找到更大和更充裕的空间来实现个人的恩德,贯彻个人的意志。或许因此,造成唐代录囚次数的激增。

综合本章所论,可归纳以下各点:

第一,北朝曲赦的次数甚多,但主要发生在北魏中期和晚期,而曲赦的地区则较集中于首都和关陇地区,考其原因,不外乎政治斗争、战争、灾荒等。唐代曲赦的次数也相当多,不过,大部分都发生在初唐和盛唐,而曲赦的地区则较集中于京畿、河南和河东等地区,这样的现象主要与开国和扩张战争以及皇帝经常往来两京有关。随着玄宗朝对于漕运的改革以及天宝之乱后大唐帝国的衰落,因为扩张以及巡幸而常常曲赦的现象,遂不复再见。

第二,唐代恩降了八十三次,次数甚多,恩降的频繁主要是由于流刑的确立。皇帝恩降的程度容或有深浅之别,但是,死罪若蒙恩降等,绝大多数的情形都是减为流罪而已。玄宗是唐代最常恩降的皇帝,在玄宗朝若遇免死配流,一般都会决杖一顿,然后配流岭南远恶地。玄宗恶闻刑杀,因而频频恩降,最后,更索性废除死刑,这在中国刑罚制度史上深具意义。可见,新五刑体系的建立促成恩降的频繁,而恩降的频繁又反过来冲击到刑罚体系。

第三,唐代录囚前后一百零一次之多,远超以前任何时代。皇帝省录囚徒,原是为了确保刑狱无冤无滞,但录囚后或有恩降,或有赦免,因此,录囚成为人君恩赦的其中一种类型。由于阴阳五行思想的影响,唐人认为刑狱冤滞,造成阴阳失调,四时失序,是故,一遇天灾,尤其是旱灾,唐代君主便会录囚。早期,君主经常亲录囚徒,自玄宗以降,往往委由臣下,特别是三法司负责。地方的录囚事宜，大多委由使臣和地方首长处理。录囚之事固然代表人君重视刑狱，但难免干涉司法审判的疑虑。而且，录囚较诸大赦，更缺乏法定规范，皇帝可以更加随心所欲地曲法施恩，不管是对于国家司法抑或皇帝恩典，都不是健康的现象。

第五章　从恩赦看重罪

不管任何时代，总有某些行为被认定是恶性重大，对于这些所谓严重罪恶，在不同时代或不同文化之间，往往在认定上有明显的歧异，若干被视作罪大恶极的行为，在其他时代或许只是作为一般犯罪处理，甚至不被视为犯罪。因此，透过探讨这些重罪，当可了解一个时代独特的价值观。那么，北朝隋唐最严重的罪行是什么呢？这些被视作罪无可恕的行为，又代表什么意义？

探讨这个问题，首先面临到的是该如何认定所谓的重罪。一般人或许认为，既是严重恶行，触犯者当处以极刑，因此，若归纳律令所载各种被科以死刑的犯罪，自然可以大略看出严重犯罪的范围。这样的看法固然有一定道理，盖斩绞乃"刑之极也"[①]，遭判处死刑者当然是犯下严重恶行的。然而，法典中大辟之罪甚多，在众多死罪中，到底何者才是最为人深恶痛绝的呢？再者，严重之恶行不见得都是处以极刑，以《唐律》的"十恶"罪为例，并非触犯者都必定处以死刑，譬如"十恶"中第八项"不睦"罪，其中妻殴夫仅徒一年，妻告夫仅徒二年，刑罚不可谓为重。由此可知若仅以刑罚的轻重来判定犯罪的轻重，显然不充分。

那么，如何了解中古时代的重罪呢？笔者以为从皇帝恩赦一事去探讨，才能有效把握这个问题。皇帝恩赦效力虽强，却常常在赦书中附带声明对于某些罪行是"不在原免之限"。另外，有时恩赦又会对若干罪行格外开恩予以宽免，不论是明令不赦或是格外开恩，都显示这些罪行是较为严重的。本节是以

---

① 《唐律·名例律》"死刑二"条（总5）。

中古时代恩赦中这些特别声明的罪行作为基础，归纳出各类型的重罪，并指出其阶段性的变化，最后试图检讨其所代表的时代意义。

正史所见赦例，业经史家剪裁，往往只剩“可大赦天下”寥寥数语，无法尽窥赦宥详情。皇帝的赦书是研究恩赦内容和效力的重要材料，可惜六朝赦书亡佚几尽，所幸唐代赦书尚有相当数量保存于《册府元龟》、《文苑英华》、《唐大诏令集》等典籍中。细检各篇赦书，足资研究的赦例共得一百七十四条，现制成《北朝隋唐恩赦内容和效力表》，以便检阅。由于史料所限，故本章所论，主要仍以唐代为主，北朝赦例仅作参考，暂不纳入统计。

根据表5-1，皇帝恩赦中最常被提及的犯罪，分别是十恶类，此即“常赦所不免”（55次）、“十恶”（49次）、“五逆”（14次）；官吏犯罪类，此即官吏赃罪（67次）、伪罪（23次）；社会犯罪类，此即奴反（或杀）主（3次）、故杀（42次）、劫盗（24次）、卖（或合造）毒药（10次）、开劫坟墓（7次）等各项。

表5-1　北朝隋唐恩赦内容和效力表

X：不赦　O：赦免　△：有条件的赦免　↓：降罪
H：百日不首，复罪如初

时代＼内容、程度		常赦所不免	十恶					五逆	故杀人	谋杀人	劫盗	造伪头首	监守自盗	官吏受财枉法	官典犯赃	官吏推断不平	奴反/杀主	妖言惑众	卖/合造毒药	开劫坟墓	欠负官物	反逆缘坐	流人				量移	其他	亡命山泽	赦前事相告
			谋反	谋大逆	谋叛	恶逆	其他																降死从流	配已上道	未达配所	已达配所				
朝代	君主 公元 纪年																													
北魏	孝文493太和17.10		O	O	O																									
北魏	495太和19.11.21		O	O	O				╳杀人												O									
北魏	513延昌2.8.9								╳杀人		X																	X		
北魏	幼主528武泰1.2.26		X	X																										
北魏	孝庄530永安3.10.6		O	O					╳赤手杀人																O				H	
东魏	孝静545武定3.5.26		O	O					╳赤手杀人																O					
东魏	550武定7.8.10		O	O					╳赤手杀人																O					
北齐	文宣556天保7.7.26								╳赤手杀人																					

（续表）

时代	内容／程度	常赦所不免	十恶					五逆	故杀人	谋杀人	劫盗	造伪头首	监守自盗	官吏受财枉法	官典犯赃	官吏推断不平	奴反/杀主	妖言惑众	卖/合造毒药	开劫坟墓	欠负官物	反逆缘坐	流人				量移	其他	亡命山泽	赦前事相告
			谋反	谋大逆	谋叛	恶逆	其他																降死从流	配已上道	未达配所	已达配所				
北齐	558天保9.4.19								~~赤手杀人~~																				H	X
北齐	孝昭560皇建1.8.3	X											O								O								H	X
北齐	武成562大宁2.1.18		O	O					~~赤手杀人~~		~~奸盗~~		O								O				O					
北齐	后主567天统3.11.9		O	O					~~赤手杀人~~																O					
北齐	568天统4.12.15	X	O	O					~~赤手杀人~~												O									
北周	明帝559三.8.14																								O					
北周	静帝580大象2.4.24	X	X		X	X																								
隋	文帝595开皇15.1.11	X																												
隋	炀帝605大业1.10.2	X																												
隋	606大业2.4.25	X																							O				H	X
隋	609大业5.6.23																									O				
隋	612大业8.4.16	X	X	X														X							O				H	X
隋	恭帝617义宁1.11.16	X																												
唐	高祖618武德1.5.20					X											X													
唐	619武德2.5.16																											O		
唐	619武德2.10.20																											O		
唐	621武德4.5.8																												H	
唐	621武德4.6.4																												H	
唐	621武德4.7.12	O				X															O		X		O				H	X
唐	623武德6.4.14																											O		
唐	624武德7.4.1	X	X	X	X	X	X				X		X	X										X				X	H	

（续表）

时代	内容/程度	常赦所不免	十恶					五逆	故杀人	谋杀人	劫盗	造伪头首	监守自盗	官吏受财枉法	官典犯赃	官吏推断不平	奴反/杀主	妖言惑众	卖/合造毒药	开劫坟墓	欠负官物	反逆缘坐	流人				量移	其他	亡命山泽	赦前事相告
			谋反	谋大逆	谋叛	恶逆	其他																降死从流	配已上道	未达配所	已达配所				
唐	太宗624武德9.8.9																									O			H	X
唐	630贞观4.2.18		X	X		X								X			X	X			O							X		X
唐	635贞观9.3.16	X	X	X	X	X	X		X	X	~~伤人~~							X					X	X				X		
唐	639贞观13.1.1		~~十恶杀人~~							~~已伤~~	~~伤人~~		X	X															H	
唐	640贞观14.1.16																											X		
唐	640贞观14.2.10	X																										X		
唐	640贞观14.9.9		X	X	X	X	X		X	X	X		X	X				X										X		
唐	643贞观17.4.7		X	X	X	X	X																							
唐	643贞观17.11		X	X	X	X	X		X	~~已伤~~	~~伤人~~		X	X														X		
唐	646贞观20.1.16	X	X	X	X	X	X		X	~~已伤~~	~~伤人~~		X	X															H	X
唐	648贞观22.3.7	X																												
唐	649贞观23.3.17	X																												
唐	高宗655永徽6.10.21																									X				
唐	666乾封1.1.15																				O									
唐	674上元1.8.15																									O				
唐	683弘道1.12.4																									O				
唐	武后684光宅1.9.6	X	X	X	X	X	X		X	X	~~杀人~~		X	X								X			O			X	H	X
唐	690载初1.1.1					X											X				X	X			X				H	X
唐	中宗705神龙1.2.5						X					X			X						O	X				O				
唐	705神龙1.11.6																					X				O				
唐	709景龙3.11.23		O	O	O	O	O																			O				

（续表）

时代	内容/程度	常赦所不免	十恶					五逆	故杀人	谋杀人	劫盗	造伪头首	监守自盗	官吏受财枉法	官典犯赃	官吏推断不平	奴反/杀主	妖言惑众	卖/合造毒药	开劫坟墓	欠负官物	反逆缘坐	流人				量移	其他	亡命山泽	赦前事相告
			谋反	谋大逆	谋叛	恶逆	其他																降死从流	配已上道	未达配所	已达配所				
	710唐隆1.6.4	O																								O		O		
	少帝710唐隆1.6.21	O																												
	睿宗710景云1.7.20	X	X	X	X	X	X																							
	710景云1.11.2	X																												
	711景云2.4.27																								O	O				
	711景云2.8.13									↓		↓			O															
	712延和1.5.13		X	X	X	X	X								X															
	712先天1.8.7	X																												
	玄宗713先天2.7.3		X	X																		X								
	713先天2.7.6																													
唐	713开元1.12.1																												H	X
	714开元2.6.9														X													X		
	715开元3.2.9					↓						↓																		
	717开元5.2.3		X	X																									H	X
	720开元8.9.17									↓		↓														↓				
	723开元11.1.1		X	X	X	X	X					X																		
	723开元11.1.3		X	X	X	X	X					X																		
	723开元11.1.27		X	X	X	X	X					X																		
	723开元11.11.16		十恶死罪								X	X									O						O		H	X
	725开元13.11.12		十恶死罪																		O				O				H	X
	727开元15.8.29														X															

（续表）

时代	程度	常赦所不免	十恶					五逆	故杀人	谋杀人	劫盗	造伪头首	监守自盗	官吏受财枉法	官典犯赃	官吏推断不平	奴反/杀主	妖言惑众	卖/合造毒药	开劫坟墓	欠负官物	反逆缘坐	流人				量移	其他	亡命山泽	赦前事相告
			谋反	谋大逆	谋叛	恶逆	其他																降死从流	配已上道	未达配所	已达配所				
	729开元17.11.12	O																			O	O					O			
	730开元18.1.5	O													X						O					家口	O			
	731开元19.4.4										↓	↓																↓		
	732开元20.2.9		↓	↓	↓	↓	↓					↓			↓															
	732开元20.11.21	O																			O						O		H	X
	733开元21.5.21											O																		
	735开元23.1.18		~~十恶死罪~~																		O								H	X
	736开元24.4.28		十恶死罪↓								↓	↓		X																
	736开元24.10.18		↓	↓	↓	↓	↓		↓			↓			↓							↓				O				
	737开元25.1.8		X	X	X	X	X																							
唐	738开元26.4.1		~~十恶死罪~~												X															
	738开元26.7.2	O																												
	739开元27.2.7	O																									O			
	741开元29.5.1		↓	↓	↓	↓	↓		↓	↓		↓			O													O		
	742天宝1.1.1	O																									O			
	742天宝1.2.20																										O			
	744天宝3.1.1		X	X	X	X	X				~~劫盗~~	X			X															
	744天宝3.12.25		~~十恶死罪~~							X	X	X			X															
	747天宝6.1.12		~~十恶死罪~~												X							X					O			
	748天宝7.5.13	O																									O			
	749天宝8.闰6.5	O																												

（续表）

时代	程度＼内容	常赦所不免	十恶					五逆	故杀人	谋杀人	劫盗	造伪头首	监守自盗	官吏受财枉法	官典犯赃	官吏推断不平	奴反/杀主	妖言惑众	卖/合造毒药	开劫坟墓	欠负官物	反逆缘坐	流人				量移	其他	亡命山泽	赦前事相告
			谋反	谋大逆	谋叛	恶逆	其他																降死从流	配已上道	未达配所	已达配所				
唐	751天宝10.1.10	O																			O						O			
	754天宝13.2.9	O													X							O					O			
	755天宝14.8.4		↓	↓	↓	↓	↓			↓		↓																		
	756天宝15.8.1	O																								O				
	肃宗756至德1.7.12	O													X						O									
	757至德2.12.15	O																			O									
	758乾元1.2.5	O																												
	758乾元1.4.14		X	X	X	X	X			X	X		X									X								
	759乾元2.3.10		X	X							~~杀~~	X		X																
	759乾元2.3.21		X	X								X								O					O					
	760上元1.闰4.19	O																												
	761上元2.9.21	O						X				X			X															
	762元.建卯.1	O	~~十恶死罪~~						X	X		X			X												O			
	762元.建辰.3														O											O	O			
	762宝应1.4.15																									O	O			
	代宗762宝应1.5.19	O																			O					O	O			
	763广德1.7.11	O																			O					O	O			
	764广德2.2.21	O																			O					O	O			
	765永泰1.1.1	O																			O									
	766大历1.11.12	O													X															
	769大历4.7.18																										O			

（续表）

时代	内容／程度	常赦所不免	十恶					五逆	故杀人	谋杀人	劫盗	造伪头首	监守自盗	官吏受财枉法	官典犯赃	官吏推断不平	奴反/杀主	妖言惑众	卖/合造毒药	开劫坟墓	欠负官物	反逆缘坐	流人				量移	其他	亡命山泽	赦前事相告
			谋反	谋大逆	谋叛	恶逆	其他																降死从流	配已上道	未达配所	已达配所				
	770大历5.3.23														X															X
	772大历7.5.15																												H	X
	773大历8.5.29																												H	X
	774大历9.4.24																												H	X
	德宗779大历14.6.1	O																				O								
	784兴元1.1.1	O																				O				O	O		X	H
	784兴元1.7.22	O																			O					O	O		X	H
	785贞元1.1.1																									O	O			
	788贞元4.1.1	O													X						O					O	O			
	790贞元6.11.8																										O			
唐	793贞元9.11.10														O						O						O			
	顺宗805贞元21.2.24	O																			O	O				O	O			
	宪宗806元和1.1.2	O																												
	807元和2.1.3	O																			O					O	O			
	809元和4.闰3.3								杀人												O									
	809元和4.10.18								杀人																		O			
	812元和7.10.25								杀人																		O			
	818元和13.1.1														X												O			
	819元和14.7.13								X						X						O						O		H	X
	穆宗820元和15.2.5	O							X						X						O					O	O			
	821长庆1.1.4		X	X	X	X	X		X						X						O						O		H	X

（续表）

时代	内容 / 程度	常赦所不免	十恶					五逆	故杀人	谋杀人	劫盗	造伪头首	监守自盗	官吏受财枉法	官典犯赃	官吏推断不平	奴反/杀主	妖言惑众	卖/合造毒药	开劫坟墓	欠负官物	反逆缘坐	流人				量移	其他	亡命山泽	赦前事相告
			谋反	谋大逆	谋叛	恶逆	其他																降死从流	配已上道	未达配所	已达配所				
唐	821长庆1.7.18								X						X												O			
	821长庆1.12.27														X												O			
	824长庆4.1.1		X	X	X	X	X		X						X											△	O			
	敬宗824长庆4.33	O																								O				
	825宝历1.1.7	O													X							O					O		H	X
	825宝历1.4.20								X						X												O		H	X
	文宗827大和1.1.13	O						X		X					X												O			
	827大和1.6.25								X																					
	829大和3.11.18	O	X	X	X	X			X			O			X								△		O		O		H	X
	832大和6.1.18								X						X															
	833大和7.8.7								X		~~持仗~~				X												O	劫狱		
	834大和8.2.9		X	X	X	X	X		X						X												O	X		
	834大和8.12.3								X						X															
	836开成1.1.1	O																									O			
	837开成2.3.9								X						X															
	838开成3.11.8		X	X	X	X	X			X	X				X															
	839开成4.11.21							X	~~杀人~~				X		X															
	武宗840开成5.2.8		X	X	X				X						X															
	842会昌2.4.23		X	X	X				X						X												O		H	X
	845会昌5.1.3	O	X	X					X		~~持仗~~				X								△			O	O		H	X
	846会昌6.2.2							X			~~持仗~~				X															

(续表)

时代	程度＼内容	常赦所不免	十恶					五逆	故杀人	谋杀人	劫盗	造伪头首	监守自盗	官吏受财枉法	官典犯赃	官吏推断不平	奴反/杀主	妖言惑众	卖/合造毒药	开劫坟墓	欠负官物	反逆缘坐	流人				量移	其他	亡命山泽	赦前事相告
			谋反	谋大逆	谋叛	恶逆	其他																降死从流	配已上道	未达配所	已达配所				
唐	宣宗847大中1.1.17	O	X	X	X	X	X	X	X		持仗				X						O		△				O		H	X
	848大中2.1.3		X	X	X	X	X	X	X		持仗				X						O								H	X
	850大中4.1.1		X	X	X	X	X								X											O			H	X
	851大中5.4.29								X		持仗			X																
	859大中13.1.1		X	X	X				X						X															
	懿宗859大中13.10.9	O	X	X	X				X		持仗				X	X					O						O		H	X
	866咸通7.11.11		X	X	X				X		持仗				X	X			X	X	O						O			
	867咸通8.5.18																				O						O			
	869咸通10.6.12							X	X		持仗				X				X	X										
	871咸通12.5.15							X	X		持仗								X	X										
	873咸通14.4.11							X	X		持仗				X				X	X										
	僖宗875乾符2.1.7	O	X	X	X				X		持仗				X	X		X	X	X	O		△				O			
	877乾符4.1.5							X	X		持仗				X				X							O				
	885光启1.3.14	O						X	X		持仗				X				X	X	O	X				△	O			
	887光启3.7.16							X			持仗				X				X	X							O			
	昭宗892景福1.8.15								杀人						X						O									
	901天复1.4.25	O						X			持仗				X	X			X		O					O	O	X		
	904天祐1.闰4.11	O						X	X		持仗				X				X							O	O			
	哀帝905天祐2.4.23	O																												

第一节　“常赦所不免”和“十恶”

一、常赦所不免

“常赦所不免”和“十恶”罪，应是唐代经常被排除在恩赦之外的犯罪。唐代恩赦先后五十六次提及“常赦所不免”，其中十次不赦，四十六次格外开恩。

赦书出现“常赦所不免”的法定用语，最早见于北齐孝昭帝皇建元年。稍后北周宣帝大象二年(580)降罪也有类似用语，相对的，南朝却未见其例。可惜，北朝刑律亡佚殆尽，无法了解“常赦所不免”的具体内容。唐律“常赦所不免”的规定，应该源自北朝。

“常赦所不免”包含多种严重犯罪，据《唐律·断狱律》“赦前断罪不当”条(总488)云：

> 其常赦所不免者，依常律。常赦所不免者，谓虽会赦，犹处死及流，若除名、免所居官及移乡者。

《疏》议曰：

> “常赦所不免者”，赦书云“罪无轻重，皆赦除之”，不言常赦所不免者，亦不在免限，故云“依常律”。即：犯恶逆，仍处死；反、逆及杀从父兄姊、小功尊属、造畜蛊毒，仍流；十恶、故杀人、反逆缘坐，狱成者，犹除名；监守内奸、盗、略人、受财枉法，狱成会赦，免所居官；杀人应死，会赦移乡等是。(第567页)

赦书中纵使明言“罪无轻重，皆赦除之”，但若没有特别声明连“常赦所不免”，一并免除，则仍要依律文规定处置。这些“常赦所不免”的犯罪，大抵皆属“十恶”重罪，包括了“十恶”行为中的“谋反”、“谋大逆”、“恶逆”、“不睦”、“不道”等，纵逢恩赦，死流等主刑仍不可免，或不可全免。这些遇赦不免的犯罪，可参看表5-2。此外，某些犯罪遇赦，主刑虽免，但从刑如除名、免所居官、移乡等，仍不可免。由于“常赦所不免”属相当严重的犯罪，因此，原先律有明文，若共犯罪逃亡,轻者能捕重者首,皆除其罪[2],但所犯若为常赦所不免者,则不在免限。

表 5-2 “常赦所不免”罪名一览表

犯　罪	狱成处罚	会赦
恶逆(殴及谋杀祖父母、父母,杀伯叔父母、姑、兄姊、外祖父母、夫、夫之祖父母父母)	斩、决不待时	斩
部曲、客女、奴婢殴及谋杀若强奸主	斩	斩
谋反	皆斩	流
谋大逆	皆斩	流
“不睦”罪的杀从父兄姊、小功尊属	绞	流
“不道”罪的造畜蛊毒	绞	流

对“常赦所不免”有一了解后,便知若在赦书并无特别声明时,有哪些恶行原先就不在宽免之列。令人好奇的是,若赦书只云“罪无轻重,皆赦除之”,没有声明包括常赦所不免者,则“常赦所不免”者亦不在免限。那么,皇帝肆赦时,为何特别指出不赦“常赦所不免”者？再者,这十次不赦“常赦所不免”者,全都发生在玄宗朝以前,玄宗朝以降所见的全都是“咸赦除之”,形成明显对照。个人怀疑这是因为今本《唐律》“赦前断罪不当”条中有关“常赦所不免”的规定,是在玄宗朝修律时才制定的,因此,嗣后皇帝颁赦时若不赦“常赦所不免”者,就不必特别声明了。

律有明文,某些犯罪遇赦仍不在原免之限,但皇帝却以一纸赦书,“咸赦除之”,虽然可展示浩荡皇恩,但却明显违律而赦。

二、十恶和五逆

唐代恩赦时曾四十九次提及“十恶”,其中绝大多数都是申明不赦的。“十恶”罪是指《唐律·名例律》“十恶”条(总6)的谋反、谋大逆、谋叛、恶逆、不道、大不敬、不孝、不睦、不义、内乱等十项最严重的恶行。按《疏》议曰:

五刑之中,十恶尤切,亏损名教,毁裂冠冕,特标篇首,以为明诫。其

② 《唐律·名例律》“犯罪共亡捕首”条(总38)。

> 数甚恶者，事类有十，故称“十恶”。然汉制九章，虽并湮没，其“不道”“不敬”之目见存，原夫厥初，盖起诸汉。案梁陈已往，略有其条。周齐虽具十条之名，而无“十恶”之目。开皇创制，始备此科，酌于旧章，数存于十。大业有造，复更刊除，十条之内，唯存其八。自武德以来，仍遵开皇，无所损益。（第 6 页）

可知“十恶”罪起源甚早，其中的不道、不敬等罪，汉代已有其目。若进一步考察十恶的源头，甚至可溯源先秦。[③] 北齐开始将十种严重罪行归纳一起，不过，将北齐的“重罪十条”加以整理，并定名为“十恶”的，则是《开皇律》。唐之“十恶”直接承袭隋《开皇律》而来。关于“十恶”罪的罪名和刑罚，可参看表 5-3。

表 5-3　“十恶”罪名一览表

恶名	包含罪名	刑罚	处罚特例
谋反	谋反	1. 共犯者皆斩 2. 父子年十六以皆绞 3. 十五以下及母女、妻妾、祖孙、兄弟姊妹若部曲、资财、田宅并没官 4. 伯叔父、兄弟之子皆流三千里	1. 不准议请减 2. 不准上请侍亲 3. 会赦犹除名 4. 亲属听告 5. 决死不待时，决前一复奏
谋大逆	谋大逆	绞	同上
谋叛	谋叛	犯者绞，已上道者斩，妻子流二千里 率众百人以上，父母妻子流三千里	同上
恶逆	殴祖父母父母	斩	1. 不准议请减 2. 不准上请侍亲 3. 会赦犹除名 4. 决死不待时，决前一复奏 5. 会赦不原
	谋杀祖父母父母	斩	
	杀伯叔父母、姑、兄姊、外祖父母	斩	
	杀夫	斩	
	杀夫之祖父母父母	斩	

③　戴炎辉：《唐律十恶之溯源》，收入中国法制史学会编：《中国法制史论文集》，台北：中国法制史学会 1981 年版。刘俊文：《唐律疏议笺解》，第 86—102 页。

（续表）

恶名	包含罪名	刑罚	处罚特例
不道	杀一家非死罪三人	共犯罪皆斩，妻子流二千里	1. 不准议请减 2. 不准上请侍亲 3. 会赦犹除名
	支解人		
	造畜蛊毒	犯者绞，同居家口流三千里	
	厌魅	犯者徒二年	
大不敬	盗大祀神御之物	犯者流二千五百里	同上
	盗乘舆服御物	犯者流二千五百里	
	盗御宝	盗皇帝、三后宝绞，盗皇太子宝流三千里	
	伪造御宝	伪造皇帝宝绞，伪造三后、太子宝绞	
	造御膳误犯食禁	主食绞	
	御幸舟船误不牢固	工匠绞	
	指斥乘舆情理切害	犯者斩	
	对捍制使无人臣之礼	犯者绞	
不孝	告言祖父母父母	犯者绞	同上
	为求爱媚厌祖父母父母	犯者流二千里	
	詈祖父母、父母	犯者绞	
	祖父母、父母在，别籍异财	犯者徒三年	
	供养有阙	犯者徒二年	
	居父母丧身自嫁娶	犯者徒三年	
	居父母丧作乐及释服从吉	犯者徒三年	
	闻祖父母父母甚匿不举哀	犯者流二千里	
	诈称祖父母、父母死	犯者徒三年	
不睦	谋杀缌麻以上亲	犯者流二千里，已杀者斩	同上
	略卖缌麻以上亲	流	
	殴夫	徒一年	
	告夫	徒二年	
	殴大功以上尊长，小功尊属	徒一年	
	告大功以上尊长、小功尊属	前者徒一年半、后者徒一年	

（续表）

恶名	包含罪名	刑罚	处罚特例
不义	杀本属府主、刺史、县令，吏卒杀本部五品以上官长	犯者斩	同上
	杀见受业师	犯者斩	
	闻夫丧匿不举哀、释服从吉、作乐	犯者徒三年	
	居夫丧改嫁	犯者徒三年	
内乱	奸小功以上亲	犯者自徒三年至流二千里，强者自流二千里至绞	同上
	奸父祖妾	犯者绞	

本表据刘俊文《唐律疏议笺解》卷一所附“十恶罪名一览表”而成。

隋代何以把这十条重罪定名为“十恶”呢？笔者颇疑是受佛教的影响。

佛家早有“十恶”之名，西晋竺法护所译《大哀经》，就列明杀生、偷盗、邪淫、妄语、两舌、恶口、绮语、贪欲、瞋恚、邪见等十项恶业。④ 唐释道宣所编《广弘明集》卷29“统归篇”收录了北魏僧懿《平魔赦文》一首⑤，作者伪托佛魔斗争，最后佛胜魔败，遂仿效世俗赦书而成《平魔赦文》，其中提及：

> 且令五道告清，宇外咸一，思与天下同兹福庆。可大赦天下，与同更始。改像教之号为即真之岁，自二月八日昧爽已前，继（系）囚见徒悉皆原放。若为四魔所误，浮游三界，犯十恶五逆，毁经坏像，三世所作一切众罪，能改过自新者，不问往愆。若亡命欲山，挟藏奸器，百劫不自首者，伏罪如初。

僧懿这篇《平魔赦文》若干词句活脱就是世俗皇帝恩赦的用语，无疑是模仿汉魏以来赦书的书法而成。《平魔赦文》中提及“十恶”之语，固然是佛教术语，并非世俗刑律名词，但这个名词应当被其后王朝修律时所借用。因此，隋代把十种重罪定名“十恶”，很可能是受佛教影响。

“十恶”罪乃“亏损名教，毁裂冠冕”，其中的恶逆、不道、不孝、不睦、内乱等

---

④ 西晋竺法护译：《大哀经》卷5，收入《大正新修大正藏》，第十三册。

⑤ 关于《平魔赦文》的讨论，尚可参看黄惠贤：《僧懿及〈伐魔诏〉一书》，武汉大学历史系魏晋南北朝隋唐史研究室编：《魏晋南北朝隋唐史资料》三，香港：香港中华科技1992年版。

五项,可视为“亏损名教”,均属违反亲情伦理人性的行为;谋反、谋大逆、谋叛、大不敬、不义等项,可看作“毁裂冠冕”,即抵触到皇权及其象征。十恶成立的法意,盖欲表明刑律对于维护伦理道德的高度重视,从而达到震慑和禁绝违背礼教行为之目的。故十恶之设,乃法律礼教化之体现。[⑥] 十恶中的谋反、谋大逆、谋叛等三项,为单一的罪名;其他七项,各含两种以上的罪名。“十恶”中的谋反、谋大逆、恶逆以及不睦、不道中的若干犯罪,属“常赦所不免”,乃十恶中较严重的犯罪,其中尤以“恶逆”处罚最重,犯者遇赦仍处斩。十恶既属罪大恶极的行为,官人触犯不得“议请减赎”,虽遇赦,犹除名。若犯谋反、谋大逆、谋叛等罪,不适用“同居相为隐”和“孝留养亲”等原则。[⑦]

“五逆”罪在唐代恩赦中先后出现十四次,全部都是申明不在免限。何谓“五逆”?《唐律》无“五逆”之罪名,学者或疑“五逆”乃“反逆”之误。[⑧] 然而,若偶一讹误,当有可能,惟唐代乃至五代赦书,经常出现“十恶五逆”之语,显然五逆非反逆之讹。考五逆之名,与十恶同样是佛教用语,而且大多“十恶五逆”连称。如前引《广弘明集》所收元魏懿法师《平魔赦文》中,就有“十恶五逆”之语。

佛教所谓“五逆”乃指杀父、杀母、杀阿罗汉、破僧、出佛身血等五罪。[⑨] 但“五逆”逐渐演变为专指子女不孝之意,如《弘明集》卷8刘勰《灭惑论》论佛教“三破”,云:

> 第二破曰入家而破家,使父子殊事,兄弟异法,遗弃二亲,孝道顿绝,忧娱各异,歌哭不同,骨血生雠,服属永弃,悖化犯顺,无昊天之报。五逆不孝,不复过此。[⑩]

敦煌变文集中,凡见“五逆”之处,大抵皆作不孝解,如《破魔变文》:

---

⑥ 刘俊文:《唐律疏议笺解》,第88—89页。另参看黄源盛:《唐律中的礼教法制思想》,收入《中国传统法制与思想》,第187—189页。

⑦ 《唐律·名例律》“八议者(议章)”条(总8)、“官爵五品以上(请章)”条(总9)、“除名”条(总18)、“犯死罪应侍家无期亲成丁”条(总26)。

⑧ 刘俊文:《敦煌吐鲁番法制文书考释》,第427页。

⑨ 《大方广十轮经》卷5,收入《大正新修大藏经》,第十三册。

⑩ (梁)僧佑撰:《弘明集》,上海:上海古籍出版社1991年版,第51页。

于是魔王既观下界，又不见五逆之男，又不见孝顺之子。[11]

又《故圆鉴大师二十四孝押座文》：

孝慈必感天官福，五逆能招地狱殃。[12]

另外，敦煌所见王梵志诗中，屡见"五逆"一词，亦是不孝之意[13]，如《世间慵懒人》云：

唤女作家主，将儿作奴使。妻即赤体行，寻常饥欲死。一群病癞贼，却搦父母耻。日月甚宽恩，不照五逆鬼。[14]

《父母生男女》云：

父母生男女，没娑可怜许。逢着好饮食，纸裹将来与。心恒忆不忘，入家觅男女。养大长成人，角睛难共语。五逆前后事，我死即到汝。[15]

此外，敦煌所见契约文书也有"五逆"一词，也应作不孝解，如《养男契样文》[16]云"若不孝顺者，仰至亲情，当日赶囗，更莫再看。两共对面平章为定，更无改易。如若不凭言约，互生翻悔者，便招五逆之罪。"（斯 5647）[17]。"五逆"晚唐有时写作"忤逆"，如咸通十年（869）六月戊戌录囚诏中的"十恶五逆"一词，《旧唐书·懿宗纪》却写作"十恶忤逆"，类似的状况尚见多起[18]，可见晚唐五逆与忤逆经常互通。

"五逆"既为不孝之意，那么，赦书中凡提及的"十恶五（忤）逆"，应该是指"十恶"中的"不孝"罪；倘若作"十恶五逆以上"（如宣宗大中元年（847）正月南郊大赦），则是包含了谋反、谋大逆、谋叛、恶逆、不道、大不敬、不孝等七项，至

---

⑪ 黄征、张涌泉校注：《敦煌变文校注》，北京：中华书局 1997 年版，第 532 页。

⑫ 同上书，第 1154 页。

⑬ 参见项楚：《王梵志诗校注》，上海：上海古籍出版社 1991 年版，第 154—155 页。

⑭ 同上书，第 149 页。

⑮ 同上书，第 173 页。

⑯ 敦煌出土各类契约名称和释文，皆据沙知：《敦煌契约文书辑校》。

⑰ 敦煌出土的《养男契样文》，多有"五逆"之语，见《斯 5700》、《斯 6537 背》、《伯 4075 背》等。

⑱ 类似的情形亦见咸通十二年五月庚申录囚敕、咸通十四年四月八日大赦诏：《册府元龟》卷 91"帝王部·赦宥十"皆作"十恶五逆"，而《旧唐书·懿宗纪》一律写作"十恶忤逆"，可见"五逆"和"忤逆"经常互通。又《敦煌变文校注》卷 4《破魔变》注 62，作者也认为"五逆"义同"忤逆"，但没有举证说明。

于不睦、不义、内乱等,自然不在范围之内了。“不孝”罪包含九种罪名:(1) 告言祖父母、父母;(2) 詈祖父母父母;(3) 为求爱媚厌祖父母父母;(4) 闻祖父母、父母丧匿不举哀;(5) 祖父母、父母在别籍异财;(6) 居父母丧身自嫁娶;(7) 居父母丧作乐及释服从吉;(8) 诈称祖父母、父母死;(9) 供养有阙。以上九种主要是对父祖尊长的尊严之轻度违犯,皆属不善事父母的恶行。九种罪行中,以第一、二项最为严重,犯者处绞;其次为三、四项,犯者各流二千里;再次为五、六、七、八项,犯者各科徒三年;最轻为第九项,犯者徒二年。关于“不孝”罪的处罚,可参看表5-3。

有唐一代,“十恶”重罪大抵不赦者多,恩免者少,一直被视为最严重的犯罪。唐初,诸州有犯十恶者,甚至连刺史也会被御史劾奏,可见对十恶罪的重视。至贞观十四年(640),太宗担心“若令缘此皆被贬降,或恐递相掩蔽,罪人斯失”。遂下诏嗣后诸州有犯十恶者,刺史不须从坐。[19] 太宗虽免除刺史的连带责任,但大赦时重申不赦十恶重罪,则时有所见。

唐代首见放免“十恶”罪是中宗景龙三年(709)南郊大赦,上距唐代开国已经九十年。这是唐代首次,也是唯一的一次赦免十恶重罪。睿宗、玄宗朝似乎又再度严惩十恶重罪,或是申明不赦十恶,或是不赦十恶死罪,但即使只是不赦十恶死罪,其处罚仍是很严,盖不孝、内乱等死罪,本来就不是“常赦所不免”的。

肃宗朝的大赦常常是“常赦所不免者,咸赦除之”,效力很强,但仍有两次不赦十恶反逆者,其时“安史之乱”尚未平定,朝廷对于反逆者难免深恶痛绝。代宗至宪宗的六十年间,皇帝申明十恶不赦的例子,竟然连一次都没有,反而“常赦所不免”却屡次赦除,显示对于罪犯的恩典,相当丰厚。或许是由于大乱之后,疮痍未复,皇帝有必要行仁德宽厚之政吧。

晚唐自穆宗开始,皇帝恩赦时又经常排除十恶重罪,不过,值得注意的是,宣宗朝以降不赦十恶者少,不赦“五逆”罪则屡见不鲜。晚唐时期,似乎五逆逐渐取代了十恶,成为皇帝所重视的犯罪。

“五逆”罪首见于肃宗上元二年(761)大赦,此后消失了一段时间,至文宗

---

[19] (唐)吴兢编撰:《贞观政要》(新点校本),上海:上海古籍出版社1978年版,“刑法第三十一”。

朝才再度出现，嗣后一直到唐亡共有十三次不赦之纪录。五代时期的恩赦中，亦经常看到排除“五逆”的情形。正如前述，五逆即不孝之意，属十恶的第七恶，其包含的罪行大多并不严重，皇帝颁赦时，原先都在蒙恩范围之内。然而，晚唐对于“五逆”却屡次明令不赦，这是什么原因呢？

晚唐特重五逆罪，显然是有意加强孝道，重整纲常。其实，加强孝道似乎是中唐以降的一贯政策。诚如《恩赦与礼制》一章所述，中唐以来，皇帝所加尊号前后十二次带有“孝”字。简单而言，所谓“孝”就是善事父母，孝行是维系中国伦常社会的最重要支柱，国是家的扩大，皇帝要求臣民忠于君，必需强调子女孝于亲，况且，“王者居宸极之至尊，奉上天之宝命，同二仪之覆载，作兆庶之父母。为子为臣，惟忠惟孝”[20]。孝行不仅用以维系社会，更是维系政权不坠的重要德行。

中唐以来强调孝行，多少是与强藩以下陵上，目无纲纪有关。及至懿宗朝以降，不仅藩镇跋扈，各地也是民乱蜂起，或是劫掠村邑，或是驱逐长吏。懿宗咸通十一年(870)五月，光州民驱逐刺史李弱翁，弱翁奔往新息，左补阙杨堪等上书曰：

> 百姓负冤，当诉于朝廷，置诸典刑，岂得群党相聚，擅自斥逐，乱上下名分！此风殆不可长，宜加严斥以惩来者。[21]

在民乱蜂起的环境下，朝廷需强调君臣的“上下名分”。“忠”与“孝”，尤其是“孝”，正是“上下名分”、纲常伦理的根本。在唐末五代这段篡弑频仍、民变四起的时代里，皇帝乃不断强调人伦名教、皇权秩序，因此，朝廷加重惩处十恶、五逆这类“亏损名教，毁裂冠冕”的行为，这些犯罪遂经常被排除在恩赦以外。

第二节　官吏犯罪

一、官典犯赃

关于官吏赃罪方面，皇帝恩赦时曾有六十七次提及，大部分都是申明不

---

[20] 《唐律·名例律》“十恶”条(总7)，第6—7页。

[21] 《资治通鉴》卷252“(唐)懿宗咸通十一年五月末”条，第8158页。

赦,值得注意的是,唐代前期赦书经常提及的是“监临主守自盗”、“盗所监临”、“官吏受财枉法”等,但自玄宗朝以降则一律作“官典犯赃”。按“监临主守自盗”和“盗所监临”罪,据《唐律·贼盗律》“监临主守自盗”条(总283)云:

监临主守自盗及盗所监临财物者,加凡盗二等,三十匹绞。

《疏议》进一步说明“加凡盗二等”之意:

一尺杖八十,一匹加一等,一匹一尺杖九十;五匹徒二年,五匹加一等,是名“加凡盗二等”。

一般盗罪无死刑,计赃五十匹罪止加役流,但监守自盗罪则最高可判绞刑,其处罚特重之原因,自然是由于盗窃之主体为官人,而客体为官物之故。监守自盗的处罚,可参看表5-4。

表5-4 强盗、窃盗及“监守自盗”处罚一览表

罪名/犯行/刑罚	强盗		窃盗	监守自盗
	不持仗	持仗		
斩	杀人	伤人		
绞	十匹/伤人	五匹		三十匹
流三千里	六匹一尺	不得财	(五十匹加役)四十匹	
流二千五百里	四匹一尺		三十五匹	二十五匹
流二千里	二匹一尺		三十匹	二十匹
徒三年	一尺		二十五匹	十五匹
徒二年半			二十匹	十匹
徒二年	不得财		十五匹	五匹
徒一年半			十匹	四匹一尺
徒一年			五匹	三匹一尺
杖一百			四匹一尺	二匹一尺
杖九十			三匹一尺	一匹一尺
杖八十			二匹一尺	一尺
杖七十			一匹一尺	
杖六十			一尺	
笞五十			不得财	

至于“官吏受财枉法”方面,据《唐律·职制律》“监主受财枉法”条(总

138)云:

> 诸监临主司受财而枉法者,一尺杖一百,一匹加一等,十五匹绞;不枉法者,一尺杖九十,二匹加一等,三十匹加役流。无禄者各减一等,枉法者二十匹绞,不枉法者四十匹加役流。(第220页)

可知同是贪赃,所受处罚是有禄者较无禄者重,枉法者较不枉法者重。

"官典犯赃"一语,首见于玄宗开元二年(714)六月八日《大明宫成放免囚徒等制》。[22]《唐律》并无"官典"之名,但唐代中央乃至地方,大部分官府内部的职员,可依其职权分为长官、通判官、判官及主典四等,"官典"应当是"官"与"典"的合称。[23] 玄宗朝以降的赦书,对于官吏的赃罪,一律都作"官典犯赃",这样的改变当然并非不重视"监守自盗"和"官吏受财枉法"等罪行,而是惩治的范围从特定的赃罪,扩大到官吏一般性的赃罪。[24] 因此,"官典犯赃"的犯罪,包含了官吏监守自盗、收受贿赂(包括枉法不枉法)[25]、以私有财物贸易官物[26]、乞索百姓财物等行为[27]。这些犯罪在皇帝大赦时,通常都会加以排除。

关于官吏赃罪方面,在恩赦时大体上是"遇赦不赦"的。正如前述,初唐不赦的赃罪,主要是官吏监守自盗和受财枉法,至中宗朝,对于这些罪行加重处罚。据敦煌出土的《神龙散颁刑部格》残卷云:

> 10 一官人在任,缘赃贿计罪成殿已上,虽非赃贿
> 11 罪至除、免,会恩及别敕免:并即录奏,量所,
> 12 犯赃状,贬授岭南恶处及边远官。
> 13 一流外杂署、州县杂任,于监主犯赃一匹以上,先

---

[22] 《唐大诏令集》卷108《大明宫成放免囚徒等制》。

[23] 《唐律·名例律》"同职犯公座"条(总40)云:"诸同职犯公坐者,长官为一等,通判官为一等,判官为一等,主典为一等,各以所由为首。"又疏议在解释"同职"之意时,"谓连判之官及典"。可知"官典"应当就是四等职的简称。佐竹昭氏以为"官典"当包含流外杂任,但在没有更充分的史料以前,笔者以为不宜把"官典"的解释过度扩张。佐竹昭氏之说见《古代王权の恩赦》,第117页。

[24] 可参看钱大群、郭成伟合著:《唐律与唐代吏治》,北京:中国政法大学1994年版,第十章:《唐律监督官吏为政清廉谨慎》,第175—196页。

[25] 《唐律·职制律》"受人财为请求"条(总136)、"有事以财行求"条(总137)、"监主受财枉法"条(总138)、"事后受财"条(总139)、"受所监临财物"条(总140)。

[26] 《唐律·贼盗律》"以私财奴婢贸易官物"条(总290)。

[27] 《唐律·职制律》"挟势乞索"条(总148)。

14 决杖六十;满五匹以上,先决一百:并配入军。如当

15 州无府,配侧近州。断后一月内,即差纲领送所

16 配府,取领报讫,申所司。赃不满匹者,即解却。

17 虽会恩,并不在免军及解免之限。在东都及

18 京犯者,于尚书省门对众决。在外州县者,长

19 官集众对决。赃多者,仰依本法。

(中略)

29 一盗及诈请两京及九成宫库物,赃满一匹已

30 上,首处斩,从配流。若盗司农诸仓及少府

31 监诸库物,并军粮、军资,赃满五匹以上,首处

32 死,从处流;若一匹以上,首处流,从徒三年。所由

33 官人不存检校,失数满卅匹已上者,奏闻。(《伯 3078》和《斯 4673》)[28]

格文将流外行署、州县杂任于监主犯罪中划出,特予加重惩处。监守自盗方面,特别加重对宫库、司农库、少府库及军资粮的处罚,甚至赃满一匹即首斩从流,远高于本律规定。[29]

唐代恩赦有六十七次提到官吏赃罪,但绝大多数是明令不赦,其中的三十四次是出现在穆宗以迄唐亡的八十年间。皇帝屡屡宣布不赦“官典犯赃”,这一方面反映皇帝对于官吏犯赃非常痛恨,此外,是否亦反映晚唐官人贪赃枉法之风气炽盛?细检史文,答案是肯定的。据《册府元龟》卷616“刑法部·议刑三”,云:

杨嗣复长庆中为中书舍人,时东川观察使奏遂宁县令庞骥犯赃事,大理以法论。嗣复等参酌曰:“庞骥赃货之数为钱四百余千,其间大半是枉法,据职定罪,合处极刑,虽经恩赦,不在原免。伏以近日赃吏皆蒙小有矜宽,类例之间,虑须贷死。”敕:“长吏犯赃,其数不少,纵宽刑典,难免鞭笞,但以近逢鸿恩,人思减等,虽节文不在免限,于情理亦要哀矜。庞骥除名,

---

[28] 转录自刘俊文:《敦煌吐鲁番法制文书考释》,第247—248页。

[29] 刘俊文:《敦煌吐鲁番法制文书考释》,第258—260页。

流溪州，其赃付所司准法。”（第17a—17b页）

庞骥赃货合计四十多万，且大半是枉法，本应处以极刑，更何况赦书明令不在原免之限，但皇帝最终竟然格外开恩。那么，当时关于官吏犯赃的法律，到底执行到什么程度，亦是一大疑问。而且，穆宗公开承认“长吏犯赃，其数不少”，官吏贪渎的情况竟是如斯严重！皇帝最终也只得“哀矜”废法了。

穆宗以降不断重申“官典犯赃”不在原免之内，恐怕正反映出官员的操守日趋恶化。贪渎严重，吏治自然败坏，人民生活越益困苦，难怪宣宗表示“朕以刺史多非其人，为百姓害”（《资治通鉴》卷249“（唐）宣宗大中十二年（859）十月”条，第8073页）。咸通年间，刘允章大声疾呼国有“九破”，其中便指出“贿赂公行，六破也。长吏残暴，七破也。”[30]官吏贪渎的问题，终唐之世，似乎都没有得到解决，只是自穆宗朝以降更趋恶化，大唐江山最后就在民变的狂潮中被吞噬。

二、造伪罪

中宗神龙元年（705）二月，下诏恢复唐制，并宣布放免流移人，唯“犯赃贿及畜蛊毒、造伪、避仇、反逆缘坐、勘会不免者”[31]。这是皇帝恩诏中首见“造伪”罪，嗣后尚有二十二次之多，最后一次出现是在肃宗元年（761）的南郊赦。

所谓“造伪”乃指不法仿造印记符节等物，属于《唐律·诈伪律》中的“伪罪”。《唐律·诈伪律》有关“伪罪”共计四条：即第一“伪造皇帝宝”条（总362）、第二“伪写官文书印”条（总363）、第三“伪写符节”条（总364）、第四“伪宝印符节假人及出卖”条（总365）等。仿冒金、玉等皇帝、三后、皇太子宝，谓之“伪造”；仿冒官文书印、符节等信物谓之“伪写”。伪罪的保护法益为国家信用。[32]

---

[30] 《全唐文》卷804，刘允章《直谏书》。

[31] 《唐大诏令集》卷2《中宗即位赦》，第6页。

[32] 戴炎辉把伪造私印甚至盗用宝印符节一律视作“伪罪”，恐怕有误。盖《唐律·诈伪律》共二十七条，只有四条关于伪造（写）宝印符节的律条，方使用“伪”字，其他仿冒官私文书，甚至制书都是使用“诈”字，可见唐律对于“伪”罪是有严格定义的。戴氏之说见《唐律各论》，台北：成文出版社1988年版，第575—576页。此外，刘俊文把《唐律·诈伪律》分为四部分，“伪造律”共计八条，即第一“伪造皇帝宝”（总362）、第二“伪写官文书印”（总363）、第三“伪写符节”（总364）、第四“伪宝印符节假人及出卖”（总365）、第六“诈为制书”（总367）、第八“诈为官文书及增减”（总369）、第十三“诈为官私文书求财”（总374）、第十六“诈为瑞应”（总377），以为大体都属扰乱朝廷政令、破坏国家管理秩序的行为。刘氏对“伪造罪”的认知，恐怕是以今日伪造之意理解《唐律》，非唐人原意。刘氏之说见《唐律疏议笺解》，第1684页。

中宗朝除了对“伪罪”不予宽免外，在法律上亦进一步加重处罚。据敦煌发现的《神龙散颁刑部格》残卷云：

4 一伪造官文书印若转将行用，并盗用官文书
5 印及亡印而行用，并伪造前代官文书印若
6 将行用，因得成官，假与人官，(同)情受假；各先决
7 杖一百，头首配流岭南远恶处，从配缘边有
8 军府小州。并不在会赦之限。其同情受用伪
9 文书之人，亦准此。(《伯3078》和《斯4673》)

格文对于以下三种行为规定罚则：第一“伪造官文书印若转将行用”；第二“盗用官文书印及亡印而行用”；第三“并伪造前代官文书印若将行用”等三项。《唐律》对这三项罪行原来皆科以流二千里之刑[33]，而《刑部格》对之加重罚则，皆先决杖一百，配流岭南远恶之地，从者配缘边有军府小州，并且会赦不原。

唐室重惩“伪罪”，笔者以为可能与武则天以来官吏冗滥有关。武后为吸引各方人才，要求臣下自荐或举荐人才，“务取得贤之实，无贻滥吹之讥”[34]，一时试官、员外官之多，车载斗量(《资治通鉴》卷205“(唐)则天后长寿元年春一月丁卯”条，第2197—2198页)。中宗复位后，有意整顿这种伪滥的风气，因此，加重伪罪的处罚，甚至会赦不原。然而，不旋踵韦后和安乐公主干政，贪墨卖官之风炽盛，官纪大紊。景龙年间，更有“斜封官”之设，史称：“员外、同正、试、摄、检校、判、知官凡数千人。西京、东都各置两吏部侍郎，为四诠，选者岁数万人”(《资治通鉴》卷209“(唐)中宗景龙二年七月末”条，第6623页)，遂有“斜封无坐处”之讥。[35] 贪墨公行，不仅造成官人冗滥，更使造伪之风炽盛。

睿宗即位之初，鉴于“往承隋季，守法颇专；比袭时安，持纲日缓……比者赃贿不息，渝滥公行，放心未宁，禁犯无惧”(《旧唐书·睿宗本纪》，第159页)。遂于太极元年(712)四月进一步加重“伪罪”的惩处，制曰：

---

[33] 据前引《唐律·诈伪律》“伪写官文书印”条(总363)和《唐律·诈伪律》“盗宝印符节封用”条。
[34] 《唐大诏令集》卷3《改元光宅诏》，第15页。
[35] 《通典》卷19《职官典·历代官制总序》。

自今已后，造伪头首者斩，仍没一房资财，同用荫者并停夺。非头首者绞。其承前造伪人，限十日内首使尽。（《旧唐书·睿宗本纪》，第159页）

对于“伪罪”科罚更严，不问首从，一律处死，为首者资产更被没收。比诸《神龙散颁刑部格》又再加重。

玄宗诛除政敌太平公主后，锐意整顿多年以来官僚机构紊乱的局面，一方面停行斜封官制度，并悉罢员外、试、检校等官；另一方面，以姚崇、宋暻，裁汰冗员，整饬吏治。㊱ 玄宗除了制度上革除官人浮滥之弊外，在刑律上亦严惩“伪罪”之罚。开元二年(714)八月六日敕云：

诈伪（“伪”当作“为”）制敕及伪写官文书印，并造意与勾合头首者斩。若转将伪印行用，及主典盗，并欺罔用印，成伪文书者绞。并为头首不在赦限，仍先决一百，其从并依律以伪造写论，与伪写同，并配长流岭南远恶处。并知情容止造伪人，仍各先决杖六十，虽会恩免罪，百日见在不首者，并依前科决。其印文古字，人难辨识，纵大小微差，点画欠誊，但堪乱俗即坐。㊲

伪写官文书印者斩，转将行用而成官文书者绞，为头首者不但不得恩赦，甚至还要先决杖一百，从者亦要长流岭南。

严惩“伪罪”的趋势，除了反映在格敕一再加重刑罚外，亦反映在皇帝恩赦之中。玄宗朝赦事频繁，但造伪者往往不蒙皇恩，如开元十一年(723)十一月南郊大赦天下，“罪无轻重，已发觉、未发觉、已结正、未结正，系囚见徒，大辟罪以下，咸赦除之”，但“造伪头首”却不在赦例。㊳ 类似不赦造伪罪尚有六次。纵使得蒙赦恩，但都以其“深蠹时政，须量加惩罚”，所以，多“重杖一百，长流岭南”。㊴

㊱ 关于开元初年吏治的改革，可参看袁英光、王界云合著：《唐明皇传》，天津：天津人民出版社1987年版，第57—64页。

㊲ （宋）窦仪等撰，吴翊如点校：《宋刑统》，北京：中华书局1984年版，《诈伪律》“盗用宝印符节”条所引唐开元二年八月六日敕。

㊳ 《唐大诏令集》卷68《开元十一年南郊赦》，第347页。

㊴ 《唐大诏令集》卷83《孟夏疏决天下囚徒敕》，第434页。

伪造行为是破坏国家的管理秩序,影响重大,自中宗以迄玄宗朝,“伪罪”属于最常见的恶行。皇帝一方面在恩赦时排除“造伪”的行为,一方面,颁布格敕,加重对伪罪的处罚。肃宗朝以后不再看到赦书中提及“造伪”者,这是由于皇帝的格敕已明言犯者不在赦免之限,所以,不需要特别的排除。

对伪造罪的严惩,似乎是唐代一贯的政策,建中三年(782),御史台建议除了杀人处死外,其他徒刑以上者,一律徙置边州。当时的京兆尹严郢驳奏云:“其死罪除杀人之外,有十恶重罪、造伪刻印、并主典伪用印,及强盗光火等,若一切免罪徙边,于法太轻,不足惩戒。”[40]严郢以为犯造伪罪者只是流徙边州,于法太轻,可见造伪罪的处罚一直都严厉。宣宗朝有一宗伪造罪的判例,据《旧唐书·宣宗纪》云:

> (大中九年三月)御史台据正月八日礼部贡院捉到明经黄续之、赵弘成、全质等三人伪造堂印、堂帖,兼黄续之伪着绯衫,将伪帖入贡院,令与举人虞蒸、胡简、党赞等三人及第,许得钱一千六百贯文。据勘黄续之等罪款,具招造伪,所许钱未曾入手,便事败。奉敕并准法处死。主司以自获奸人,并放。(第633页)

黄续之等人伪造堂印、堂帖,协助虞蒸等人科举作弊,最后,黄续之等人皆“准法”处死,这里的“法”,应当不是唐律,而是前引玄宗开元二年加重伪罪处罚的格敕。可知自开元加重伪罪的惩处后,直到唐末仍是沿而未革。参见表5-5。

表5-5 “伪罪”处罚一览表

罪名	刑罚			
	唐律	神龙散颁刑部格	睿宗朝	开元二年敕
伪造皇帝八宝	斩			
伪写宫殿门符、发兵符、传符	绞			
伪造皇帝、皇太后、皇后、皇太子宝	流三千里			

[40] 《唐会要》卷41“左降官及流人”,第860页。

（续表）

罪　名	刑罚			
	唐律	神龙散颁刑部格	睿宗朝	开元二年敕
伪写官文书印	流二千里	1. 头首决杖一百，配流岭南远恶处 2. 从决杖一百，配缘边有军府小州 3. 不在会赦之限	头首者斩 从者绞	1. 造意与头首者决杖一百，斩，不在赦限 2. 行用伪印成伪文书决杖一百，绞，不在赦限 3. 从者长流岭南远恶处
伪写前代官文书印封用，并因之得藉阴成官者				
伪写使节及皇城京城门符				
伪写前代官文书印有所规求封用/伪写余符	徒二年			
伪写官衙余印	徒一年			

第三节　社会犯罪

一、奴反(或杀)主

唐代自高祖至武后朝，有几次大赦申明不赦奴婢反主者。高祖武德元年(618)践祚大赦，对于“子杀父，奴杀主，不在赦限”[41]。太宗贞观四年(630)二月大赦，则不赦“奴婢、部曲反主”[42]。武则天载初元年(690)改元赦书也有不赦“奴杀主”的条文。[43]

唐初对于奴婢杀主反主，一律严惩。可能与隋末以来奴婢反主杀主情况普遍有关。

隋末民乱中，奴仆所组成的武装力量，引人瞩目。陇右关中一带“奴”所组成的叛乱团体声势甚大，如灵武白榆娑称“奴贼”，劫掠牧马，北连突厥，陇右多被其患。[44] 原州“奴贼”数万人亦曾围扶风郡(《旧唐书·丘和传子行恭附传》，

[41] 《册府元龟》卷83“帝王部·赦宥二”，第25a页。

[42] 《册府元龟》卷84“帝王部·赦宥三”，第4a页。

[43] 《文苑英华》卷463《改正朔制》，第3b页。

[44] 《隋书·炀帝纪》大业九年正月。按《隋书·炀帝纪》、《北史·隋炀帝纪》皆作白榆妄。《资治通鉴》卷182“(隋)炀帝大业九年正月”条作白榆娑，今从《通鉴》。

第2326页)。李渊起兵攻破霍邑时,麾下部曲徒隶颇立功勋,曾就是否应把其视同一般平民授勋而有所说明。李渊以为:

> 义兵取人,山藏海纳,逮乎徒隶,亦无弃者,及着勋绩,所司致疑,览其所请,可为太息,岂有矢石之间,不辨贵贱,庸勋之次,便有等差,以此论功,将何以劝?黥而为王,亦何妨也,赏宜从重,吾其与之。诸部曲及徒隶征伐有勋者,并从本色勋授。㊺

奴仆除了起兵外,亦有杀主叛逃的,如滑州刺史王轨为奴所杀,奴携其首投奔窦建德(《旧唐书·窦建德传》,第2239页)。奴婢反主杀主之事既然常见,就难怪京师普光寺释慧琎在御盗时,竟要"反缚奴婢"了。㊻

奴婢部曲杀主叛逃或兴兵作乱,以下凌上,大大违反君君臣臣的统治秩序,实非任何政权所乐见,即使窦建德亦以"'奴杀主为大逆,我何可纳之。'命立斩奴,而返(王)轨首于滑州"(《旧唐书·窦建德传》,第2239页)。李渊虽奖赏部曲徒隶定霍邑之功,但对于奴仆杀主,仍认为罪大恶极,把奴仆排除在恩宥范围之外。

高祖是不赦奴杀主,太宗则进一步对奴告主之事,严厉处分。贞观二年(628),太宗谓侍臣曰:

> 比有奴告主谋逆,此极弊法,特须禁断。假令有谋反者,必不独成,终将与人计之;众计之事,必有他人论之,岂借奴告也?自今奴告主者,不须受,尽令斩决。㊼

连告发主人谋逆大罪亦遭斩决,难怪太宗在赦书中规定"奴反主"不在赦恩之内,比之高祖更趋严格。

㊺ (唐)温大雅撰:《大唐创业起居注》(文渊阁四库全书本)卷中,台北:商务印书馆1983年版。

㊻ (唐)释道宣撰:《续高僧传》,上海:上海古籍出版社1991年版,《京师普光寺释慧琎传》云:"大业末历,郊垒多虞,禅定一众,雅推琎善能御敌,乃总集诸处人畜,普在昆池一庄,多设战楼,用以防拟,琎独号令,莫敢当锋。时司竹群贼,鼓行郊野,所至摧殄,无抗拒者。兵临庄次,意在诛荡。琎登楼一望,但见张旗十里,乃收束弓刀,反缚奴仆,大设肴膳,广开仓廪,身先入阵,劳问军主……所以义宁之初,通庄并溃,惟有禅定,如旧无损。"

㊼ 《贞观政要》"刑法第三十一"。

武则天在改元载初大赦时，申明“奴婢、客女、奴婢杀主”，不在赦限[48]，但另一方面，为了诛除异己，又大开告密之门，史称“是时，告密者皆诱人奴婢告其主，以求功赏”（《资治通鉴》卷205“（唐）则天后长寿二年正月”条，第6488页）。奴婢乃成为则天皇帝打击政敌的工具。润州刺史窦孝谌妻庞氏为奴诬告“夜解祈福”，武后令给事中薛季昶按鞫。结果，庞氏遭锻炼成罪，处以斩刑，幸得徐有功营救方得减死，流于岭表。[49]

《唐律》对于奴婢杀主、反主的处罚极重，按《唐律·斗讼律》“部曲奴婢告主”条（总349），云：

> 诸部曲、奴婢告主，非谋反、逆、叛者，皆绞，被告者同首法。（第438页）

若主人所犯非谋反、逆、叛等罪，而奴婢辄告其主，奴婢罪无首从皆处绞刑，主人则不予论决。何以谋反、逆、叛等罪，容许奴婢部曲告其主人呢？根据《疏》议的解释是：

> 日月所照，莫匪王臣。奴婢、部曲虽属于主，其主若犯谋反、逆、叛，即是不臣之人，故许论告。（第438页）

反逆等罪侵害皇权，犯者已非复人臣，故许奴婢论告。《唐律》对于奴告主的规范，有别于前引贞观二年时太宗的敕诏，未知《唐律·斗讼律》“部曲奴婢告主”条成于何时？

奴婢无故告主尚且处绞，那么，奴婢杀害主人，更是罪加一等。据《唐律·贼盗律》“部曲奴婢谋杀主”条（总254）云：

> 诸部曲、奴婢谋杀主者，皆斩。（第328页）

所谓“皆斩”者，即不分首从，一律处斩。而且，据《唐律·断狱律》“闻知恩赦故犯”条（总489），可知触犯此律者，遇赦不原。此外，一般死罪不得在立春后秋分前执行，且决前须三至五复奏，但是，奴婢杀主同于恶逆以上，执行前仅一

---

[48] 《文苑英华》卷463《改正朔制》，第3b页。

[49] 庞氏为奴诬告事，参看《旧唐书·徐有功传》，第2819页。

复奏,且决不待时。[50]

律文虽规定只有触犯谋反、逆、叛之罪,方许奴婢告主,但皇帝似乎没有严格遵守,奴婢告主之事迭有发生。德宗朝长安令李济及万年令霍晏都因奴婢所告而获罪,一时“愚贱之辈,悖慢成风,主反畏之,动遭诬告,充溢府县,莫能断决”。德宗只好于建中元年(780)五月二十八日,下诏曰:“《斗竞律》:‘诸奴婢告主,非谋叛以上者,同自首法。’并准律处分。”自此奴婢复顺,狱诉稍息(《旧唐书·张镒传》,第3546页)。然而,建中三年(782),郭子仪婿太仆卿赵纵为奴当千发其阴事,被贬为循州司马。幸赖宰相张镒上疏以赵纵非犯叛逆之罪,按律不得论告。最后,奴当千遭杖杀,赵纵仍遭左贬。[51] 宪宗元和中,宰相王锷卒,其子稷为奴所告换锷遗表,隐没所进钱物。此案若依《唐律》处分,奴当处死,王稷不可论告,但宪宗居然“鞫其奴于内仗,又发中使就东都验责其家财”。最后,因宰臣裴度苦谏,遂罢其使而杀奴(《旧唐书·王稷传》,第4061页)。其实,若依法论律,这两椿案件既没有涉及谋反叛逆,本来就不应处理,亦不得论罪,但最后不仅有司鞫狱,甚至赵纵更遭左降,德宗、宪宗明显违反《唐律》的规定。或许由于皇帝的纵容,中唐未见赦书排除奴婢告主的记载了。

二、故杀人、谋杀人

关于社会犯罪方面,最值得注意的是杀人罪,在《北朝隋唐恩赦内容和效力表》中可清楚看到曾四十二次提及“故杀人”,一律明令不赦。另外,偶然亦有提及“谋杀人”的。

何谓“故杀”?何谓“谋杀”?

《唐律》分杀人罪为“六杀”,即故杀、谋杀、斗杀、戏杀、误杀和过失杀等六种。所谓“故杀”,在《唐律·名例律》和《唐律·斗讼律》中都曾界定,即“不因斗竞”[52],“非因斗争,无事而杀”[53]。简单而言,“故杀”就是在相互斗殴时故意

---

[50] 参看《唐律·断狱律》“立春后秋分前不决死刑”条(总496)以及《唐六典》卷6“刑部郎中员外郎条”。

[51] 关于德宗朝奴当千告赵纵案,可参看《册府元龟》卷328“宰辅·谏诤四”,第7a页;《旧唐书》卷125《张镒傳》,第3546页;《唐会要》卷51“识量上”,第1046页。

[52] 《唐律·名例律》第十八“除名”条(总18)疏议曰。

[53] 《唐律·斗讼律》第五条“斗故杀人”条(总306)疏议曰。

杀人。"故杀"和"斗杀"在情节上容易混淆，其分别在于"有无害心"。两相殴击，本无害人之意，谓之斗；若有害人之意谓之"故杀"。所谓"有无害心"，在认定上颇有困难，唐律提供了两种情况以作参考，其一就是斗已"绝时"，亦即各已分散，去而又来杀伤者，明显已萌杀心。律文所言"无事而杀"，意指无相斗之事而杀，即从"因斗绝时"之文推勘而来。[54] 第二种情况就是打斗时用"兵刃"杀人。盖金刃属害人之物，明知其可以害人而用以伤人，即是有害心。不过，若为人以兵刃相逼，而以兵刃相拒杀伤，则仍以斗杀伤论。

北朝无"故杀"之名，但相斗时是否使用兵刃，则经常是大赦可否蒙恩的重要考量。北魏孝庄帝永安三年（530）十月大赦便原免"赤手杀人"[55]。所谓"赤手杀人"，即并非以兵刃害人，其恶性自然较轻，所以蒙恩原免。类似的恩诏在北朝尚有多起（参看《北朝隋唐恩赦内容和效力表》）。唐代以是否持兵刃杀人作为故杀罪的重要指标，应当源自北朝。

"故杀"与"谋杀"有何分别呢？

《唐律·贼盗律》"谋杀人"条（总256）的疏议部分对谋杀罪有清楚界定：

> "谋杀人者"，谓二人以上；若事已彰露，欲杀不虚，虽独一人亦同二人谋法，徒三年。已伤者，绞。已杀者，斩。（第329页）

简单而言，谋杀罪包含二义：一指二人共谋；二指预谋杀人。谋杀罪重点在于是否预谋，若为预谋，在预备阶段亦得科刑；故杀必须为已杀，即被杀对象已死，只伤不死则视为故伤，其重点在于结果，必须有此结果才称故杀。因此，谋杀已杀与故杀罪同等，同样科以斩刑。可知《唐律》六杀中，当以故杀最重。

唐代皇帝恩赦时，对于"故杀"罪明令不赦的共有四十二次，值得注意的是，其中的三十次是发生在穆宗朝以降。穆宗以前犯故杀罪者，遇赦大多蒙恩放免，但为官者犹须除名[56]。律文对故杀罪科刑虽重，但非绝不宽宥之罪。尤其在玄宗朝，由于皇帝"思弘王道之化，实务好生之德，比者应犯极法，皆令免

---

[54] 沈家本：《寄簃文存》卷2《论故杀》，收入沈家本著：《历代刑法考》，第2063—2082页。

[55] 《文馆词林》卷666《后魏孝庄帝诞皇子大赦诏》，第295页。

[56] 据前引《唐律·断狱律》"赦前断罪不当"条（总488）："十恶、故杀人、反逆缘坐，会赦犹除名。"

死配流，所以市无刑人，狱无冤系”[57]。因此，玄宗统治的四十多年间，从未在恩赦时排除故杀罪。

穆宗以降，赦书中不断重申排除故杀罪，显示故杀罪的严重性。宣宗时下制云：

> 故杀人者，虽已伤未死，已死更生，意欲杀伤，偶得免者，并同已杀人处分。[58]

此即加重“故杀”之罪。然而，宣宗的制文明显违反唐律的精神，盖故杀必须是被害人已死，始有故杀罪名，若“已伤未死，已死更生”，最多只能以故伤罪或谋杀罪科刑，宣宗的新规定，无疑是混淆了故杀、故伤和谋杀的分际，徒增后世困扰。[59] 晚唐不断加重“故杀”罪的惩处，是否意味着社会治安不靖，乱象渐呈，需要实施重典呢？其实，“故杀”虽为严重的社会犯罪，但对于地方治安、统治秩序的危害，则不若“强盗”的严重。

三、劫盗

除了杀人罪外，“劫盗”罪亦经常在皇帝恩赦时被提起，不过，大多是被排除在皇恩以外。劫盗即强盗，《唐律·贼盗律》“强盗”条（总281）对强盗罪有以下规范：

> 诸强盗不得财徒二年，一尺徒三年，二匹加一等，十匹及伤人者绞，杀人者斩。其持仗者，虽不得财流三千里，五匹绞，伤人者斩。（第256—257页）

据律文所见，强盗罪科刑的标准是在强盗的手段，而不完全是强盗的结果。强盗手段大略分为持仗和不持仗两类，持仗强盗科刑很重，没有抢到财物尚且流

---

[57] 《册府元龟》卷612“刑法部·定律令”：《（天宝四载）宽徒刑配诸军效力敕》，第13b页。

[58] 《宋刑统》卷21《斗殴故殴故杀门》所引唐宣宗大中四年正月一日制节文。这段制文与《册府元龟》卷613“刑法部·定律令第五”所收《宣宗大中元年二月诏》大致相同。

[59] 唐宣宗的制文，明显违反唐律规定，宋朝终于加以修订。《宋史》卷300《杜曾传》载：“（杜曾）尝言：‘国朝因唐大中制，故杀，人虽已伤未死、已死更生，皆论如已杀。夫杀人者死，伤人者刑，先王不易之典。律虽谋杀已伤则绞，盖甚其处心积虑，阴致贼害尔。至于故杀，初无杀意，须其已死，乃有杀名；苟无杀名而用杀法，则与谋杀孰辨？自大中之制行，不知杀几何人矣。请格勿用。’……著为令”（第9973页）。

三千里,远较不持仗不得财的徒二年为重;持仗得财五匹科绞,亦较不持仗得财十匹科绞者重很多。当然,强盗的结果亦是科刑的考虑,但重点是在人命而非财物。因此,不管持仗与否,只要伤人,一律处死。关于盗罪的处罚,可参看表5-4。

唐代对强盗罪处罚颇重,至德宗朝,更加重强盗罪的刑罚。建中三年(782)下诏:"强盗不论有赃无赃,及窃盗赃满三匹以上,并准敕集众决杀。"[60]相较于律本文所规定的强盗赃十匹科绞,可谓严苛甚多。此外,有唐一代,强盗罪在皇帝肆赦时常常强调不在宽免之内。值得注意的是,武宗会昌末年以迄唐亡,不时看到皇帝肆赦时排除"持仗劫人"者。按,持仗行劫者,科刑很重,不得财者流三千里,五匹者绞,伤人者斩。不过,处罚虽重,仍非不赦之罪。武宗朝以降经常申明不赦"持仗"劫盗,个人以为与"会昌灭佛"所导致治安不靖、盗贼横行有关。

会昌五年(845)正月,武宗开始沙汰僧尼整顿佛寺,八月,下诏灭佛,凡毁寺四千六百余所,归俗僧尼二十六万人,收良田数千万顷,奴婢十五万人。激烈的灭佛行动,严重影响还俗僧尼的生计,史称:

> 唐国僧尼本来贫,天下僧尼尽令还俗,乍作俗形,无衣可着,无物可食,艰穷至甚。冻饿不彻,劫夺人物,触处甚多。州县捉获者皆是还俗僧。[61]

灭佛造成各地治安趋于恶化,其中又以江淮盗贼尤其猖獗。

江淮盗贼的问题,并非始于武宗朝,但在会昌末年恶化。[62]武宗会昌五年(845)正月南郊大赦诏,便曾提及:

> 如闻江淮诸道私盐盗贼,多结群党,兼持兵杖,劫盗及贩卖私盐,因缘便为大劫。[63]

---

[60] 《册府元龟》卷612"刑法部·定律令四",第16b页。

[61] 〔日〕圆仁撰,白化文等校注:《入唐求法巡礼行记校注》卷4,第494页。

[62] 关于晚唐江淮盗贼的问题,可参看王寿南:《论晚唐裘甫之乱》,收入王寿南著:《唐代政治史论集》,台北:商务印书馆1983年版;宁欣:《唐朝的"江贼"与"江路"》,《中国史研究》1996:3(北京,1996)。

[63] 《文苑英华》卷429《会昌五年正月三日南郊赦文》,第7b页。

杜牧上书李德裕所论江淮盗贼之严重，更加具体真切，云：

> 伏以江淮赋税，国用根本，今有大患，是劫江贼耳。……夫劫贼徒，上至三船两船百人五十人，下不减三二十人，始肯行劫，劫杀商旅，婴孩不留。所劫商人，皆得异色财物，尽将南渡，入山博茶。……便有店肆为其囊橐，得茶之后，出为平人，三二十人，挟持兵仗。……亦有已聚徒党，水劫不便，逢遇草市，泊舟津口，便行陆劫。白昼入市，杀人取财，多亦纵火，唱棹徐去。……凡江淮草市，尽近水际，富室大户，多居其间。自十五年来，江南、江北，凡名草市，劫杀皆遍，只有三年再劫者，无有五年获安者[64]。

杜牧上书提到“凡名草市，劫杀皆偏，只有三年再劫者，无有五年获安者。”可见江淮地区水陆不靖，盗贼横行之状。

会昌灭佛以后，江淮治安更形恶化，据李德裕《请淮南等五道置游奕船状》提到“访闻自有还僧以来，江西劫杀，比常年尤甚，自上元至宣池地界，商旅绝行。缘所在长吏，掩闭道路，颇甚怨嗟”[65]，建议加强对江路的巡逻和警戒。盗贼猖獗如此，难怪武宗申明“有仗者，虽未杀人，不在该恩之限”。宣宗亦以持仗劫贼者，“必欲害人，苟遇支敌，即行杀戮；拒敌追捕，肆意奸凶”，遂于大中元年(847)二月下诏，凡持扙行劫者与故杀人等，不在赦原之限，并且将此编入律令。[66] 严惩“持仗劫人”，遇赦不赦的政策，一直持续到唐亡。[67]

四、卖(或合造)毒物

懿宗朝开始，皇帝赦书中出现了一些新罪名，试以懿宗咸通七年(866)十一月十一日赦书为例，云：

> 可大赦天下……其卖毒药、开劫坟墓，及别狱之内，官吏推断不平，因

---

[64] (唐)杜牧撰，陈允吉点校：《樊川文集》，台北：汉京文化事业1983年版，《上李太尉论江贼书》，第168—171页。

[65] (唐)李德裕撰，傅璇琮、周建国校笺：《李德裕文集校笺》卷12，石家庄：河北教育出版社2000年版，第220页。

[66] 《册府元龟》卷613“刑法部·定律令五”，第6a页。

[67] 唐武宗会昌六年(846)二月二日赦、宣宗大中四年(850)四月赦、懿宗大中十三年(859)正月一日赦和咸通七年(866)十一月十一日赦、僖宗天复元年(901)四月十五日赦。

成冤滥，无论有赃无赃，不在原宥之限。[68]

卖毒药、开劫坟墓等罪名，在嗣后的赦书中一再被提及。

懿宗朝以降的赦书，有时不赦“卖毒药”的，如懿宗咸通七年(866)、僖宗乾符二年(875)，有时则是不赦“合造毒药”，如咸通十年(869)、十二年(871)、十四年(873)、乾符四年(877)、光启元年(885)、三年(887)、天复元年(901)、天祐元年(904)等。《唐律》对于买卖毒药者，制裁严厉，按《唐律·贼盗律》“以毒药药人”条(总263)，有如下规定：

诸以毒药药人及卖者，绞；谓堪以杀人者。虽毒药，可以疗病，买者将毒人，卖者不知情，不坐。即卖买而未用者，流二千里。(第339页)

关于毒药杀人者，可分三种状况：一是买而未用者，流二千里；二是买毒药已使用者，处绞；三是若用毒药杀人已遂，又如何论处呢？《唐律·贼盗律》“以毒药药人”条的律文，虽然没有明言药人已遂的处分，不过，紧接的问答部分，可知若尊长施于卑幼，亦准谋杀已杀论，意思就是指依《唐律·贼盗律》“谋杀期亲尊长”条(总253)所云：“已杀者，依故杀法”，即科处斩刑。尊长杀卑幼已死，尚依故杀法处斩，举轻以明重，凡人之间若发生类似之事，自然是同样处分。[69]

其实，买毒药而未用，属预备阴谋阶段，若依律只应科处徒三年之刑而已[70]，但却加重刑度为流二千里，当是由于毒药杀人相对于一般谋杀，较让人防不胜防之故。除了买毒药着手行凶者需要严惩外，提供毒药者，科刑也重。卖毒药者原属从犯，按律谋杀已杀罪从犯，若从而加功者，处绞；从而不加功者，流三千里；从而不行者，徒三年。谋杀已伤的从犯，若是从而加功者流三千里；从而不加功者，徒三年；从而不行者，徒二年半。谋杀未成的从犯，处徒二年半。可是，据“毒药药人”条，卖毒药者与买毒药谋杀人者，科处同等刑罚，同样是未用者流二千里；已用未遂者处绞；已遂者处斩，显然是要严惩卖药人之故。可知唐代对于毒药杀人之重视。

---

[68] 《册府元龟》卷91“帝王部·赦宥十”，第12b页。

[69] 刘俊文以为“被害者中毒未中毒、已死未死，均不在考虑范围之内”，似乎值得商榷。见刘俊文著：《唐律疏议笺解》，第1307页。

[70] 《唐律·贼盗律》“谋杀人”条(总256)。

初唐对于买卖毒药者的处分，原来较轻，在高宗显庆时，始加重其罚则。据《旧唐书》卷62《杨思训传》云：

> 显庆中，（杨思训）历右屯卫将军。时右卫大将军慕容宝节有爱妾，置于别宅，尝邀思训就之宴乐。思训深责宝节与其妻隔绝，妾等怒，密以毒药置酒中，思训饮尽便死。宝节坐是配流岭表。思训妻又诣阙称冤，制遣使就斩之。仍改贼盗律，以毒药杀人之科更从重法。（第2382页）

慕容宝节原先被处以“配流岭表”，后以杨思训妻诉冤之故，乃遣使斩慕容宝节，并将《唐律·贼盗律》中之毒药杀人刑罚加重，即今本《唐律》之条文。

咸通十年（869）开始，赦书中多作“合造毒药”而少作“卖毒药”，似乎代表加重了毒药药人的处罚。《唐律》只有规范买卖毒药者，并无合造毒药之条文。法律严惩购买毒药者，其意本在以严刑遏阻毒药药人之事于预备阶段，然而，毒药来源未必一定来自购买，假若毒药是一人或多人“合造”，那便无法可管。晚唐一再把“合造毒药”的罪行，排除在皇恩之外，可能显示当时社会上这类案件炽盛，皇帝不得不加重其惩处。遗憾的是由于晚唐史料散佚严重，其详情暂不得而知。

五、开劫（发）坟墓

自懿宗以降，赦书中明令不赦“开劫（发）坟墓”者，共有十次之多。关于“开发坟墓”的处罚，见《唐律·贼盗律》“发冢”条（总277），云：

> 诸发冢者，加役流；发彻即坐。招魂而葬，亦是。已开棺椁者，绞；发而未彻者，徒三年。（第354页）

按《疏》议所释，“发彻”乃指开至棺椁之意。若发冢开至棺椁，即科以“加役流”；若连棺椁同开，或是不用棺椁但发而见尸，即视同凡人斗杀已杀之罪，科绞。发而未彻者，科徒三年之刑。开发坟墓的目的，自然是盗取其中的明器衣物砖版之类的财物，本属盗窃行为，但因带有侵犯阴宅和死者的行为，故唐律别立专条，并加重其刑罚，以别于一般的盗窃罪。

晚唐赦书屡次把开发坟墓者排除在皇恩之外，很可能是由于此类罪案层出不穷。民间盗贼开劫坟墓之事，屡见不鲜，如《太平广记》卷390所引《逸史》所云：

> 天宝初，严安之为万年县贼官。亭午，有中使黄衣乘马，自门驰入，宣敕曰："城南十里某公主墓，见贼被劫，宣使往捕之，不得漏失。"安之即领所由并器杖往掩捕，见六七人，方穴地道，才及埏路，一时擒获。

民间一般的盗墓匪类，无时无之。晚唐赦书屡次严惩盗墓行为，恐怕不止是针对民间盗墓者，更重要的，应与中唐以来地方藩镇兵将肆意开发坟墓，盗取其中财物有关。中兴名将郭子仪即自承："臣久主兵，不能禁暴，军士残人之墓，固已多矣。"大历年间，甚至郭子仪父墓亦为盗所发。[71] 地方军队盗墓之风，在中唐时已曾严旨申斥，宪宗元和十四年(819)二月乙卯敕云：

> 淄青行营诸军，所至收下城邑，不得妄行伤杀，及焚烧庐舍，掠夺民财，开发坟墓。宜严加止绝。(《旧唐书·宪宗本纪》，第466页)

唐末五代，军队盗墓之事，仍然屡见不鲜，如《太平广记》卷390所引宋徐铉著《稽神记》"张绍军卒"条云：

> 丙午岁，江南之师围留安，军政不肃，军士发掘冢墓，以取财物，诸将莫禁。

综合本章所论，可归纳以下数点：

第一，本章试图透过唐代恩赦事例，从皇帝申明不赦以及格外开恩的罪行中，归纳出有唐一代近三百年来若干被视为最严重的恶行。整体而言，这些严重的恶行，包括十恶类，此即"常赦所不免"、十恶、五逆等；官吏犯罪类，此即官典犯赃、伪罪；社会犯罪类，此即奴反主、故杀人、劫盗、卖毒药、开劫坟墓等罪行。

第二，终唐之世，"十恶"罪一直都是皇帝申明不赦的严重犯罪。"十恶"之

---

[71] 据《旧唐书》卷120《郭子仪传》云："盗发子仪父墓，捕盗未获。人以鱼朝恩素恶子仪，疑其使之。子仪心知其故，及自泾阳将入，议者虑其构变，公卿忧之。及子仪入见，帝言之，子仪号泣奏曰：'臣久主兵，不能禁暴，军士残人之墓，固亦多矣。此臣不忠不孝，上获天谴，非人患也。'朝廷乃安"(第3463页)。

名乃受佛教影响而成立，其中若干恶行，遇赦仍处死或流刑，乃常赦所不免者。律文对十恶罪遇赦的限制本身就严格，而皇帝肆赦时，仍屡次申明不赦十恶犯，甚至一些原来遇赦得免的十恶罪，也因此隔绝皇恩，显示自初唐以来对十恶的制裁就非常严厉。不过，中唐自代宗至宪宗年间，却未见皇帝大赦时排除十恶的事例，相反的，甚至连“常赦所不免”者，也屡次赦除。个人以为这是安史之乱后，皇帝有意行宽仁之政，故屡降殊恩。晚唐时期，皇帝恩赦又频频排除十恶犯。与十恶相关的就是“五逆”。“五逆”与十恶一样都是受佛教影响而成立的罪名，五逆即不孝之意，自文宗以迄唐末五代，皇帝肆赦经常排除“五(忤)逆”犯，显示晚唐特重十恶中的不孝罪。皇帝严惩不孝罪，意味着唐末强藩兴兵，民变四起，需要不断强调人伦名教，以重建国家秩序。

另一项经常被排除在恩赦之外的犯罪，应当就是官人的“赃罪”。唐代早期恩赦多见排除“监守自盗”或“受财枉法者”，但后来则扩大为一般性的“官典犯赃”，显示对赃罪日益重视，其制裁也相当严厉。穆宗朝以降，皇帝肆赦时经常不免“官典犯赃”者。皇帝不断加重赃罪的处罚，正反映官吏贪渎的严重性。

第三，高祖至武后朝，相当重视奴婢杀主反主的犯罪，这应当是由于隋末以来奴婢反主的风气炽盛所致。故此，《唐律》对于相关的犯罪科刑严厉，奴杀主甚至是遇赦不赦。然而，中唐以降，皇帝显然颇有纵容奴婢告主的行为，奴婢告主之事迭有发生，而赦书也不再看到严惩奴婢之内容。

第四，“伪罪”是中宗至玄宗朝最常见的恶行。伪造行为是破坏国家的管理秩序，影响重大。自中宗朝以降，一面是皇帝肆赦时对于“造伪头首”不断加以排除；一面是颁布格敕，加重伪罪的处罚。究其原因，笔者认为是太宗建立的廉洁和精简的官僚体系，经过武韦以来的滥封滥赏以及卖官鬻爵，不仅冗滥，更且伪冒严重，因此，才需要一再重惩“伪罪”，痛加整顿。肃宗朝以后不再看到赦书中提及“造伪”者，可能皇帝的敕格已明言犯者不在赦免之限，所以，不需要特别的排除。

第五，最常被晚唐君主排除在赦恩之外的犯罪，是故杀人、持仗劫盗、卖(或合造)毒药、开劫坟墓等。

“故杀”在《唐律》“六杀”中,处罚最重,盖故杀是故意杀人并构成事实,恶行超过其他五项,因此,根据律文,犯者一律处斩。故杀处罚虽重,并非律令中遇赦不赦之罪。除此以外,强盗罪在《唐律》科刑甚严,尤其是持仗劫盗,伤人即斩。不过,晚唐对“故杀”及劫盗,特别是持仗劫盗,加重处罚。一方面在刑律中加重刑罚,另一方面则是大赦时遇赦不赦,使罪犯不沐皇恩,显然对于故杀犯和强盗犯都从重论处。这应当与会昌灭佛所造成的治安不靖、劫盗横行,社会秩序大乱有密切关系。

晚唐除了经常不赦故杀和劫盗罪外,毒药罪和开劫坟墓也常常是遇赦不赦的犯罪。原先是不赦贩卖毒药者,后来,扩大为合造毒药者都会赦不原。中唐以来,藩镇军将经常开劫坟墓,盗取墓葬的财物,皇帝为了遏阻这股歪风,遂一再声明不赦开劫坟墓者,以作重惩。

第六,晚唐自穆宗以降,屡次申明不赦的五逆、官典犯赃、故杀、劫盗、合造毒药、开劫坟墓等犯罪,原先都不是遇赦不原的,但随着时代的变迁,某些犯罪被认为特别严重,因此,在大赦时刻意排除,以作重惩。刑律中“常赦所不免”的规定,显然已经无法包含所有的严重犯罪,所以,越到晚期,刑律“常赦所不免”的条文,与实际的状况越形脱节,皇帝不赦的名单就越长。刑律无法反映政治、社会的实际需要,正是中国法制发展史上的一大难题。

皇帝恩赦罪囚,必然损害刑律的威严,而法律中“常赦所不免”的条文,可视为刑与赦之间、国法与皇恩之间的折衷。皇帝固然可以透过恩赦放免大部分的罪囚,但仍有若干罪大恶极的犯罪,遇赦不赦。如此,可以维持刑罚的威吓作用。然而,值得玩味的是,某些犯罪固然不因“常赦”而得免,但却意谓可因“非常的大赦”而得到宽宥。律文如此的设计,根本就预留了皇帝随心所欲、任意曲法施恩的空间。“常赦所不免”的规定,固有限制皇权的一面,但也含有皇权至上的一面,相当矛盾。

总　结

拙稿试图透过对北朝隋唐恩赦制度的研究，分析中国中古皇权的性质，并且尝试指出皇权是如何得以贯彻，帝王统治是如何得以落实的。

综观恩赦制度的发展，凡经三变。恩赦在远古原为宽恕族内的犯罪，至春秋战国时，转变为君主的恩德，乃君主治国临民的手段，此一变也。爰至汉代，赦既为人君施恩布德的重要方式，除了是对罪囚免刑以外，遂加上对官民的恩赐，此恩赦的再变。及至唐代，恩赦除了是人君的恩德以外，更是皇帝借以贯彻意志的一种重要手段，赦之作用已溢出单纯恩德的范畴，此恩赦之三变。赦免罪囚是恩赦制度的第一层次；免罪加上恩赐乃恩赦制度的第二层次；免罪、恩赐再加上透过恩赦来贯彻皇帝的意志，此恩赦制度的第三层次。可惜，至今研究恩赦制度的学者，大多只重视第一层次，忽略第二和第三层次。

唐代律令对于皇帝大赦的规范颇为严密，举凡大赦生效的时间、赦免的范围、法定要求、不当得赦者、赦前断罪不当的补救等，都有明文规范。大赦除了宽免罪犯以外，对于官人或赐爵，或加阶，不过，最值得注意的是准予左降官"量移"。量移的对象除了左降官外，尚包括诸色流人。左降官一旦准予量移，都会移近首都长安数百里至千里不等，且往往移到新的道任官，其官品多少都有调升。此外，唐代大赦经常放免百姓债务，有时甚至连民间私人债务也一并免除。此一现象反映出民间的契约没有获得足够的法律地位，个人权益受到皇帝率意的侵害。皇帝的恩惠竟干涉到民间的私债，乃中国恩赦的一大特色。

北朝曲赦主要发生在北魏中期和晚期，而曲赦的地区则较集中于首都和关陇地区，考其原因，不外乎政治斗争、战争、灾荒等。唐代曲赦主要发生在初唐和盛唐，而曲赦的地区则较集中于京畿、河南和河东等地区，这样的现象主要与开国和扩张战争以及皇帝经常往来两京有关。随着玄宗朝对于漕运的改革以及天宝之乱后大唐帝国的衰落,因为扩张以及巡幸而常常曲赦的现象,遂不复再见。唐代恩降次数甚多,主要是由于流刑确立的缘故。玄宗恶闻刑杀,遂经常减死配流,最后,更索性废除死刑,这在中国刑罚制度史上,深具意义。可见,新五刑体系的建立促成恩降的频繁,而恩降的频繁又反过来冲击到刑罚体系。唐代皇帝录囚超过一百次,非常频繁。究其原因,唐人认为刑狱冤滞,造成阴阳失调,四时失序,是故,一遇天灾,尤其是旱灾,唐代君主便会录囚。录囚后或有恩降,或有赦免。

透过唐代恩赦事例,归纳出有唐一代严重的恶行,包括:十恶类,此即"常赦所不免"、十恶、五逆等;官吏犯罪类,此即官典犯赃、伪罪;社会犯罪类,此即奴反主、故杀人、劫盗、卖毒药、开劫坟墓等罪行。终唐之世,"十恶"罪经常都是皇帝申明不赦的严重犯罪。晚唐自穆宗以降,屡次申明不赦的五逆、官典犯赃、故杀、劫盗、合造毒药、开劫坟墓等犯罪,原先都不是遇赦不原的,但随着时代的变迁,某些犯罪被认为特别严重,因此,在大赦时刻意排除,以作重惩。刑律中"常赦所不免"的规定,显然已经无法包含所有的严重犯罪,皇帝不赦的名单遂越来越长。皇帝恩赦罪囚,必然损害刑律的威严,而法律中"常赦所不免"的条文,可视为刑与赦之间、国法与皇恩之间的折衷。皇帝固然可以透过恩赦放免大部分的罪囚,但仍有若干罪大恶极的犯罪,遇赦不赦。如此,可以维持刑罚的威吓作用。然而,值得玩味的是,某些犯罪固然不因"常赦"而得免,但却意谓可因"非常的大赦"而得到宽宥。律文如此的设计,根本就预留了皇帝随心所欲、任意曲法施恩的空间。

君主降赦,无疑破坏法制,属不合理措施,后来,将君主的恩赦纳入律令规范,使君权有所约束,不致漫无节制,应视为不合理措施的合理化过程,可说是一大进步。可惜,皇权始终是最高、最后的,况且恩赦又是皇帝个人专属的恩德,因此,终究无法将恩赦完全法制化。反而,皇帝后来不复依准律令,经常违法而赦。除此以外,唐代皇帝经常"录囚",录囚之事固然代表人君重视刑狱,但其实亦反映君主干涉司法审判。而且,录囚较诸大赦,更缺乏法定规范,皇帝可以更加随心所欲地曲法施恩,显示皇权进一步扩张。

自武后以降,恩赦已非单纯皇帝的恩德,而是统治广土众民,贯彻皇权的必要手段。大赦的礼仪在公众面前展示，一方面可以让人民“看到”，另一方面，恩赦包含了免罪和恩赏，可以让人民实质上“得到”人君雨露，“感到”浩荡皇恩，从而才会“知道”皇帝要诉求的目的。职是之故，不仅吉礼和嘉礼等典礼，甚至国家重大政策，诸如武后行新政、中宗复唐政、德宗行两税法、武宗整顿佛教等关涉国计民生的重大政策，必借恩赦以广被四方，下达万民。故此，唐代君主不可不赦。但是，晚唐的恩赦似乎越来越难以落实，浩荡皇恩已经成为一纸空文。连赦令都无法贯彻，统治力不断萎缩，依附在赦令之上的政策，自然无从落实，难怪君王沉痛地表示“以此求理，不亦难乎”？唐代凭借赦令以贯彻的皇权，显得衰弱无力，对全国的统治越来越力不从心，大唐帝国遂土崩瓦解。

这套以恩赦为核心的统治方式，姑名为“恩赦政治”。所谓“恩赦政治”，简单而言，就是君主以恩赦作为治国临民的重要手段。恩赦政治主要受儒家思想影响而成，萌芽于先秦，确立于两汉，成熟于唐代。恩赦是人君专属恩德，既为恩德自不必在乎其频繁，其形式自不必限制于大赦，其内容自不必仅止于免罪而已。因此，大抵三年必有一次恩赦，形式可以是大赦、降罪或是录囚，而内容大多包含了免罪和恩赏。爰至唐代，一方面恩赦逐步的法制化，一方面是以恩赦为贯彻统治的重要手段，恩赦政治乃趋于成熟。

赵宋继承了唐代的恩赦政治，是故，宋代恩赦也称频繁。恩赦政治乃中国历史世界所共有的政治，因此，深受中国文化熏陶的朝鲜半岛和日本，其统治者亦一如中国的皇帝，经常赦过宥罪。相对于周边的异民族而言，恩赦政治是汉族王朝所独有，而异民族一旦彻底汉化，必然会产生此一独特的政治，拓跋鲜卑即是明显的例证。不过，与宋代先后对峙的契丹、女真、西夏、蒙古，其文化仍保持相当的独立自主性格，故此，其恩赦的次数相当稀少，恩赦政治似乎并未建立。关于这些问题，将是往后努力的方向。

附表一

北朝恩赦总表

北魏之部

编号	时间 公元	年号	年月日	原因	程度	出处
		道武帝珪				
1.	392	登国	7	皇子嗣生	大赦	魏 3/49
2.	398	皇始	3.12 己丑	称万岁	大赦改元天兴	魏 2/34
3.	399	天兴	2.1. 乙丑	祠上帝于南郊	曲赦京师	魏 2/34
4.	404	天兴	7.10 辛巳	改五等爵为四等爵	大赦改元天赐	魏 2/42
		明元帝嗣				
5.	409	天赐	6.10 壬午	践祚	大赦改年永兴	北 1/26
6.	413	永兴	5.5 丙子	行幸云中旧宫之大室	大赦	魏 3/53
7.	414	永兴	6.1 辛酉	以祯瑞频集	大赦改元神瑞	魏 3/54
8.	416	神瑞	3.4 壬子	改元	大赦改元泰常	魏 3/56
9.	422	泰常	7.11 丙午	太子焘亲率六军出镇塞上	曲赦司州殊死以下	魏 3/62
		太武帝寿				
10.	423	泰常	8.11 壬申	践祚	大赦天下	魏 4/69
11.	428	神䴥	1.4 戊午	田于河西	大赦天下	魏 4/74
12.	430	神䴥	3.1 壬寅	田于河西	大赦天下	魏 4/75
13.	430	神䴥	3.11 庚子	安慰初附	赦秦雍之民	魏 4/77
14.	432	延和	1.1 丙午	立皇后、立皇太子、谒太庙	大赦改年延和	魏 4/80
15.	433	延和	2.12 己巳	自山北还	大赦天下	魏 4/83
16.	435	太延	1.1 壬午	行幸云中	降死刑已下各一等	魏 4/84
17.	435	太延	1.1 甲申	行幸云中	大赦改年太延	魏 4/84
18.	438	太延	4.5 戊寅	不详	大赦天下	魏 4/89
19.	440	太延	6.6 丁丑	皇孙浚生	大赦改年太平真君	魏 4/93

（续表）

编号	时间 公元	年号	年月日	原因	程度	出处
		太武帝焘				
20.	443	太平真君	4.4 丁酉	氐羌围仇池	大赦天下	魏 4/96
21.	448	太平真君	9.10 癸亥	讨柔然	大赦天下	魏 4/103
22.	450	太平真君	11.9 庚子	宋军来犯	曲赦定冀相三州死罪已下	魏 4/104
23.	451	太平真君	12.5 壬寅	大破宋军	大赦	魏 4/105
		文成帝浚				
24.	452	正平	2.10 戊申	践祚	大赦改年兴安	魏 5/111
25.	453	兴安	2.8 戊戌	获方寸玉印	殊死已下降罪一等	魏 5/113
26.	454	兴安	3.2 甲午	登受图箓	曲赦京师	魏 5/113
27.	454	兴安	3.7 辛丑	皇子生	大赦改年兴光	魏 5/113
28.	455	兴光	2.3 己亥	奉世祖恭宗神主于太庙	曲赦京师死囚已下	魏 5/114
29.	455	兴光	2.6 壬戌	诏名皇子曰弘	曲赦京城，改年太安	魏 5/114
30.	456	太安	2.2 丁巳	立弘为皇太子	大赦天下	魏 5/115
31.	456	太安	2.10 甲午	自河西还宫	曲赦京师	魏 5/115
32.	458	太安	4.9 丙寅	太华殿成，飨群臣	大赦天下	魏 5/117
33.	459	太安	5.3 庚寅	不详	曲赦京师死罪已下	魏 5/117
34.	460	和平	1.1 甲子朔	改元	大赦改元和平	魏 5/118
35.	465	和平	6.1 丙申	不详	大赦天下	魏 5/122
		献文帝弘				
36.	465	和平	6.5 甲辰	践祚	大赦天下	魏 6/125
37.	465	和平	6.9 庚子	不详	曲赦京师	魏 6/126
38.	466	天安	1.1 乙丑朔	改元	大赦	魏 6/126
39.	466	天安	1.3 辛亥	亲受符箓	曲赦京师	魏 6/126
40.	467	天安	2.8 戊申	皇子生	大赦改年皇兴	魏 6/128
41.	468	皇兴	2.6 庚辰	河南辟地	曲赦京师殊死以下	魏 6/129
42.	469	皇兴	3.4 丙申	名皇子曰宏	大赦天下	魏 6/129
43.	470	皇兴	4.4 辛丑	不详	大赦天下	魏 6/130
		孝文帝宏				
44.	471	皇兴	5.8 丙午	践祚	大赦改元延兴	魏 7 上/135

（续表）

编号	时间 公元	年号	年月日	原因	程度	出处
		孝文帝宏				
45.	472	延兴	2.1 乙卯	统万镇胡民叛	曲赦京师及河西，南至秦泾、西至桴罕，北至凉州诸镇	魏7上/136
46.	474	延兴	4.7 己卯	武都氐攻仇池	曲赦仇池	魏7上/140
47.	475	延兴	5.6 壬申	备柔然	曲赦京师死罪	魏7上/141
48.	476	延兴	6.6 壬申	太上皇帝崩	大赦改年承明	魏7上/142
49.	476	承明	1.9 丁亥	不详	曲赦京师	魏7上/142
50.	476	承明	1.10 辛未	幸建明佛寺	大宥罪人	魏7上/143
51.	477	太和	1.1 乙酉朔	改元	大赦天下	馆668/337
52.	477	太和	1.2	幸永宁寺设斋	赦死罪囚	魏14/3039
53.	477	太和	1.8 壬子	太和、安昌二殿成	大赦天下	魏7上/144
54.	478	太和	2.4 丙午	澍雨大洽	曲赦京师	魏7上/145
55.	478	太和	2.9 丙辰	澍雨大洽？	曲赦京师	魏7上/146
56.	479	太和	3.3 甲辰	乾象六合殿成	曲赦京师	魏7上/146
57.	479	太和	3.10 己巳朔	不详	大赦天下	魏7上/147
58.	480	太和	4.6 丁卯	澍雨大洽	曲赦京师	魏7上/148
59.	480	太和	4. 闰7 丁亥	澍雨大洽？	录囚徒	魏7上/149
60.	481	太和	5.2 辛卯朔	车驾南巡	大赦天下	魏7上/150
61.	482	太和	6.1 甲戌	不详	大赦天下	魏7上/151
62.	483	太和	7. 闰4 月癸丑	皇子生	大赦天下	魏7上/152
63.	484	太和	8.6 丁卯	置官班禄	大赦天下	魏7上/154
64.	486	太和	10.6 己卯	名皇子曰恂	大赦天下	魏7下/161
65.	488	太和	12.4 甲子	南齐寇边？	大赦天下	魏7下/163
66.	492	太和	16.4 丁亥朔	班新律令	大赦天下	魏7下/169
67.	493	太和	17.5 甲子	旱	录囚	魏7下/172
68.	493	太和	17.10 乙未	迁都	大赦天下	魏7下/173
69.	495	太和	19.4 丁未	车驾幸彭城	曲赦徐豫二州	魏7下/177
70.	495	太和	19.6 乙卯	魏伐齐汉中	曲赦梁州	魏7下/178
71.	495	太和	19.10 甲辰	行幸邺	曲赦相州	魏7下/178
72.	495	太和	19.11 丙戌	有事于圜丘	大赦天下	魏7下/178
73.	496	太和	20.8 壬辰朔	久旱	录囚	魏7下/180
74.	496	太和	20.10 己酉	不详	曲赦京师	魏7下/180
75.	498	太和	22.3 庚寅	破齐兵，幸樊城	曲赦二荆鲁阳郡	魏7下/183

（续表）

编号	时间 公元	年号	年月日	原因	程度	出处
		孝文帝宏				
76.	498	太和	22.10 己酉朔	车驾发悬瓠	曲赦二豫殊死已下	魏 7 下/184
77.	499	太和	23.1 甲辰	自邺归	大赦天下	魏 7 下/184
		宣武帝恪				
78.	499	太和	23.4 丁巳	践祚	大赦天下	魏 8/191
79.	500	景明	1.1 乙巳	改元	大赦	魏 8/192
80.	501	景明	2.2 甲戌	不详	大赦天下	魏 8/193
81.	501	景明	2.7 辛酉	柔然犯塞	大赦天下	魏 8/194
82.	504	正始	1.1 丙寅	改元	大赦	魏 8/197
83.	504	正始	1.6 月庚子	久旱	录京师见囚	魏 8/197
84.	506	正始	3.1 丁卯朔	皇子生	大赦天下	魏 8/201
85.	506	正始	3.8 壬戌	破秦贼	曲赦泾秦岐凉河五州	魏 8/203
86.	508	正始	5.8 丁卯	京兆王愉反	大赦改年永平	魏 8/206
87.	508	永平	1.8 辛丑	京兆王愉反	赦冀州民杂工役为元愉诖误者	魏 8/206
88.	509	永平	2.5 甲辰	旱	亲录囚徒	魏 8/208
89.	510	永平	3.3 丙戌	皇子生	大赦天下	魏 8/209
90.	512	永平	5.4 乙酉	久旱	大赦改年延昌	魏 8/212
91.	513	延昌	2.1 戊戌	不详	御申讼车亲理冤讼	魏 8/213
92.	513	延昌	2.6 甲午	寿春大水	曲赦扬州	魏 8/213
93.	513	延昌	2.6 辛亥	不详	御申讼车亲理冤讼	魏 8/213
94.	513	延昌	2.8 辛卯	水旱互侵	徒流已下各准减降	魏 8/213
95.	514	延昌	3.4 乙巳	不详	御申讼车亲理冤讼	魏 8/214
		孝明帝诩				
96.	515	延昌	4.1 戊午	践祚	大赦天下	魏 9/221
97.	515	延昌	4.8 戊子	朝皇太后	大赦天下	魏 9/222
98.	516	熙平	1.1 戊辰朔	改元	大赦	魏 9/223
99.	517	熙平	2.1 甲戌	平大乘余贼	大赦天下	魏 9/225
100.	518	熙平	3.2 己酉	获神龟于九龙殿	大赦改年神龟	魏 9/227

（续表）

编号	时间 公元	年号	年月日	原因	程度	出处
	孝明帝诩					
101.	518	神龟	1.8 癸丑朔	刑狱冤滞	京师见囚殊死以下悉减一等	魏 9/228
102.	519	神龟	2.2 乙亥	羽林焚张彝第	大赦天下	魏 9/229
103.	519	神龟	2.12 庚申	不详	大赦天下	魏 9/229
104.	520	神龟	3.7 辛卯	加元服	大赦改年正光	魏 9/230
105.	520	正光	1.5 辛巳	炎旱	八座推鞫见囚	魏 9/230
106.	522	正光	3.11 丙午	班正光历	大赦天下	魏 9/233
107.	524	正光	5.6 丁酉	秦州城人反	大赦	魏 9/236
108.	525	正光	6.2 戊戌	解元叉兵权	大赦	魏 9/239
109.	525	正光	6.6 癸未	改元	大赦改年孝昌	魏 9/241
110.	525	孝昌	1.9 辛未	秦州城人反	曲赦南北两秦州	魏/9/241
111.	526	孝昌	2.2 甲申	不详	帝、皇太后临大厦门,亲览冤狱	魏 9/243
112.	526	孝昌	2.4	杜洛周、鲜于脩礼大败魏军	大赦天下	魏 9/243
113.	526	孝昌	2.6 己巳	齐州民反	曲赦齐州	魏 9/244
114.	526	孝昌	2.6 己巳	汾州山胡反	曲赦平阳、建兴、正平三郡	魏 9/244
115.	527	孝昌	3.1 甲申	关陇寇难	曲赦关西及正平平阳建兴	魏 9/246
116.	527	孝昌	3.7 己丑	相州反	大赦天下	魏 9/247
117.	527	孝昌	3.10 戊申	萧宝夤叛	曲赦恒农已西河北正平平阳郡及关西诸州	魏 9/247
118.	528	武泰	1.1 丙寅	皇女生秘言皇子	大赦改元武泰	魏 248/340
119.	528	武泰	1.2 甲寅	幼王即位	大赦天下	魏 9/248
	孝庄帝子攸					
120.	528	武泰	1.4 辛丑	践祚	大赦改元建义	魏 10/256
121.	528	建义	1.9 乙亥	平葛荣	大赦改元永安	魏 10/260
122.	529	永安	2.4 癸未	迁皇考于太庙	曲赦畿内死罪至流人减一等徒刑以下悉免	魏 10/261
123.	529	永安	2.7 庚午	元颢败走	大赦天下	魏 10/262

（续表）

编号	时间 公元 年号 年月日			原因	程度	出处
		孝庄帝子攸				
124.	530	永安	3.4 甲戌	擒万俟丑奴	大赦天下	魏 10/264
125.	530	永安	3.9 戊戌	诛尒朱荣	大赦天下	魏 10/266
126.	530	永安	3.10 戊申	皇子生	大赦天下	魏 10/267
127.	530	永安	3.10 壬申	尒朱兆奉元晔	大赦改元建明	魏 10/267
128.	530	永安	3.12 戊申	尒朱兆入京	元晔大赦天下	魏 10/268
		前废帝恭				
129.	531	建明	2.2 己巳	践祚	大赦天下改元普泰	魏 11/274
		后废帝朗				
130.	531	建明	2.10 壬寅	践祚	大赦改元中兴	魏 11/279
		孝武帝脩				
131.	532	中兴	2.4 戊子	践祚	大赦改元太昌	魏 11/282
132.	532	太昌	1.12 丁亥	杀元悦	大赦天下改元永熙	魏 11/286
133.	534	永熙	3.2 壬戌	梁豫州刺史降	大赦天下	魏 11/289
134.	534	永熙	3.8 丙辰	帝出走长安	大赦天下	魏 11/291

东魏之部

编号	时间 公元 年号 年月日			原因	程度	出处
		孝静帝善见				
135.	534	永熙	3.10 丙寅	践祚	大赦天下改元天平	魏 12/297
136.	534	天平	1.12 丁丑	解严	赦畿内	魏 12/298
137.	535	天平	2.4 壬辰	不详	降京师见囚	魏 12/299
138.	536	天平	3.7 庚子	不详	大赦天下	魏 12/300
139.	537	天平	4.4 辛未	迁七帝神主入新庙	大赦天下	魏 12/301
140.	537	天平	4.6 辛未	幸华林园理讼	诏尚书推录囚徒	魏 12/301
141.	538	元象	1.1 丁卯	获巨象	大赦改元	魏 12/302
142.	538	元象	1.4 庚寅	高欢朝于邺	曲赦畿内	魏 12/302
143.	539	元象	2.5 乙亥	立皇后高氏	大赦天下	魏 303/341
144.	539	元象	2.9 辛未	畿内民夫十万城邺城	曲赦畿内死罪以下各有差	魏 12/303

（续表）

编号	时间 公元	年号	年月日	原因	程度	出处
		孝静帝善见				
145.	539	元象	2.11 癸亥	新宫成，高欢朝于邺	大赦天下改元兴和	魏 12/303
146.	540	兴和	2.1 丁丑	徙御新宫	大赦	魏 12/304
147.	543	武定	1.1 壬戌朔	改元	大赦天下改元武定	魏 12/306
148.	543	武定	1.5 壬辰	克复虎牢	降天下死罪以下囚	魏 12/306
149.	544	武定	2.3	旱	宥死罪以下囚	魏 12/307
150.	545	武定	3.5 甲辰	风雨和洽	大赦天下	魏 12/308
151.	547	武定	5.5 丁酉朔	不详	大赦天下	魏 12/309
152.	548	武定	6.3 辛亥	冬春亢旱	赦罪人各有差	魏 12/311
153.	549	武定	7.8 癸巳	立太子	大赦天下	魏 12/312

北齐之部

编号	时间 公元	年号	年月日	原因	程度	出处
		文宣帝洋				
154.	550	天保	1.5 戊午	践祚	大赦改元天保	北 7/245
155.	550	天保	1.6 己亥	太子初入东宫	赦畿内及并州死罪已下，余州死降徒流已下一皆原免	北 7/247
156.	550	天保	1.10 辛巳	朝皇太后于晋阳	曲赦并州太原郡晋阳县及相国府四狱囚	北 7/247
157.	554	天保	5.7 壬辰	不详	降罪人	北 7/251
158.	556	天保	7.7 己亥	将西讨	大赦天下	馆 670/383
159.	558	天保	9.2 丁亥	不详	降罪人	北 7/255
160.	558	天保	9.4 辛巳	将西讨	大赦	北 7/255
161.	558	天保	9.11 丁酉	三台成	大赦	北 7/255

（续表）

编号	时间 公元	年号	年月日	原因	程度	出处
		废帝殷				
162.	559	天保	10.10 癸卯	践祚	大赦	北 7/264
163.	560	乾明	1.2 甲辰	幸华林园	录囚，死罪已下降免各有差	齐 5/75
		孝昭帝演				
164.	560	皇建	1.8 壬午	践祚	大赦改元皇建	北 7/269
165.	561	皇建	2.1 癸丑	郊祀	诏降罪人各有差	北 7/270
		武成帝湛				
166.	561	皇建	2.11 癸丑	践祚	大赦改元大宁	北 8/281
167.	562	大宁	2.1 丙戌	郊祀谒庙立后立太子	大赦	北 8/282
168.	562	河清	1.4 乙巳	河济清	改元河清，降罪人各有差	北 8/282
169.	563	河清	2.1 辛卯	以武明皇后配祭北郊	录见囚，降在京罪人各有差	北 8/283
170.	564	河清	3.3 辛酉	律令班下	大赦	北 8/284
171.	564	河清	3.12 丁卯	至洛阳	赦洛州城内死罪已下囚	北 8/285
172.	564	河清	3.12 壬申	帝至武牢经滑台次于黎阳	所经减降罪人	北 8/285
		后主纬				
173.	565	河清	4.4 丙子	天文有变当易王传位皇太子	大赦改元天统	北 8/287
174.	566	天统	2.1 癸巳	祀圜丘祫祭太庙	降罪人各有差	北 8/287
175.	566	天统	2.3 乙巳	旱	降禁囚	北 8/288
176.	567	天统	3.2 壬寅朔	加元服	大赦	北 8/288
177.	567	天统	3.11 丙午	晋阳大明殿成	大赦	北 8/289
178.	568	天统	4.12.15	太上皇帝崩	大赦	北 8/290
179.	569	天统	5.7 己丑	不详	诏降罪人各有差	北 8/291
180.	570	武平	1.2 丙子	不详	降死罪已下囚	北 8/291
181.	570	武平	1.6 甲辰	皇子生	大赦	北 8/292
182.	570	武平	1.10 戊子	不详	曲降并州死罪已下囚	北 8/292

（续表）

编号	时间 公元	年号	年月日	原因	程度	出处
		后主纬				
183.	571	武平	2.9 戊午	不详	曲降并州死罪已下各有差	北 8/293
184.	572	武平	3.1	斛律后生女帝诈称生男	大赦	齐 9/128
185.	572	武平	3.10	不详	降死罪已下囚	北 8/294
186.	572	武平	3.10	立穆氏为左皇后	大赦	北 8/294
187.	574	武平	5.5 庚午	大旱，晋阳得死魃	大赦	北 8/296
188.	576	武平	7.1 甲寅	去秋以来水潦	大赦	北 8/296
189.	576	武平	7.12 甲寅	周师败齐师于晋州	大赦	北 8/297
190.	576	武平	7.12 丁巳	帝欲遁北朔州	大赦改元隆化	北 8/298
		幼主恒				
191.	577	隆化	2.1 乙亥	践祚	大赦改元承光	北 8/299

西魏之部

编号	时间 公元	年号	年月日	原因	程度	出处
		孝武帝修				
192.	534	永熙	3.8	至长安	大赦	北 5/173
		文帝宝炬				
193.	535	大统	1.1 戊申	践祚	大赦改元	北 5/175
194.	535	大统	1.5	不详	降罪人	北 5/175
195.	537	大统	3.2	槐里获神玺	大赦	北 5/176
196.	538	大统	4.3 丁丑	立后郁久闾氏	大赦	北 177 鉴 4893
197.	539	大统	5.2	不详	赦京城内	北 5/177
198.	540	大统	6.2	铸五铢钱	降罪人	北 5/177
199.	543	大统	9.1	不详	降罪人	北 5/178
200.	543	大统	9.7	失虎牢	大赦	北 5/179
201.	547	大统	13.3 甲辰	侯景降	大赦	北 180 鉴 4951

（续表）

编号	时间 公元	年号	年月日	原因	程度	出处
		文帝宝炬				
202.	548	大统	14.1	新得河南地	赦颍豫广北荆洛东荆襄七州	北5/180
203.	548	大统	14.1	皇孙生	大赦	北5/180
204.	550	大统	16.9	不详	大赦	北5/181

北周之部

编号	时间 公元	年号	年月日	原因	程度	出处
		孝闵帝觉				
205.	557	元	1 辛丑	践祚	大赦改元	周3/46
206.	557	元	4 壬申	不详	死罪以下各降一等	周3/48
207.	557	元	8 辛未	秋律已应，将行大戮	降死罪已下囚	周3/49
		明帝毓				
208.	557	元	9 甲子	践祚	大赦天下	周4/53
209.	557	元	11 丁巳	行宽大之政	释轻罪及诖误远配者皆放还	周4/54
210.	557	元	12 戊子	不详	赦长安见囚	周4/54
211.	558	二	4 辛未	荧惑入轩辕	降死罪已下各有差	周4/55
212.	558	二	8 甲子	顺阳献三足乌	大赦天下	周4/55
213.	558	二	12 壬午	太庙成	大赦天下	周4/56
214.	559	三	8 己亥	改天王为皇帝	大赦改元武成	周4/58
		武帝邕				
215.	560	武成	2.4 壬寅	践祚	大赦天下	周5/64
216.	561	保定	1.7 戊申	旱	降罪人一等百鞭已下悉原之	周5/65
217.	562	保定	2.2 癸丑	旱	降宥罪人	周5/66
218.	562	保定	2.5 庚午	山南眾瑞并集	大赦天下	周5/66
219.	563	保定	3.4 己亥	旱	录囚	周5/68
220.	563	保定	3.7 丁丑	幸津门	降死罪一等	周5/69
221.	564	保定	4.9	皇世母自齐至	大赦天下	周5/70

（续表）

编号	时间 公元	年号	年月日	原因	程度	出处
		武帝邕				
222.	565	保定	5.7 庚寅	行幸秦州	降死罪已下	周 5/71
223.	566	天和	1.1 癸未	得古玉斗	大赦改元天和	周 5/72 周 16/406
224.	568	天和	3.3 甲辰	皇后至自突厥	大赦天下	周 5/75
225.	570	天和	5.6 庚子	皇女生	降宥罪人	周 5/77
226.	572	天和	7.1 戊午	幸玄都观讲法	降死罪以下各有差	周 5/79
227.	572	建德	1.3 丙辰	诛宇文护	大赦改元建德	周 5/80
228.	572	建德	1.4 癸巳	立太子赟	大赦天下	周 5/80
229.	572	建德	1.7	北齐诛斛律光	大赦	齐 17/226
230.	572	建德	1.12 己丑	不详	录囚	周 5/81
231.	574	建德	3.2 丙辰	行幸云阳宫	大赦天下	周 5/84
232.	574	建德	3.10 乙卯	行幸蒲州	曲赦蒲州大辟以下	周 5/85
233.	576	建德	5.12 壬戌	并州平	大赦天下	周 6/99
234.	577	建德	6.1 甲午	入邺城	赦去年班宣未及之处	周 6/100
235.	577	建德	6.6 辛亥	不详	录囚	周 6/103
		宣帝赟				
236.	579	宣政	2.1 癸巳	受朝于露门	大赦改元大成	周 7/117
		静帝阐				
237.	579	大成	1.2 辛巳	践祚	大赦天下改元大象	周 7/119
238.	580	大象	2.4 己卯	旱	降死罪已下各有差	周 7/124
239.	580	大象	2.5 己酉	宣帝崩	大赦天下	周 8/131
240.	580	大象	2.8 己卯	平尉迟迥	大赦天下	周 8/133

附表二

隋唐恩赦总表

编号	时间			原因	程度	出处
	公元	年号	年月日			
		文帝				
1.	581	开皇	1.2 甲子	践祚	大赦改元	隋 1/13
2.	581	开皇	1.4 辛巳	不详	大赦	隋 1/15
3.	582	开皇	2.5 戊申	旱	亲省囚徒	隋 1/17
4.	582	开皇	2.12 丁亥	不详	亲录囚徒	隋 1/18
5.	583	开皇	3.1 庚子	将入新都	大赦天下	隋 1/18
6.	583	开皇	3.5 丙寅	破高宝宁	赦黄龙死罪已下	隋 1/19
7.	583	开皇	3.9 癸丑	幸城东,观稼谷	大赦天下	隋 1/20
8.	584	开皇	4.6 庚子	不详	降囚徒	隋 1/21
9.	584	开皇	4.9 己巳	不详	录囚徒	隋 1/22
10.	585	开皇	5.12 丁未	不详	降囚徒	隋 1/23
11.	586	开皇	6.2 庚子	丁男十一万修长城	大赦天下	隋 1/23
12.	587	开皇	7.9 辛卯	废梁国	曲赦江陵	隋 1/25
13.	587	开皇	7.10 庚申	行幸同州	降囚徒	隋 1/25
14.	587	开皇	7.12	冬律已穷阳和方始	大赦	馆 670/391
15.	588	开皇	8.10 甲子	伐陈	曲赦陈国	隋 2/32
16.	589	开皇	9.4 辛亥	平陈	大赦天下	隋 2/32
17.	589	开皇	9.11 甲寅	不详	降囚徒	隋 2/34
18.	590	开皇	10.7 庚戌	不详	亲录囚徒	隋 2/35
19.	592	开皇	12.8 戊戌	不详	亲录囚徒	隋 2/37
20.	593	开皇	13.9 丙辰	不详	降囚徒	隋 2/38
21.	595	开皇	15.1 壬戌	旱,祀泰山	大赦天下	隋 2/39
22.	595	开皇	15.4 己丑朔	不详	大赦天下	隋 2/40
23.	597	开皇	17.3 辛酉	不详	亲录囚徒	隋 2/41
24.	598	开皇	18.11 甲戌	不详	亲录囚徒	隋 2/44
25.	599	开皇	19.1 癸酉	时惟开岁阳和载始	大赦天下	隋 2/44
26.	601	仁寿	1.1 乙酉朔	改元	大赦	隋 2/46

（续表）

编号	时间 公元	年号	年月日	原因	程度	出处
		文帝				
27.	602	仁寿	2.10 壬子	征蜀王秀	曲赦益州	隋 2/48
28.	604	仁寿	4.1 丙辰	祈福?	大赦	隋 2/52
29.	604	仁寿	4.6 庚午	祈福?	大赦天下	隋 2/52
		炀帝				
30.	605	大业	1.1 壬辰朔	改元	大赦	隋 3/62
31.	605	大业	1.10 己丑	幸江都	赦江淮以南	隋 3/65
32.	606	大业	2.4 辛亥	入东京	大赦	隋 3/66
33.	607	大业	3.4 甲申	颁律令	大赦天下	隋 3/67
34.	608	大业	4.8 辛酉	祠恒岳	大赦天下	隋 3/71
35.	609	大业	5.6 戊午	筵高昌王	大赦天下	隋 3/73
36.	612	大业	8.4 丙申	围辽东	大赦	馆 669/355
37.	613	大业	9.1 戊戌	陇右贼?	大赦	隋 4/84
38.	613	大业	9.10 乙酉	改博陵为高阳郡	赦境内死罪已下	隋 4/85
39.	614	大业	10.12 壬申	幸东都	大赦天下	隋 4/88
40.	615	大业	11.9 丁未	突厥解围而去	曲赦太原、雁门郡死罪已下	隋 4/89
		恭帝侑				
41.	617	义宁	1.11 壬戌	践祚	大赦天下	隋 5/100
		唐高祖渊				
42.	618	武德	1.5 甲子	践祚	大赦改元武德	旧 1/6
43.	618	武德	1.9 乙巳	不详	亲录囚徒	旧 1/8
44.	619	武德	2.2 甲午	王迹所基	赦并州、浩州、石州、介州、贾胡堡以北	新 1/8
45.	619	武德	2.闰 2 丁巳	不详	虑囚	新 1/9
46.	619	武德	2.5 癸未	李轨平	曲赦凉、甘、瓜、鄯、肃、会、兰、河、廓九州	新 1/9
47.	619	武德	2.10 乙卯	幸华阴送出师	赦义士募人，有背军逃亡者	新 1/10
48.	620	武德	3.1 戊寅	王行本降，蒲州城平	曲赦河东吏人	馆 669/356
49.	620	武德	3.6 丙申	刘武周平	赦晋、潞、隰、并等四总管内	新 1/11
50.	620	武德	3.6 丙午	不详	亲录囚徒	旧 1/11

（续表）

编号	时间 公元	年号	年月日	原因	程度	出处
	唐高祖渊					
51.	620	武德	3.8 庚子	不详	虑囚	新 1/11
52.	621	武德	4.2 丙午	不详	虑囚	新 1/11
53.	621	武德	4.2 丁巳	宥刘武周余党	赦代州总管府内石岭以北	新 1/11
54.	621	武德	4.3 庚申	旱	虑囚	新 1/12
55.	621	武德	4.5 乙丑	平窦建德	赦山东诸州为建德诖误者	新 1/12
56.	621	武德	4.6 庚寅	平王世充	赦河南诸州为世充诖误者	新 1/12
57.	621	武德	4.7 丁卯	平窦建德王世充	大赦天下	旧 1/12
58.	622	武德	5.4 戊辰	获麦	释流罪已下	新 1/14
59.	623	武德	6.4 己未	旧宅改为通义宫	曲赦京城系囚见徒及被推问应集之人	旧 1/13
60.	623	武德	6.6 丁卯	突厥寇马邑	曲赦朔州	新 1/16
61.	623	武德	6.10 戊申	不详	降死罪，流已下原之	新 1/16
62.	624	武德	7.4 庚子	平辅公祏及新定律令	大赦天下	馆 669/361
63.	625	武德	8.2 己巳	不详	亲录囚徒，多所原宥	旧 1/15
64.	626	武德	9.6 庚申	诛太子建成齐王元吉	大赦天下	旧 1/17
65.	626	武德	9.6 癸未	平庐江王瑗乱	曲赦幽州	册 83/32a
66.		武德中			曲降十二军	馆 670/392
	太宗世民					
67.	626	武德	9.8 甲子	践祚	大赦天下	旧 2/30
68.	626	武德	9.12 癸酉	不详	亲录囚徒	旧 2/32
69.	628	贞观	2.3 庚午	旱蝗	大赦天下	旧 2/34
70.	629	贞观	3.3 己酉	旱?	虑囚	新 2/30
71.	629	贞观	3.3 庚午	旱	大赦天下	册 26/8b
72.	629	贞观	3.6 戊寅	旱	亲录囚徒	旧 2/37
73.	629	贞观	3. 闰 12 辛酉	不详	虑囚	新 2/31
74.	629	贞观	3	讨突厥	赦突厥	册 366/2b

（续表）

编号	时间 公元	年号	年月日	原因	程度	出处
		太宗世民				
75.	630	贞观	4.2 甲寅	破突厥	大赦天下	旧 3/39
76.	630	贞观	4.10 壬辰	巡幸岐陇二州	特赦岐陇二州	旧 3/40
77.	630	贞观	4.10 乙卯	巡幸岐陇二州	曲赦武功	新 2/32
78.	631	贞观	5.5 壬午	承乾疾笃	降囚徒	册 84/5a
79.	631	贞观	5.12 癸丑	幸温汤	赦关内	新 2/33
80.	632	贞观	6.3 丁丑	如九成宫	降雍岐豳三州死罪已下	新 2/33
81.	632	贞观	6.12 辛未	不详	亲录囚徒	旧 3/42
82.	634	贞观	8.2 丙午	皇太子加元服	降死罪以下	新 2/34
83.	634	贞观	8.7	山东河南淮海之地多水	遣使分道申理狱讼,多所原免	册 144/3a
84.	635	贞观	9.3 壬午	山东水潦	大赦天下	旧 3/44
85.	636	贞观	10.12 庚辰	不详	虑囚	新 2/36
86.	637	贞观	11.3 癸卯	幸洛阳宫	降洛州系囚见徒	新 2/37
87.	638	贞观	12.2 甲戌	幸长春宫	降朝邑囚免徒	新 2/38
88.	639	贞观	13.1 乙巳朔	朝於献陵	曲赦三原县及行从大辟罪	旧 3/49
89.	640	贞观	14.1 甲寅	幸魏王第	曲赦雍州及长安县	旧 3/51
90.	640	贞观	14.2 丁丑	幸国子学	赦大理寺万年县大辟罪以下	旧 3/51
91.	640	贞观	14.9 癸卯	破高昌	曲赦西州大辟罪以下	新 2/40
92.	641	贞观	15.4 乙未	不详	虑囚	新 2/40
93.	641	贞观	15.12 辛丑	不详	虑囚	新 2/41
94.	642	贞观	16.1 辛未	实西州	诏在京及诸州死罪囚徒,配西州为户,流人未达前所者,徙防西州	旧 3/54
95.	643	贞观	17.2 己亥	不详	虑囚	新 2/41
96.	643	贞观	17.3 甲子	旱	令覆囚使至州县科简刑狱以申枉屈	册 144/4b

（续表）

编号	时间 公元	年号	年月日	原因	程度	出处
		太宗世民				
97.	643	贞观	17.4 丙戌	立晋王治为太子	大赦天下	旧 3/55
98.	643	贞观	17.11 己卯	凉州获瑞石	曲赦凉州，并录京城及诸州系囚，多所原宥	旧 3/56
99.	643	贞观	17.11	诞皇孙	恩降天下囚徒	馆 666/297
100.	644	贞观	18.11 戊寅	不详	虑囚	新 2/43
101.	646	贞观	20.1 己卯	征辽还幸并州	曲赦并州大辟罪以下	旧 3/58
102.	647	贞观	21.1 甲寅	宜顺阳和时申恩惠	虑囚。降死罪以下	新 2/46
103.	648	贞观	22.3 丁亥	玉华宫成	曲赦宜君县	新 2/47
104.	649	贞观	22.12 辛酉	春阳方动，请行宽宥	降雍州长安万年两县，及诸司囚徒	新 2/47
105.	649	贞观	22.闰 12 癸巳	春阳方动，请行宽宥	虑囚	新 2/47
106.	649	贞观	23.3 辛酉	甘雨降	大赦天下	旧 3/62
		高宗治				
107.	649	贞观	23.6 甲戌	践祚	大赦天下	旧 4/66
108.	650	永徽	1.7 丙寅	旱	虑囚	旧 4/68
109.	650	永徽	1.8 庚午	不详	降死罪已下	新 3/52
110.	652	永徽	3.1 甲子	旱	降在京及天下囚徒	旧 4/70
111.	652	永徽	3.7 丁巳	立陈王忠为太子	大赦天下	旧 4/70
112.	653	永徽	4.4 壬寅	旱	亲录系囚，遣使分省天下冤狱	旧 4/72
113.	653	永徽	4.10 甲辰	幸新丰温汤	曲赦新丰县见禁囚	旧 4/72
114.	654	永徽	5.3 辛未	幸万年宫	行幸所经诸县及岐州囚徒行人犯罪者，流降徒，徒已下并免之	旧 4/72
115.	654	永徽	5.6 丙寅	河北大水	遣使虑囚	新 3/56

（续表）

编号	时间 公元	年号	年月日	原因	程度	出处
		高宗治				
116.	655	永徽	6.1 壬申	谒昭陵	曲赦醴泉县并行从人	旧 4/73
117.	655	永徽	6.2 乙巳	太子加元服	大辟以下罪并降一等，杖者悉原之	新 3/56
118.	655	永徽	6.10 己酉	立武后	大赦天下	旧 4/74
119.	656	永徽	7.1 壬申	立代王弘为太子	大赦改元显庆	旧 4/75
120.	657	显庆	2.2 丰酉	幸洛阳宫	恩降雒州境内	旧 4/77
121.	657	显庆	2.11 甲辰	如许州	虑所过州县囚	新 3/58
122.	657	显庆	2.11 壬子	讲武于新郑	曲赦郑州	新 3/58
123.	658	显庆	3.2 戊寅	至自东都	亲虑囚徒，悉原宥之	新 3/58
124.	659	显庆	4.7 壬辰	旱	虑囚	新 3/59
125.	659	显庆	4.10 丙午	太子弘加元服	大赦天下	旧 4/79
126.	660	显庆	5.2 丙戌	幸并州	曲赦并州管内及所经诸州	旧 4/80
127.	660	显庆	5.8 癸未	平百济	曲赦神兵、禺夷道总管以下	旧 4/81
128.	660	显庆	5.11 戊戌朔	受百济俘	赦天下	鉴 200/6322
129.	661	显庆	6.2 乙未	益绵龙见，改元龙朔	曲赦雒州境内	旧 4/81
130.	662	龙朔	2.7 戊子	皇子旭轮满月	大赦天下	旧 4/83
131.	663	龙朔	3.2 庚戌	不详	虑囚，多所原宥	新 3/63
132.	663	龙朔	3.12 庚子	麟见，改来年元为麟德	恩降在京雍州诸县见系囚徒	新 3/63
133.	664	麟德	1.8 己卯	至自万年宫	降万年县囚徒	旧 4/85
134.	665	麟德	2.3 戊午	旱	虑西京及东都诸司、雍洛二州囚徒	册 151/12a
135.	665	麟德	2.4 丙午	蛮獠平	曲赦桂广黔三都督府管内大辟罪已下	旧 4/86
136.	666	麟德	3.1 壬申	封禅泰山改元乾封	大赦天下	旧 5/89
137.	667	乾封	2.1 丁丑	无雨雪	录囚徒	旧 5/91

（续表）

编号	时间 公元	年号	年月日	原因	程度	出处
		高宗治				
138.	667	乾封	2.7 己卯	旱	遣使虑囚	新 3/66
139.	668	乾封	3.3 庚寅	制明堂图	大赦改元总章	旧 5/91
140.	669	总章	2.2 戊辰	旱	亲虑京师囚徒，其天下见禁囚委州长官虑之	册 144/6b
141.	669	总章	2.9 乙巳	至岐州	曲赦岐州管内	旧 5/93
142.	670	总章	3.2 戊申	旱	亲录囚徒	旧 5/94
143.	670	总章	3.3 甲戌朔	以京师旱	大赦天下改元咸亨	旧 5/94
144.	670	咸亨	1.7 甲戌	以雍华蒲同四州旱	遣使虑囚	新 3/68
145.	671	咸亨	2.6 癸巳	旱	虑囚	新 3/69
146.	671	咸亨	2.11 庚戌	如许州	虑囚	新 3/69
147.	673	咸亨	4.10 乙未	皇太子纳妃	曲赦岐州	旧 5/98
148.	674	咸亨	5.8 壬辰	追尊祖宗谥号	大赦天下	旧 5/99
149.	675	上元	2.6 戊寅	册雍王贤为皇太子	大赦天下	旧 5/100
150.	676	上元	3.2 丁亥	如汝州温汤	遣使虑免汝州轻系	新 3/72
151.	676	上元	3.7 庚子	有彗星出于东井	遣使虑岐州及京城囚徒	旧 5/102
152.	676	上元	3.8	青州大风齐淄等七州大水	天下囚徒委长官虑之	册 144/7a
153.	676	上元	3.11 壬申	凤凰见改元仪凤	大赦天下	旧 5/102
154.	678	仪凤	3.4 丁亥朔	旱	亲录囚徒，悉原之	旧 5/103
155.	678	仪凤	3.4 戊申	以旱改来年为通乾	大赦天下	旧 5/103
156.	679	仪凤	4.6 辛亥	改元调露	大赦天下	旧 5/104
157.	680	调露	2.8 乙丑	立英王哲为皇太子	大赦天下，改元永隆	旧 5/106
158.	681	永隆	2.7 己丑	太平公主出降	曲赦京师囚徒	旧 5/108

（续表）

编号	时间 公元	年号	年月日	原因	程度	出处
		高宗治				
159.	681	永隆	2.9 乙丑	献定襄所获俘囚改元开耀	曲赦定襄军及诸道缘征单于突厥官吏兵募	旧 5/108
160.	682	开耀	2.2 癸未	皇孙满月	大赦天下改元永淳	旧 5/109
161.	683	永淳	2.9 己丑	太平公主诞育	曲赦东都都城内	新 3/79
162.	683	弘道	1.12 丁巳	改元弘道	大赦天下	新 3/79 鉴 203/6410
		中宗显				
163.	684	嗣圣	1.1 甲申朔	改元嗣圣	赦天下	鉴 203/6417
		睿宗旦				
164.	684	嗣圣	1.2 己未	践祚	大赦天下改元文明	旧 6/116
165.	684	文明	1.9 甲寅	改元光宅	大赦天下	旧 6/117
166.	684	光宅	1.10 丁酉	李敬业反	曲赦扬楚	新 4/84
167.	685	垂拱	1.1 丁未朔	平徐敬业	大赦天下改元垂拱	旧 6/117
168.	685	垂拱	1.5 壬戌	旱	虑囚	新 4/85
169.	686	垂拱	2.1 辛酉	太后仍旧临朝称制	大赦天下	旧 6/118
170.	686	垂拱	2.10 己巳	有山出于新丰县	曲赦新丰县	新 76/3479
171.	687	垂拱	3.4 癸丑	旱	虑囚	新 4/86
172.	688	垂拱	4.7 丁巳朔	加尊号曰圣武神皇	大赦天下	旧 6/119
173.	688	垂拱	4.8 辛亥	博州乱平	曲赦博州	新 4/87
174.	688	垂拱	4.9 丙寅	豫州乱平	曲赦豫州	新 4/87
175.	688	垂拱	4.12 辛亥	明堂成，改称万象神宫	大赦	鉴 204/6454 新 4/88
176.	689	永昌	1.1 乙卯	亲享万象神宫	大赦改元永昌	新 4/88
177.	689	永昌	1.11 庚辰朔	神皇亲享明堂	大赦天下改元载初	旧 6/120
178.	690	载初	1.7 甲午	不详	赦永昌县	新 4/90

（续表）

编号	时间 公元	年号	年月日	原因	程度	出处
		武后				
179.	690	载初	1.9 癸未 9	改唐为周	大赦天下改元天授	旧 6/121
180.	691	天授	2.4 丙午	日蚀?	大赦天下	新 4/91
181.	692	天授	3.4 丙申朔	日蚀	大赦天下改元如意	鉴 4/92
182.	692	如意	1.9 庚子 9	改元长寿	大赦天下	旧 6/123
183.	693	长寿	2.9 乙未 9	加金轮圣神皇帝号	大赦天下	旧 6/123
184.	694	长寿	3.2 乙亥	旱	虑囚	新 4/94
185.	694	长寿	3.5 甲午	受尊号	大赦改元延载	旧 6/123
186.	695	证圣	1.1 辛巳朔	受尊号	大赦改元证圣	旧 6/124
187.	695	证圣	1.9 甲寅 9	祀南郊加尊号	大赦改元天册万岁	旧 6/124
188.	696	天册万岁	2. 腊甲申	封嵩岳	大赦改元万岁登封	旧 6/124
189.	696	万岁登封	1.4 壬申	亲享明堂	大赦改元万岁通天	旧 6/125
190.	696	万岁通天	1.10 甲午	不详	虑囚	新 4/97
191.	697	万岁通天	2.1 乙巳	不详	虑囚	新 4/97
192.	697	万岁通天	2.3 戊申	官军与契丹战，败绩	赦河南北	新 4/97
193.	697	万岁通天	2.9 壬寅	平契丹	大赦天下改元神功	旧 6/126
194.	698	圣历	1. 正. 甲子朔	亲享明堂	大赦改元圣历	旧 6/127
195.	698	圣历	1.4 庚寅	谒太庙	曲赦神都及河北	新 4/98
196.	698	圣历	1.9 壬申	庐陵王哲为皇太子	大赦天下	旧 6/127
197.	698	圣历	1.10 癸卯	平河北	曲赦河北	旧 89/2892
198.	699	圣历	2. 腊辛亥	赐太子姓武氏	赦天下	鉴 206/6539
199.	699	圣历	2.4 甲辰	不详	虑囚	新 4/100
200.	699	圣历	2.4	亲祀太庙	曲赦东都城内	旧志 25/945
201.	699	圣历	2.9 乙亥	如福昌县	曲赦福昌县	新 4/100

（续表）

编号	时间 公元	年号	年月日	原因	程度	出处
		武后				
202.	700	圣历	3.5 癸丑	疾愈	大赦天下改元久视	旧 6/129
203.	700	久视	1.10 甲寅	复旧正朔	大赦天下	旧 6/129
204.	700	久视	1.10 丁卯	幸新安	曲赦新安	旧 6/130
205.	701	大足	1.4 丙午	不详	大赦	新 4/102
206.	701	大足	1.6 辛未	不详	曲赦告成县	旧 6/130
207.	701	大足	1.10 辛酉	幸京师改元长安	大赦天下	旧 6/130
208.	702	长安	2.11 戊子	祀南郊	大赦天下	旧 6/131
209.	704	长安	4.4 丙子	幸兴泰宫	曲赦寿安县	新 4/104
210.	705	神龙	1.1 壬午朔	改元神龙	大赦	旧 6/132
211.	705	神龙	1.1 甲辰	命皇太子监国	大赦天下	旧 6/132
		中宗显				
212.	705	神龙	1.1 丙午	复位	大赦天下	旧 7/136
213.	705	神龙	1.2 甲寅	复旧制	其别敕安置并左贬者，亦复其属籍，量还官爵。诸流移人放还	旧 7/136
214.	705	神龙	1.2 甲子	立韦氏为皇后	大赦天下	旧 7/137
215.	705	神龙	1.3 甲申朔	不详	原宥扬州构逆党徒	旧 7/138
216.	705	神龙	1.9 壬午	亲祀明堂	赦雒州境内，降天下诸州囚徒	旧 7/140
217.	705	神龙	1.11 壬午	谒太庙，加尊号	大赦天下	旧 7/141
218.	706	神龙	2.1	旱	亲录囚徒，东都及天下诸州委所在长官详虑	册 144/8b
219.	706	神龙	2.11 乙巳	至自东都	大赦天下	旧 7/143
220.	707	神龙	3.1 丙辰	旱	亲录囚徒	旧 7/143
221.	707	神龙	3.4 庚寅	幸荐福寺	曲赦雍州	旧 7/144
222.	707	神龙	3.7 癸卯	诛太子重俊	大赦天下	旧 7/144
223.	707	神龙	3.9 庚子	受尊号	大赦天下改元景龙	旧 7/145
224.	708	景龙	2.2 辛未	后服有瑞	大赦天下	旧 7/145

（续表）

编号	时间 公元	年号	年月日	原因	程度	出处
		中宗显				
225.	708	景龙	2.2 乙酉	后服有瑞	大赦天下	旧 7/146
226.	708	景龙	2.11 己卯	安乐公主降嫁	大赦天下	旧 7/146
227.	709	景龙	3.6 壬寅	旱	亲录囚徒	旧 7/147
228.	709	景龙	3.7 癸亥	不详	录囚徒	旧 7/148
229.	709	景龙	3.11 乙丑	亲祀南郊	大赦天下	旧 7/148
230.	709	景龙	3.12 甲辰	幸新丰温汤	曲赦新丰县大辟已下	新 4/112
231.	710	景龙	4.2 壬午	送金城公主入吐蕃	曲赦咸阳、始平	旧 7/149
232.	710	景龙	4.6 甲申	宣遗制皇太后临朝	大赦天下改元唐隆	旧 7/150
		少帝				
233.	710	唐隆	1.6 丁亥	践祚	大赦天下	旧 7/150
234.	710	唐隆	1.6 辛丑	平内难	大赦天下	旧 7/152
		睿宗旦				
235.	710	唐隆	1.6 甲辰	睿宗受禅	大赦天下	旧 7/153
236.	710	唐隆	1.7 己巳	册皇太子	大赦天下改元景云	旧 7/155
237.	710	景云	1.11 己酉	葬中宗于定陵	曲赦万年等县	册 84/25a
238.	711	景云	2.4 壬寅	皇太子处分政事？	大赦天下	旧 7/157
239.	711	景云	2.8 乙卯	枯树重生	大赦天下	旧 7/157
240.	712	景云	3.1 己丑	谒庙南郊籍田	大赦改元太极	旧 7/158
241.	712	太极	1.5 辛巳	北郊	大赦改元延和	新 5/119
242.	712	延和	1.7 丙戌	旱	决断囚徒	册 144/8b
		玄宗隆基				
243.	712	延和	1.8 甲辰	践祚	大赦天下改先天	旧 7/160
244.	712	先天	1.10 庚子	谒太庙毕	大赦天下	旧 7/161
245.	713	先天	2.3	阳和布气膏泽顺时	赦死罪以外	册 84/26a
246.	713	先天	2.7 甲子	诛太平公主等	大赦天下	旧 7/162
247.	713	先天	2.7 丁卯	太上皇帝归政皇帝	大赦天下	旧 8/170

（续表）

编号	时间 公元	年号	年月日	原因	程度	出处
		玄宗隆基				
248.	713	先天	2.12 庚寅朔	改元开元	大赦天下	旧 8/172
249.	714	开元	2.2 己酉	旱	亲录囚徒	旧 8/172
250.	714	开元	2.6 甲子	大明宫成	录囚。放免徒以下	册 85/2a
251.	715	开元	3.1 丁亥	立郢王为皇太子	降死罪已下	旧 8/174
252.	715	开元	3.2 辛酉	行春令	赦囚非恶逆造伪者	新 5/124
253.	715	开元	3.5 丁未	旱	令宰臣录京师囚，宜降一等论	新 5/124
254.	715	开元	3.10 癸亥	如郿	赦所过徒罪以下	新 5/124
255.	715	开元	3.10 戊辰	如凤泉汤	降大理禁囚	新 5/124
256.	715	开元	3.12 乙丑	如凤泉汤	降大理禁囚死罪以下	新 5/124
257.	717	开元	5.2 甲戌	至自东都	大赦天下	旧 8/177
258.	718	开元	6.7	旱	亲虑京师徒	册 144/11a
259.	718	开元	6.8 庚辰	旱	虑囚	新 5/126
260.	719	开元	7.5 己丑朔	日有食之	中书门下虑囚	新 5/127
261.	719	开元	7.7 丙辰	旱	亲录囚徒。诸州委州牧县宰量事处置	旧 8/180
262.	719	开元	7.闰 7 甲申	旱	虑囚	新 5/127
263.	719	开元	7.8 丙戌朔	旱	虑囚	新 5/127
264.	720	开元	8.9 丙寅	不详	降京城死罪以下	新 5/128
265.	720	开元	8.9 甲戌	不详	中书门下虑囚	新 5/128
266.	721	开元	9.5 庚午	不详	原见囚死流罪随军效力，其杖以下免	新 5/128
267.	721	开元	9.11 庚午	冬至	大赦天下	旧 8/182
268.	723	开元	11.1 丁卯朔	阳和布德及将离东京幸长安	降东都见禁囚徒，流死罪减一等，余并免	旧 8/185
269.	723	开元	11.1 己巳	巡狩北都	降流死等罪一等，徒以下并放	旧 8/185

（续表）

编号	时间 公元	年号	年月日	原因	程度	出处
	玄宗隆基					
270.	723	开元	11.1 庚辰	幸潞州	曲赦大辟罪以下	旧 8/185
271.	723	开元	11.1 癸巳	改并州为太原府	赦太原府	新 5/130
272.	723	开元	11.3 庚午	车驾至京师	京师见禁囚徒并原免	旧 8/185
273.	723	开元	11.11 戊寅	亲祀南郊	大赦天下	旧 8/186
274.	725	开元	13.1 戊子	不详	天下死罪宜降至流，流已下罪悉原之	旧 8/187
275.	725	开元	13.11 壬辰	封禅	大赦天下	旧 8/188
276.	726	开元	14.4	不详	中书门下虑城内囚徒	册 151/14a
277.	727	开元	15.7 己亥	洛水溢	降都城死罪从流，徒以下原	旧 8/191
278.	727	开元	15.8 己巳	涧谷溢	降死罪从流，徒已下免	新 5/133
279.	728	开元	16.3 辛丑	阳和布德	免徒以下保任营农囚罪	新 5/133
280.	728	开元	16.9 丙午	久雨	两京及诸州降死罪及流各一等，徒以下免	旧 8/192
281.	729	开元	17.4 癸亥	不详	命中书门下分就大理、京兆、万年、长安等狱疏决囚徒。天下系囚死罪减一等，余并宥之	旧 8/193
282.	729	开元	17.11 丙申	谒桥陵	曲赦奉先县内大辟罪已下	旧 8/194
283.	729	开元	17.11 戊申	谒五陵	大赦天下	旧 8/194
284.	730	开元	18.1 丁巳	迎气于东郊	大赦天下	册 85/17a
285.	730	开元	18.2 辛未	雷震左飞龙厩	免囚罪杖以下	新 5/135
286.	731	开元	19.2 乙酉	不详	放还罚镇配隶人	册 63/21b
287.	731	开元	19.4 壬午	不详	降死罪以下	新 5/135

（续表）

编号	时间 公元	年号	年月日	原因	程度	出处
		玄宗隆基				
288.	731	开元	19.8 辛巳	千秋节	降死罪,流以下原	新 5/136
289.	732	开元	20.2 壬午	阳和布德	降死罪,流以下原	新 5/136
290.	732	开元	20.10 丙戌	如潞州	中书门下虑巡幸所过囚	新 5/136
291.	732	开元	20.10 辛卯	如潞州	曲赦潞州	新 5/136
292.	732	开元	20.11 癸丑	如北都	曲赦太原	新 5/136
293.	732	开元	20.11 庚申	祠后土	大赦天下	新 5/136
294.	733	开元	21.4 丁巳	旱	遣宣慰使疏决囚徒	新 5/137
295.	733	开元	21.5 戊子	皇太子纳妃	降死罪从流,流至徒,徒以下免	新 5/137
296.	734	开元	22.4 乙巳	不详	虑囚。降死罪已下	旧 8/201
297.	735	开元	23.1 乙亥	耕藉田	大赦天下	新 5/138
298.	736	开元	24.4 丁丑	不详	降死罪以下	新 5/139
299.	736	开元	24.10 甲子	发东都还京,至华州	降两京死罪,流以下原	新 5/139
300.	738	开元	26.1 丁丑	亲祀东郊迎气	死罪流岭南,流以下原	旧 9/209
301.	738	开元	26.4 己亥朔	有司读时令	降死罪,流以下原	新 5/140
302.	738	开元	26.7 己巳	册皇太子	大赦天下	旧 9/210
303.	739	开元	27.2 己巳	加尊号	大赦天下	旧 9/210
304.	741	开元	29.5 庚戌朔	写玄元皇帝真容	降死罪,流以下原	新 5/142
305.	742	天宝	1.1 丁未朔	改元天宝	大赦天下	旧 9/214
306.	742	天宝	1.2 丙申	（加尊号）南郊谒庙太清宫	大赦天下	旧 9/215
307.	744	天宝	3.1 丙辰朔	改年为载	降死罪,流以下原	新 5/144
308.	744	天宝	3.3 癸酉	三农在时宜助生育	天下囚死罪降流流以下原	旧 9/218
309.	745	天宝	3.12 甲寅	祠九宫贵神于东郊	大赦天下	新 5/144
310.	747	天宝	6.1 戊子	亲享太庙,祀南郊	大赦天下	旧 9/221
311.	747	天宝	6.7 乙酉	旱	降死罪,流以下原	新 5/146

（续表）

编号	时间 公元	年号	年月日	原因	程度	出处
		玄宗隆基				
312.	748	天宝	7.5 壬午	加尊号	大赦天下	旧 9/222
313.	749	天宝	8. 闰 6 丁卯	谒太清宫加尊号	大赦天下	旧 9/223
314.	750	天宝	9.5 庚寅	旱	录囚徒	旧 9/224
315.	751	天宝	10.1 甲午	南郊谒庙太清宫	大赦天下	旧 9/225
316.	753	天宝	12.8	京城霖雨	中书门下就京兆大理疏决囚徒	旧 9/226
317.	754	天宝	13、2 乙亥	朝太清宫谒庙加尊号	大赦天下	旧 9/228
318.	755	天宝	14.8 辛卯	天长节	降死罪,流以下原	新 5/150
319.	755	天宝	14.8 辛卯	不详	降死罪,流以下原	新 5/150
320.	756	天宝	15.1	不详	大赦	册 147/13a
321.	756	天宝	15.8 壬午朔	至成都	大赦天下	旧 10/243
		肃宗亨				
322.	756	天宝	15.7 甲子	践祚	大赦天下改元至德	旧 10/242
323.	756	至德	1.12 戊午	不详	大赦天下	册 80/31b
324.	757	至德	2.1	册尊号	大赦	册 490/16b
325.	757	至德	2.2	不详	大赦	册 139/9b
326.	757	至德	2.3 癸酉	大雨不止	三司疏理狱囚	旧 10/246
327.	757	至德	2.10 壬申	收复长安	大赦	册 64/2a
328.	757	至德	2.12 戊午	两京复,上皇至自蜀	大赦天下	旧 10/249
329.	758	乾元	1.2 丁未	不详	大赦改元乾元	旧 10/251
330.	758	乾元	1.4 乙卯	亲祠南郊谒庙	大赦天下	旧 10/252
331.	758	乾元	1.10 甲辰	立成王俶为太子	大赦天下	新 6/161
332.	759	乾元	2.2 壬戌	星象乖异?	中书门下录囚	旧 10/254
333.	759	乾元	2.3 丙子	春令	降死罪，流以下原	册 87/19b
334.	759	乾元	2.3 丁亥	旱	降死罪,流以下原降死罪,流以下原	新 6/161
335.	760	乾元	3.3 丙子	不详	降死罪，流以下原	新 6/162

（续表）

编号	时间 公元	年号	年月日	原因	程度	出处
	肃宗亨					
336.	760	乾元	3.闰4己卯	星文变异	大赦改元上元	旧10/259 新32/838
337.	761	上元	2.1甲寅	春令	降死罪，流以下原	旧10/260
338.	761	上元	2.9壬寅	去上元年号	大赦天下	新6/164
339.	762	二建卯	1辛亥朔	朝太清宫谒庙南郊	大赦天下	新6/165
340.	762	二建辰	3壬午	不详	大赦天下	新6/165
341.	762	二建辰	3丁未	上不康	左降官流人一切放还	旧10/262
342.	762	宝应	1.4甲子	皇太子监国	大赦改元宝应	册259/8a
	代宗豫					
343.	762	宝应	1.5丁酉	践祚	大赦天下	旧11/269
344.	763	宝应	2.7壬子	加尊号	大赦改元广德	旧11/272
345.	764	广德	2.2己丑	朝太清宫谒庙南郊	大赦天下	新6/170
346.	765	永泰	1.1癸巳朔	改元	大赦改元永泰	旧11/277
347.	765	永泰	1.7辛卯朔	旱	遣近臣分录大理京兆系囚	旧11/279
348.	766	永泰	2.11甲子	日南至	大赦改元大历	旧11/285
349.	768	大历	3.4甲申	颁律令	大赦	册490/10a
350.	769	大历	4.7癸未	以刑官滥刑	降死罪，流以下原	旧11/293
351.	769	大历	4.8辛酉	祀恒岳	大赦	册490/10a
352.	770	大历	5.3丙戌	昭陵皇堂有光	曲赦京畿三辅	新6/175
353.	770	大历	5.6己未	彗星始灭	死罪降从流，流以下原	旧11/297
354.	772	大历	7.5乙未	旱	大赦天下	旧11/299
355.	773	大历	8.5壬辰	不详	曲赦京城系囚	旧11/302
356.	773	大历	8.5癸卯	夏至	死罪降从流，流以下原	旧11/302
357.	774	大历	9.4壬辰	夏至	大赦天下	旧11/304
358.	774	大历	9.10壬辰	不详	降京师死罪，流以下原	新6/177

（续表）

编号	时间 公元	年号	年月日	原因	程度	出处
	代宗豫					
359.	774	大历	9.12 壬辰	不详	宥京城死罪从流流以下原	旧 11/306
360.	775	大历	10.9 壬寅	不详	降京师死罪，流以下原	旧 11/308
361.	777	大历	12.6 丁未	旱	曲赦京城犯流已下	新 6/179
	德宗适					
362.	779	大历	14.6 己亥朔	践祚	大赦天下	旧 12/321
363.	780	建中	1.1 辛未	加尊号朝太清宫南郊谒庙	大赦天下	旧 12/324
364.	782	建中	3.2 甲戌	成德降	赦吏民为李惟岳迫胁者	新 7/187
365.	784	兴元	1.1 癸酉朔	改元兴元	大赦改元	旧 12/339
366.	784	兴元	1.7 辛卯	车驾还京	大赦天下	旧 12/345
367.	785	贞元	1.1 丁酉朔	改元贞元	大赦天下	旧 12/348
368.	785	贞元	1.8 甲子	蝗灾	京畿内外及京兆府诸县见禁囚徒，死罪降徒，流以下一切放免	旧 12/349
369.	785	贞元	1.11 癸卯	朝太清宫谒庙南郊	大赦	旧 12/351
370.	788	贞元	4.1 庚戌朔	春令	大赦天下	旧 13/363
371.	790	贞元	6.11 庚午	朝太清宫谒庙南郊	降死流各一等，徒已下免	新 7/197
372.	793	贞元	9.11 乙酉	朝太清宫谒庙南郊	大赦天下	旧 12/378
373.	794	贞元	10.4 癸卯朔	日蚀云阴不见？	赦京城	新 7/199
374.	795	贞元	11.5 庚午	旱	中书门下虑囚	旧 13/381
375.	797	贞元	13.4 辛酉	旱	御史台诸司疏理京城百司及畿内禁囚	新 7/201

（续表）

编号	时间 公元	年号	年月日	原因	程度	出处
		德宗适				
376.	803	贞元	19.6	旱	中书门下录御史台大理寺及京兆府等诸司系囚	册 144/17a
		顺宗诵				
377.	805	贞元	21.2 甲子	践祚	大赦天下	
378.	805	贞元	21.4 戊申	册太子	降死罪从流，流以下各减一等	旧 14/407
379.	805	永贞	1.8 辛丑	改元永贞	降死罪从流，流以下各减一等	旧 14/409
		宪宗纯				
380.	806	元和	1.1 丁卯 ·	改元元和	大赦天下	旧 14/414
381.	806	元和	1.6 癸巳朔	册太后礼毕	天下死罪降从流，流以下减一等	旧 14/417
382.	807	元和	2.1 辛卯	朝太清宫谒庙南郊	大赦天下	旧 14/420
383.	808	元和	3.1 癸巳	上尊号	大赦天下	旧 14/424
384.	809	元和	4.闰 3 己酉	旱	降京师罪囚各一等	新 7/210
385.	809	元和	4.10 癸巳	册太子	降天下罪囚各一等	旧 14/429
386.	812	元和	7.3 庚午	旱	疏理京畿系囚	旧 15/442
387.	812	元和	7.10 庚戌	册皇太子	降天下罪囚各一等	新 7/212
388.	812	元和	7.11 辛酉	田兴以六州顺	赦魏博贝卫澶相管见系囚徒	旧 15/444
389.	818	元和	13.1 乙酉	平淮西	大赦天下	旧 15/462
390.	819	元和	14.7 己丑	上尊号	大赦天下	旧 15/469
		穆宗恒				
391.	820	元和	15.2 丁丑	践祚	大赦天下	旧 16/476
392.	820	元和	15.5 戊申	不详	大赦	旧 174/4512
393.	820	元和	15.8	不详	大赦	册 42/21a
394.	820	元和	15.11 癸卯	田弘正镇成德	赦镇赵深冀四州见禁囚徒	旧 16/482

（续表）

编号	时间 公元	年号	年月日	原因	程度	出处
		穆宗恒				
395.	821	长庆	1.1 辛丑	朝太清宫谒庙南郊改元长庆	大赦天下	旧 16/484
396.	821	长庆	1.3 丁巳	张弘靖镇卢龙	赦幽涿檀顺瀛莫营平八州管内	新 8/213
397.	821	长庆	1.7 壬子	加尊号	大赦天下	旧 16/490
398.	822	长庆	2.8 癸未	平汴宋	赦汴州管内	
399.	822	长庆	2.12 乙未	疾痊平	在京诸司疏放系囚	旧 16/501
400.	822	长庆	2.12 己亥	旱	委御史台大理寺及府县长吏录囚徒	册 145/1a
401.	822	长庆	2.12 癸丑	立景王湛为太子	降天下罪囚各一等	新 8/226
402.	823	长庆	3.3 癸亥	淮南、浙东西、江南、宣歙旱	遣使理系囚	新 8/226
403.	824	长庆	4.1 辛亥朔	朝元御正殿	降天下罪囚各一等	新 8/226
		敬宗湛				
404.	824	长庆	4.3 壬子	践祚	大赦天下	旧 17 上/508
405.	824	长庆	4.6 辛巳	霖雨稍多	御史中丞刑部侍郎大理卿疏理囚徒	册 145/1b
406.	825	宝历	1.1 辛亥	朝太清宫谒庙南郊	大赦改元宝历	旧 17 上/513
407.	825	宝历	1.4 癸巳	加尊号	大赦天下	旧 17 上/514
408.	826	宝历	2.6 癸亥	旱	疏理京城系囚	旧 17 上/520
		文宗昂				
409.	827	宝历	3.2 乙巳	践祚改元大和	大赦天下	旧 17 上/525
410.	827	大和	1.6 庚子	旱	御史速理诸司禁囚	册 145/2a
411.	827	大和	1.6 乙卯	旱	降京畿罪囚各一等	新 8/230

（续表）

编号	时间 公元	年号	年月日	原因	程度	出处
		文宗昂				
412.	829	大和	3.3	不详	降京畿死流各一等	会 40/843
413.	829	大和	3.11 甲午	朝太清宫谒庙南郊	大赦天下	旧 17 上/533
414.	830	大和	4.5 丁丑	旱	命御史台疏理京城系囚	旧 17 下/537
415.	831	大和	5.6 戊寅	霖雨	疏理诸司狱囚	旧 17 下/542
416.	832	大和	6.1 壬子	逾月雨雪四时失和	降天下罪囚各一等	旧 17 下/544
417.	832	大和	6.7 壬寅	旱	疏决禁囚务从宽典	册 145/3a
418.	833	大和	7.7 己酉	旱	疏理京城诸司狱囚，务从宽降	旧 17 下/550
419.	833	大和	7.8 庚寅	册皇太子永	降天下罪囚各一等	旧 17 下/551
420.	834	大和	8.2 庚寅	疾愈	降天下罪囚各一等	旧 17 下/553
421.	834	大和	8.6 甲午	旱	尚书右仆射御史大夫疏理刑狱	册 145/6a
422.	834	大和	8.6 丁酉	旱	诸州府囚徒各委所在长吏疏理	册 145/6a
423.	834	大和	8.12 己卯	不详	降京畿罪囚各一等	新 8/235
424.	835	大和	9.3 乙丑	仍岁水旱	疏决天下狱囚	册 145/6b
425.	835	大和	9.12 丁亥	甘露之变，安京师人情	降京百司流、死罪各一等	新 8/236
426.	836	开成	1.1 辛丑朔	改元	大赦天下	旧 17 下/564
427.	837	开成	2.3 壬申	彗星见	天下死罪降从流，流以下免	旧 17 下/568
428.	837	开成	2.7 乙酉	旱蝗	诸司疏决系囚	旧 17 下/570
429.	838	开成	3.1 乙亥	畿内去冬少雪	中书门下疏理京城百司及畿内囚徒	

（续表）

编号	时间 公元	年号	年月日	原因	程度	出处
		文宗昂				
430.	838	开成	3.11 壬戌	彗星再见	降京城诸道罪囚各一等	旧 17 下/576
431.	839	开成	4.11 己亥	不详	降京城及畿内罪囚各一等	旧 17 下/579
		武宗炎				
432.	840	开成	5.2 乙卯	践祚	大赦天下	新 8/240
433.	840	开成	5.6 丙寅	旱	理囚	新 8/240
434.	841	会昌	1.1 辛巳	朝太清宫谒庙南郊	大赦改元会昌	新 8/240
435.	841	会昌	1.11 辛亥	彗星出于营室	理囚	新 8/241
436.	842	会昌	2.4 丁亥	加尊号	大赦天下	旧 18 上/590
437.	843	会昌	3.9 丁未	雨霖	理囚	新 8/243
438.	844	会昌	4.6 己未	不详	中书门下御史虑囚徒	新 8/243
439.	845	会昌	5.1 辛亥	朝太清宫谒庙南郊	大赦天下	旧 18 上/603
440.	846	会昌	6.2 癸酉	旱	降死罪以下，轻罪免	旧 18 上/609
		宣宗忱				
441.	846	会昌	6.5 乙巳	践祚	大赦	新 8/246
442.	847	大中	1.1 戊申	朝太清宫谒庙南郊	大赦改元大中	旧 18 下/616
443.	847	大中	1.2 癸未	旱	理京师囚	新 8/246
444.	848	大中	2.1 甲子	加尊号	大赦	新 8/247
445.	850	大中	4.1 庚辰	追尊顺宗宪宗谥号	大赦	旧 18 下/626
446.	850	大中	4.4 壬申	雨霖	京师关辅理囚	新 8/248
447.	851	大中	5.4 辛未	讨平夏党项羌	降京畿及鄜坊灵盐邠宁夏州等井泾州凤翔振武天德等道囚徒一等	新 8/249
448.	851	大中	5.8 乙巳	讨南山党项羌	赦南山党项羌	新 8/249

（续表）

编号	时间 公元	年号	年月日	原因	程度	出处
		宣宗忱				
449.	853	大中	7.1 戊申	朝太清宫谒庙南郊	大赦	新 8/250
450.	854	大中	8.3 甲辰	旱	诏使疏决系囚	旧 18 下/632
451.	859	大中	13.1 戊午朔	不详	大赦	新 8/252
		懿宗漼				
452.	859	大中	13.10 辛卯	践祚	大赦	新 9/255
453.	860	大中	14.11 丁丑	朝太清宫谒庙南郊	大赦改元咸通	旧 19 上/651
454.	862	咸通	3.1 庚午	加尊号	大赦	新 9/257
455.	862	咸通	3.11 丙寅	云南蛮寇安南	降囚罪	新 9/257
456.	863	咸通	4.1 庚午	朝太清宫谒庙南郊	大赦	旧 19 上/654
457.	866	咸通	7.11 辛亥	复安南	大赦	旧 19 上/661
458.	867	咸通	8.5 丙辰	不豫	降罪囚一等	新 9/260
459.	869	咸通	10.6 戊戌	蝗旱	理囚	旧 19 上/667
460.	870	咸通	11.6	京城久旱	赦	会 41/859
461.	871	咸通	12.1 戊申	加尊号	大赦	旧 19 上/677
462.	871	咸通	12.5 庚申	不详	疏理天下禁囚	旧 19 上/677
463.	873	咸通	14.4 壬寅	迎佛骨	降京畿及天下州府罪囚一等	旧 19 上/683
		僖宗儇				
464.	873	咸通	14.12 癸卯	践祚?	大赦	新 9/264
465.	874	咸通	15.2 癸丑	葬懿宗?	降死罪以下	新 9/264
466.	874	咸通	15.4 辛卯	旱	理囚	新 9/264
467.	874	咸通	15.11 庚寅	谒庙，上尊号	大赦改元乾符	旧 19 下/692
468.	875	乾符	2.1 辛卯	朝太清宫享庙南郊	大赦	新 9/265
469.	876	乾符	3.2 丙子	旱	降死罪以下	新 9/265
470.	876	乾符	3.5 庚子	旱	理囚	新 9/266
471.	877	乾符	4.1 丁丑	加尊号	降死罪以下二等	新 9/266
472.	881	广明	2.2 己卯	如成都	赦剑南三川	新 9/271
473.	881	广明	2.7 丁巳	改元中和	大赦	旧 19 下/711

（续表）

编号	时间 公元　年号　　年月日	原因	程度	出处
	僖宗儇			
474.	884　中和　4.6 乙卯	不详	赦剑南三川	新 9/276
475.	885　中和　5.3 己巳	车驾自成都还京	大赦改元光启	旧 19 下/720
476.	885　光启　1.5	加尊号	大赦	旧 19 下/720
477.	887　光启　3.7 丁亥	李昌符反	降天下罪囚一等	新 9/279
478.	888　文德　1.2 戊子	车驾自凤翔还京	大赦改元文德	旧 19 下/729
	昭宗晔			
479.	889　龙纪　1.1 癸巳朔	改元龙纪	大赦	旧 20 上/737
480.	889　龙纪　1.11 己酉	朝太清宫享庙南郊	大赦	旧 20 上/739
481.	890　大顺　1.1 戊子朔	加尊号	大赦改元大顺	旧 20 上/739
482.	891　大顺　2.4 甲申	彗星入太微	大赦	新 10/287
483.	892　景福　1.1 丙午朔	改元景福	大赦	旧 20 上/747
484.	892　景福　1.8 丙戌	不详	降京畿关辅囚罪	新 10/288
485.	894　乾宁　1.1 乙丑朔	有星孛于鹑首	大赦改元乾宁	旧 10/289
486.	895　乾宁　2.10 丁亥	破邠宁王行瑜	赦京师	册 91/15a
487.	897　乾宁　4.2 己未	册德王裕为皇太子	大赦	新 10/294
488.	898　乾宁　5.5 己巳朔	立后	大赦	旧 20 上/764
489.	898　乾宁　5.8 甲子	车驾自华还京	大赦改元光化	旧 20 上/764
490.	901　光化　4.4 丙子	祀宗庙	大赦改元天复	旧 20 上/772
491.	903　天复　3.1 己巳	车驾自凤翔还京	大赦	旧 20 上/775
492.	903　天复　3.2 戊寅	不详	降京畿河中凤翔兴德府同邠鄜三州死罪以下	新 10/300
493.	904　天复　4.闰 4 乙巳	幸洛阳	大赦改元天祐	旧 20 上/779
	哀帝柷			
494.	905　天祐　2.4 辛亥	彗星出于西北	降京畿之内府县诸军诸使及近镇州囚徒一等	旧 20 下/793

参考书目

甲、史料及相关文献(史料按经史子集排列)

一、经部

阮元刻、附校勘记:《十三经注疏》,台北:艺文印书馆 1979 年版。
(汉)许慎撰,(清)段玉裁注:《说文解字注》,台北:艺文印书馆 1964 年版。

二、史部

(一) 正史类

司马迁:《史记》(新点校本),北京:中华书局 1972 年版。
班固:《汉书》(新点校本),北京:中华书局 1964 年版。
范晔:《后汉书》(新点校本),北京:中华书局 1965 年版。
陈寿:《三国志》(新点校本),北京:中华书局 1959 年版。
房玄龄:《晋书》(新点校本),北京:中华书局 1974 年版。
沈约:《宋书》(新点校本),北京:中华书局 1974 年版。
萧子显:《南齐书》(新点校本),北京:中华书局 1972 年版。
姚思廉:《梁书》(新点校本),北京:中华书局 1973 年版。
姚思廉:《陈书》(新点校本),北京:中华书局 1972 年版。
魏收:《魏书》(新点校本),北京:中华书局 1974 年版。
李百药:《北齐书》(新点校本),北京:中华书局 1972 年版。
令狐德棻:《周书》(新点校本),北京:中华书局 1971 年版。
李延寿:《北史》(新点校本),北京:中华书局 1974 年版。
魏征:《隋书》(新点校本),北京:中华书局 1973 年版。
刘昫:《旧唐书》(新点校本),北京:中华书局 1975 年版。

欧阳修、宋祁:《新唐书》(新点校本),北京:中华书局1981年版。

薛居正:《旧五代史》(新点校本),北京:中华书局1981年版。

欧阳修:《新五代史》(新点校本),北京:中华书局1985年版。

(二) 编年史、别史、杂史、地理类

(唐)温大雅:《大唐创业起居注》(文渊阁四库全书本),台北:商务印书馆1983年版。

(宋)司马光:《资治通鉴》(新点校本),北京:中华书局1981年版。

左丘明:《国语》(新点校本),台北:里仁书局影印本1980年版。

(唐)丘悦撰,杜德桥、赵超辑校:《三国典略辑校》,台北:东大图书1998年版。

(唐)吴兢:《贞观政要》(新点校本),上海:上海古籍出版社1978年版。

(唐)裴庭裕撰,田廷柱点校:《东观奏记》,北京:中华书局1997年版。

(唐)李吉甫撰,贺次君点校:《元和郡县图志》,北京:中华书局1983年版。

(北魏)杨衒之撰,范祥雍校注:《洛阳伽蓝记校注》,上海:上海古籍出版社1958年版。

〔日〕圆仁撰,白化文等校注:《入唐求法巡礼行记校注》,石家庄:花山文艺出版社1992年版。

(三) 政书类

(唐)长孙无忌等撰,刘俊文点校:《唐律疏议》,北京:中华书局1985年版。

(唐)长孙无忌等撰,刘俊文笺解:《唐律疏议笺解》,北京:中华书局1996年版。

(宋)窦仪等撰,吴翊如点校:《宋刑统》,北京:中华书局1984年版。

(唐)李林甫等撰,陈仲夫点校:《大唐六典》,北京:中华书局1992年版。

(唐)杜佑撰,王文锦等点校:《通典》,北京:中华书局1989年版。

(宋)王溥:《唐会要》(新点校本),上海:上海古籍出版社1991年版。

(元)马端临:《文献通考》,台北:商务印书馆1987年版。

(宋)宋敏求撰,洪丕谟等点校:《唐大诏令集》,上海:学林出版社1992年版。

(唐)萧嵩等撰,(日)池田温解题:《大唐开元礼》,东京:古典研究会1972年版。

(四) 金石类

睡虎地秦墓竹简整理小组:《睡虎地秦墓竹简》,北京:文物出版社1978年版。

赵超:《汉魏南北朝墓志汇编》,天津:天津古籍出版社1992年版。

周绍良编:《唐代墓志汇编》,上海:上海古籍出版社1992年版。

《吐鲁番出土文书》(全十册),北京:文物出版社1981—1991年版。

(五) 史料考证、诠释、辑逸类

杨伯峻:《春秋左传注》,台北:复文图书影印本1986年版。

王夫之:《读通鉴论》(《船山全书》本),长沙:岳麓书社 1988 年版。

马非百:《秦集史》,北京:中华书局 1985 年版。

王仲荦:《北周六典》,北京:中华书局 1979 年版。

(日)仁井田升撰,栗劲等编译:《唐令拾遗》,长春:长春出版社 1989 年版。

程树德:《九朝律考》,北京:中华书局 1963 年版。

三、子部(诸子、小说、杂家、类书)

(宋)程颐:《易程传》,台北:河洛 1974 年版。

(宋)黎靖德编,王星贤点校:《朱子语类》,北京:中华书局 1986 年版。

(明)丘濬:《大学衍义补》,京都:中文出版社 1979 年版。

(明)丘濬撰,鲁嵩岳点评:《慎刑宪点评》,北京:法律出版社 1998 年版。

管仲:《管子》(国学基本丛书本),台北:商务印书馆 1968 年版。

商鞅撰,蒋礼潜锥指:《商君书锥指》,北京:中华书局 1986 年版。

韩非撰,陈奇猷集释:《韩非子集释》,台北:河洛图书影印本,1974 年版。

(汉)王符撰,(清)汪继培笺,彭铎校正:《潜夫论笺校正》,北京:中华书局 1985 年版。

(宋)洪迈:《容斋随笔》(新点校本),上海:上海古籍出版社 1978 年版。

(清)顾炎武撰,(清)黄汝成集释,栾保群点校:《日知录集释》,石家庄:花山文艺 1991 年版。

(汉)应劭撰,吴树平校释:《风俗通义校释》,天津:天津古籍出版社 1980 年版。

(隋)宗懔撰,宋金龙校注:《荆楚岁时记》,太原:山西人民出版社 1987 年版。

(唐)封演:《封氏闻见记》,台北:新文丰 1984 年版。

(唐)刘肃撰,许德楠点校:《大唐新语》,北京:中华书局 1984 年版。

(宋)王谠撰,周勋初校证:《唐语林校证》,北京:中华书局 1987 年版。

(唐)欧阳询等编:《艺文类聚》,上海:上海古籍出版社 1981 年版。

(宋)李昉等编:《太平御览》,北京:中华书局 1960 年版。

(宋)王钦若编:《册府元龟》,北京:中华书局 1960 年版。

(宋)李昉等编:《太平广记》(新点校本),北京:中华书局 1974 年版。

(宋)李昉等编:《文苑英华》,台北:华文书局 1971 年版。

(梁)僧佑:《弘明集》,上海:上海古籍出版社 1991 年版。

(唐)释道宣:《续高僧传》,上海:上海古籍出版社 1991 年版。

《大正新修大正藏》,台北:新文丰 1983 年版。

四、集部

(唐)颜真卿撰,(清)黄本骥编,凌家民点校:《颜真卿集》,哈尔滨:黑龙江人民出版社1993年版。

(唐)陆贽:《陆宣公奏议》(国学基本丛书本),台北:商务印书馆1968年版。

(唐)柳宗元撰:《柳宗元集》(新点校本),北京:中华书局1979年版。

(唐)白居易撰,朱金城笺校:《白居易集笺校》,上海:上海古籍出版社1988年版。

(唐)皇甫湜:《皇甫持正文集》(四部丛刊本),台北:商务印书馆1979年版。

(唐)杜牧撰,陈允吉点校:《樊川文集》,台北:汉京文化事业1983年版。

(唐)韩愈撰,马其昶校注,马茂元整理:《韩昌黎文集校注》,上海:上海古籍出版社1987年版。

(唐)李德裕撰,傅璇琮,周建国校笺:《李德裕文集校笺》,石家庄:河北教育出版社2000年版。

(唐)王梵志撰,项楚校注:《王梵志诗校注》,上海:上海古籍出版社1991年版。

(清)严可均校辑:《全上古三代秦汉三国六朝文》,北京:中华书局1958年版。

(唐)许敬宗等编:《(影弘仁本)文馆词林》,东京:古典研究会1969年版。

黄征、张涌泉校注:《敦煌变文校注》,北京:中华书局1997年版。

(清)董诰等纂修:《全唐文》,北京:中华书局1983年版。

(清)曹寅等纂修:《全唐诗》(新点校本),北京:中华书局1960年版。

乙、近人论著

一、专书

(一)中文部分(依作者姓氏笔划排列)

孔庆明等编:《中国民法史》,吉林:吉林人民出版社1996年版。

王仲孚等编著:《中国文明发展史》,台北:空中大学1988年版。

王吉林:《唐代宰相与政治》,台北:文津出版社1999年版。

任育才:《唐德宗奉天定难及其史料之研究》,台北:中国学术著作奖助委员会1970年版。

全汉升:《唐宋帝国与运河》,收入全汉升著《中国经济史研究》,香港:新亚研究所1976年版。

朱大渭:《六朝史论》,北京:中华书局 1998 年版。
何兹全:《读史集》,上海:上海人民出版社 1982 年版。
吕思勉:《两晋南北朝史》,上海:上海古籍出版社 1983 年版。
杜正胜:《编户齐民》,台北:联经出版事业 1990 年版。
沙知:《敦煌契约文书辑校》,江苏:江苏古籍出版社 1998 年版。
沈家本:《历代刑法考》,北京:中华书局 1985 年版。
谷霁光:《府兵制度考释》,上海:上海人民出版社 1962 年版。
周一良:《魏晋南北朝史札记》,北京:中华书局 1985 年版。
邱添生:《唐宋变革期的政经与社会》,台北:文津出版社 1999 年版。
胡戟:《武则天本传》,西安:三秦出版社 1994 年版。
胡戟:《隋炀帝新传》,上海:上海人民出版社 1995 年版。
郁贤皓:《唐刺史考》,江苏:江苏古籍出版社 1987 年版。
卿希泰:《中国道教思想史纲——隋唐五代北宋时期》,成都:四川人民出版社 1985 年版。
卿希泰主编:《中国道教史》,成都:四川人民出版社 1992 年版。
徐式圭:《中国大赦考》,上海:商务印书馆 1934 年版。
徐连达、朱子彦:《中国皇帝制度》,广州:广东教育出版社 1996 年版。
栗劲:《秦律通论》,济南:山东人民出版社 1985 年版。
高潮、马建石主编:《中国历代法学辞典》,天津:南开大学出版社 1989 年版。
康乐:《从西郊到南郊——国家祭典与北魏政治》,台北:稻禾 1995 年版。
张晋藩等:《中国刑法史新论》,北京:人民法院出版社 1992 年版。
郭朋:《隋唐佛教》,山东:齐鲁书社 1980 年版。
郭建:《中国法文化漫笔》,上海:东方 1999 年版。
陈俊强:《魏晋南朝恩赦制度的探讨》,台北:文史哲 1998 年版。
陈寅恪:《隋唐制度渊源略论稿》,上海:上海古籍出版社 1980 年版。
陈寅恪:《唐代政治史述论稿》,上海:上海古籍出版社 1981 年版。
黄源盛:《中国传统法制与思想》,台北:五南图书 1998 年版。
杨鸿烈:《中国法律思想史》,台北:商务印书馆 1975 年版。
杨鸿烈:《中国法律发达史》,上海:上海书店 1990 年版。
万绳楠整理:《陈寅恪魏晋南北朝史讲演录》,合肥:黄山书社 1987 年版。
叶孝信:《中国民法史》,上海:上海人民出版社 1993 年版。
宁汉林:《中国刑法通史——第二分册》,沈阳:辽宁大学出版社 1986 年版。

赵文润、王双怀:《武则天评传》,西安:三秦出版社 1988 年版。

刘俊文:《敦煌吐鲁番法制文书考释》,北京:中华书局 1989 年版。

钱大群:《唐律与中国现行刑法比较论》,南京:江苏人民出版社 1991 年版。

钱大群:《唐律研究》,北京:法律出版社 2000 年版。

钱大群、郭成伟:《唐律与唐代吏治》,北京:中国政法大学出版社 1994 年版。

钱穆:《秦汉史》,台北:东大图书 1992 年版。

戴炎辉:《唐律通论》,台北:"国立"编译馆 1977 年版。

戴炎辉:《唐律各论》,台北:成文出版社 1988 年版。

戴炎辉:《中国法制史》,台北:三民书局 1995 年版。

韩升:《隋文帝传》,北京:人民出版社 1998 年版。

韩国磐:《中国古代法制史研究》,北京:人民出版社 1993 年版。

严耀中:《北魏前期政治制度》,长春:吉林教育出版社 1990 年版。

(二)外文部分

Arthur F Wright and Denis Twitchett, ed., *Perspective on Tang*, New Haven and London: Yale University Press, 1973.

Brain E. McKnight, *The Quality of Mercy: Amnesties And Traditional Chinese Justice*, Honolulu: University of Hawaii, 1981.

Howard J. Wechsler, *Offering Of Jade And Silk: Ritual and Symbol in the Legitimation of the Tang Dynasty*, New Haven: Yale University Press, 1985.

大庭修:《秦汉法制史研究》,东京:创文社 1982 年版。

小岛祐马:《古代中国研究》,东京:平凡社 1968 年版。

中村裕一:《唐代制敕研究》,东京:汲古书院 1991 年版。

仁井田升:《(补订)中国法制史研究·刑法》,东京:东京大学 1980 年版。

西田太一郎:《中国刑法史研究》,东京:岩波书店 1974 年版。

佐竹昭:《古代王权の恩赦》,东京:雄山阁 1998 年版。

谷川道雄:《隋唐帝国形成史论》,东京:筑摩书房 1971 年版。

芦野德林:《无刑录》,东京:刑务协会 1927 年版。

(三)学位论文部分

郑志敏:《中国中古时期天文星占与政、军关系之研究》,台北:台湾师范大学历史研究所博士论文 2001 年版。

罗彤华:《唐代民间借贷之研究》,台北:台湾大学历史学研究所博士论文 1996 年版。

二、论文

（一）中文部分（依作者姓氏笔画排列）

王寿南：《论晚唐裘甫之乱》，收入王寿南著：《唐代政治史论集》，台北：商务印书馆 1983 年版。

何德章：《北魏国号与正统问题》，载《历史研究（京）》1992：3（北京）。

李万生：《河南之地与三国之争》，载《中国史研究》1998：3（北京）。

李万生：《论侯景叛东魏的历史原因》，载《贵州师范大学学报（社科版）》1999：2（贵州）。

李树桐：《李唐太原起义考实》，收入李树桐著：《唐史考辨》，台北：中华书局 1965 年版。

李凭：《北魏离散诸部问题考实》，载《历史研究（京）》1990：2（北京）。

邢义田：《中国皇帝制度的建立与发展》，收入邢义田著：《秦汉史论稿》，台北：东大图书公司 1987 年版。

周双林：《北周赵贵、独孤信事件考论》，载《文史》40 辑，北京 1995 年版。

城壁连：《历代赦典概述》，载《刑事法杂志》13：3，台北 1969 年版。

唐长孺：《魏周府兵制度辨疑》，收入唐长孺著：《魏晋南北朝史论丛》，北京：三联书店 1955 年版。

唐长孺：《北魏南境诸州的城民》，收入唐长孺著：《山居存稿》，北京：中华书局 1989 年版。

唐长孺：《试论魏末北镇镇民暴动的性质》，收入唐长孺著：《山居存稿》，北京：中华书局 1989 年版。

唐兰：《陕西省岐山县董家村新出西周重要铜器铭辞的译文和注释》，载《文物》1976：5（北京）。

孙同勋：《北魏末年与北齐时代的胡汉冲突》，载《思与言》2 卷 4 期。

袁英光、王界云：《略论有关"安史之乱"的几个问题》，载《新疆大学学报（哲社版）》1990：3（乌鲁木齐）。

高明士：《治国平天下》，收入《中国文明的精神 1——政治理想与政治制度》（台北：广播电视事业发展基金 1990 年版）。

高明士：《从律令制度论隋代的立国政策》，收入《唐代文化研讨会论文集》（台北：文史哲出版社 1991 年版）。

高明士：《皇帝制度下的庙制系统——以秦汉至隋唐作为考察中心》，载《台大文史哲学报》40 期(台北 1993)。

高明士:《论武德到贞观律令制度的成立——唐朝立国政策的研究之二》,载《汉学研究》11 卷 1 期(台北 1993)。

高明士:《论武德到贞观礼的成立——唐朝立国政策的研究之一》,收入中国唐代学会编《第二届国际唐代学术会议论文集》(台北:文津出版社 1993 年版)。

高明士:《论唐律中的皇权》,收入《庆祝韩国盘先生八十华诞纪念论文集:中国古代社会研究》,厦门:厦门大学出版社 1998 年版。

高敏:《关于隋炀帝迁都洛阳的原因》,收入中国社会科学院编:《魏晋隋唐史论集》第二辑,北京:中国社会科学出版社 1983 年版。

张金龙:《高肇专权与北魏宣武帝时期统治集团内部矛盾》,载《兰州大学学报(社科版)》1992:12(兰州)。

陈俊强:《唐代量移试探》,收入中国唐代学会、中正大学中文系、历史系合编:《第五届唐代文化学术研讨会论文集》,高雄:丽文文化事业 2001 年版。

陈汉生、胡若虚:《我国古代赎刑制度述略》,载《社会科学》1983:11(上海)。

曾习贤:《全唐恩赦研究》,载《台北商专学报》2,台北,1973 年版。

黄永年:《论安史之乱的平定和河北藩镇的重建》,收入黄永年著:《唐代史事考释》,台北:联经事业 1998 年版。

黄约瑟:《试论垂拱四年李唐宗室反武之役》,收入《唐代文化研讨会论文集》,台北:文史哲出版社 1991 年版。

黄惠贤:《僧懿及《伐魔诏》一书》,武汉大学历史系魏晋南北朝隋唐史研究室编:《魏晋南北朝隋唐史资料》三,香港:香港中华科技 1992 年版。

杨家树:《论大赦及赦典》,载《法律评论》28:9,台北,1962 年版。

宁欣:《唐朝的"江贼"与"江路"》,载《中国史研究》1996:3(北京)。

刘令舆:《中国大赦制度》,收入中国法制史学会编:《中国法制史研究》,台北:中国法制史学会 1981 年版。

刘淑芬:《炀帝的南方政策》,载《史原》8,台北,1978 年版。

刘淑芬:《隋代南方政策的影响》,载《史原》10,台北,1980 年版。

萧璠:《东魏北齐内部的胡汉问题及其背景》,载《食货月刊(复刊)》6 卷 8 期,台北,1976 年版。

戴炎辉:《唐律十恶之溯源》,收入中国法制史学会编:《中国法制史论文集》,台北:中国法制史学会 1981 年版。

缪钺:《东魏北齐政治上汉人与鲜卑之冲突》,收入缪钺著:《读史存稿》,北京:三联书店 1982 年版。

（二）外文部分

户崎哲彦:《唐诸帝号考(上)(下)》,载《彦根论丛》264 号、266 号(长崎 1990 年版)。

户崎哲彦:《唐代君主号制度に由来する"尊号"とその别称》,载《彦根论丛》270 号、271 号(1991)。

户崎哲彦:《唐代皇帝受册尊号の复元(上)(下)》,载《彦根论丛》272 号、273 号、274 号(1991)。

户崎哲彦:《唐代尊号制度の构造》,载《彦根论丛》278 号(1992)。

古贺昭岑:《北魏の部族解散について》,载《东方学》59 辑(东京,1980 年版)。

池田温:《律令官制の形成》,收入《岩波讲座世界历史 5》,东京:岩波书店 1979 年版。

西嶋定生:《中国古代统一国家の特质——皇帝支配の出现》,收入西嶋定生著:《中国古代国家と东アジア世界》,东京:东京大学 1983 年版。

西嶋定生撰,高明士译:《中国古代帝国形成史论》,收入刘俊文主编:《日本学者研究中国史论著选辑 · 专论》,北京:中华书局 1992 年版。

谷川道雄:《关于所谓李林甫专政》,收入中国唐代学会编:《第二届国际唐代学术会议论文集》,台北:文津 1993 年版。

金子修一:《魏晋より隋唐に至る郊祀 · 宗庙の制度について》,载《史学杂志》88 编 10 号(东京,1979 年版)。

金子修一:《则天武后の明堂について——その政治的性格の探讨——》,收入唐代史研究会编:《律令制——中国朝鲜の法と国家》,东京:汲古书院 1986 年版。

金子修一:《玄宗朝の皇帝亲祭について》,收入池田温编:《中国礼法と日本律令制》,东京:东方书店 1992 年版。

岛善高:《律令时代の恩赦——その种类と内容——》,载《国学院杂志》81:7,东京,1980 年版。

岛善高:《唐代虑囚考》,收入《泷川政次郎博士米寿纪念论集——律令制の诸问题》,东京:汲古书院 1984 年版。

岛善高:《唐代量移考》,收入《东洋法史探究——岛田正郎博士颂寿纪念论集》,东京:汲古书院 1987 年版。

根本诚:《唐代の大赦に就いて》,载《早稲田大学大学院文学研究科纪要》6,东京,1960年版。

曾我部静雄:《唐の玄宗の死刑废止について》,收入曾我部静雄著:《中国律令史の研究》,东京:吉川弘文馆1971年版。

滋贺秀三:《中国上代の刑罚についての一考察》,收入滋贺秀三著:《中国法制史论集》,东京:创文社2003年版。